Hamburg – die Provence – Afrika – Südamerika: Im Zentrum von Hubert Fichtes literarischem Werk stehen das Reisen und das Entdecken fremder Orte und Kulturen. Fichtes Bücher sind keine Reisebeschreibungen, sondern poetische Versuche, die Welt unmittelbar erfahrbar zu machen. Das Buch von Peter Braun ist die Einladung zu einer Reise durch das Werk von Hubert Fichte: von Ort zu Ort die Etappen dieses großen Ethnopoeten kennen zu lernen, zu vertiefen und neu zu entdecken. Dabei entsteht eine Gesamtdarstellung von Fichtes umfangreichem und vielseitigem Werk.

Peter Braun hat Germanistik, Ethnologie und Kunstgeschichte studiert. In seinem Buch *Die doppelte Dokumentation* (Stuttgart 1997) hat er das Zusammenspiel von Text und Fotografie im Werk von Hubert Fichte und Leonore Mau untersucht. Peter Braun ist Dozent für Neuere Deutsche Literatur und Medienwissenschaften an der Universität Konstanz.

Unsere Adresse im Internet: www.fischerverlage.de

Peter Braun

*Eine Reise durch
das Werk von
Hubert Fichte*

Fischer
Taschenbuch
Verlag

Dieser Band wurde von der S. Fischer Stiftung gefördert.

Originalausgabe
Veröffentlicht im Fischer Taschenbuch Verlag,
einem Unternehmen der S. Fischer Verlag GmbH,
Frankfurt am Main, Dezember 2005

© 2005 Fischer Taschenbuch Verlag, in der
S. Fischer Verlag GmbH, Frankfurt am Main
Satz: Pinkuin Satz und Datentechnik, Berlin
Druck und Bindung: Clausen & Bosse, Leck
Printed in Germany
ISBN-13: 978-3-596-16868-2
ISBN-10: 3-596-16868-6

Inhalt

Einleitung
Welt sichten 7

Kapitel 1
Schrobenhausen (Scheyern) – in der Welt der Katholiken 21

Kapitel 2
Hamburg, Lokstedt – der Garten des Großvaters 45

Kapitel 3
Die Provence – Fluchtrouten, Sehnsuchtsorte 69

Kapitel 4
Berlin – Prosaschreiben und die Kunst
des Interviews 99

Kapitel 5
Sesimbra – am Rand von Europa 125

Kapitel 6
Salvador da Bahia – auf der Suche nach
einer Ethnologie der Empfindlichkeit 149

Kapitel 7
Dakar – Annäherung an die Geisteskranken
in Afrika 199

Kapitel 8
New York – in der Schwarzen Stadt 223

Kapitel 9
São Luís do Maranhão – das Gedächtnis zerbricht 247

Kapitel 10
Hamburg, Hauptbahnhof – das letzte Lebensjahr
im Zeichen von AIDS 277

Weiterführende Literatur 305

Werkverzeichnis zu Hubert Fichte 316

Danksagung 318

Einleitung
Welt sichten

Das literarische Werk von Hubert Fichte fordert dazu auf, die globale Welt nicht nur von Europa aus zu denken. Die detaillierte und geradezu obsessive Weltfülle seiner Bücher tritt heute, in einem Abstand von 20 Jahren zu seinem Tod am 8. März 1986, als er kurz vor Vollendung seines 51. Lebensjahres starb, umso deutlicher hervor – nicht zuletzt durch die Veröffentlichung der letzten, lange unpublizierten Arbeiten, mit denen das Werk erstmals vollständig vorliegt. Geographisch umfasst es Europa, Nord- und Westafrika sowie Süd-, Mittel- und Nordamerika und führt an verschiedene Orte diesseits und jenseits des Atlantiks. Bald findet sich der Leser in einem Fischerdorf in Portugal, auf der Djemma el Fna in Marrakesch oder in einem psychiatrischen Krankenhaus in Dakar wieder, bald in einem Candomblé- oder Vaudou-Tempel in Salvador da Bahia oder in Port-au-Prince oder in den schwarzen Vierteln von Miami und New York. Die Reisen an die fernen Orte – viele davon in einer Zeit, als der Massentourismus noch in den Anfängen steckte und meistens am Mittelmeer endete – wechseln mit Reisen in die fremden Regionen des eigenen Landes, in die Palette, eine Kellerkneipe der Beatniks in Hamburg, in das Palais d'Amour auf St. Pauli und damit in das Milieu der Prostituierten, Stricher und Bordellbesitzer oder in die im *Spartacus Guide* verzeichneten Klappen, Kinos und Saunen – also in die Subkultur der Schwulen und all derer, die von der Norm der Heterosexualität abweichen.
Nicht: Wissen ist Macht! – sondern: Reisen ist Wissen (Schwarze Stadt, S. 329), formulierte Hubert Fichte einmal eine Maxime, die er ›seinem Freund‹, dem antiken Forschungsreisenden Herodot, zugeschrieben hat, die aber genauso für sein eigenes Werk gilt. Er spricht sich damit für eine Reiseform des Wissens aus, das sich gegenüber abstrakten Begriffen beweglich hält und dem Zwang zur Systematisierung wider-

steht. Beweglichkeit charakterisiert auch seine Arbeitsweise. Fließend wechselte er zwischen Journalismus und Ethnologie, zwischen seinen Arbeiten für den Rundfunk und seinen im engeren Sinn literarischen Projekten. Dass dazu auch die Finanzierung der aufwendigen Reisen zwang, schmälert die Leistung nicht. Im Gegenteil nötigt das Geschick, mit dem Hubert Fichte und seine Reise- und Lebensgefährtin, die Fotografin Leonore Mau, die langen Aufenthalte in fernen Ländern finanzieren konnten, einigen Respekt ab.

So wandlungsfähig sich Hubert Fichte auch zwischen den verschiedenen Feldern zeigte, so beständig zieht sich eine Haltung durch alle seine Arbeiten: eine ausgeprägte Skepsis gegenüber gesellschaftlichen Institutionen. Zu schnell bildeten sie in seinen Augen Hierarchien und Verkrustungen aus und erstickten den individuellen Impuls. Deshalb versuchte er – für wen er auch geschrieben hat – die damit verbundenen Rollen und Erwartungen produktiv zu unterlaufen. Als Journalist fragte er immer auch nach dem Alltäglichen, Privaten, Sexuellen. Als Ethnologe wiederum war er immer auch an der Gegenwart interessiert, untersuchte die aktuellen Probleme des Kulturwandels, die in Südamerika und Afrika durch den Einbruch der technisch-industriellen Moderne entstehen, und tastete die afro-amerikanischen Kulturen nach humaneren Alternativen zum Kapitalismus ab. Als Schriftsteller wiederum misstraute er dem ›hohen Stil‹ und setzte eine am Mündlichen orientierte, Adjektive und anderes schmückende Beiwerk radikal reduzierende Sprache dagegen. Darüber hinaus – und das gilt wiederum für alle Bereiche seines Schreibens – verbarg er sich niemals hinter einer unpersönlichen, institutionell abgesicherten und allgemein als objektiv angesehenen Sprache, sei es die journalistische des Reporters oder die wissenschaftliche des Ethnologen. Vielmehr band er das Wissen über die Welt, das er auf den Reisen zusammentrug, an seine eigene Person zurück, an seine Wahrnehmungsschärfe, an sein Erinnerungsvermögen, an seine Fähigkeit, andere zu befragen. In seinem großen Interview mit dem Germanisten und Schriftsteller Walter Höllerer aus dem Jahr

1982 – als Initiator des Literarischen Colloquiums Berlin war Höllerer einer der ›literarischen Lehrer‹ Fichtes in den 1960er Jahren gewesen – fand er eine prägnante und gültige Formulierung für sein Vorhaben. Er wolle eine Literatur schreiben, die *empirisch genau [ist], das heißt, daß die Empirie nicht das System bestätigt, sondern daß sich ein Buch, Poesie, aus der Welt ergibt, die angeschaut wird.* (Schuld, S. 136)
Für dieses Vorhaben schulte Hubert Fichte seine Weltwahrnehmung in einem nicht geringen Maß an der Kunst von Leonore Mau – an der Fotografie. Die Lakonie seines Stils und sein Programm der Sprachverknappung, das manchmal nur den Namen nennt, um die Dinge kurz zu belichten, ist ohne das Medium Fotografie nicht vorstellbar. Es gibt wohl, betrachtet man die vielen gemeinsamen Publikationen – angefangen von Reportagen über Foto-Filme und Ausstellungen bis hin zu den drei großformatigen Foto-Text-Bänden –, nur wenige literarische Werke, die sich so innig mit dem Medium Fotografie verbunden haben.
Andererseits musste sich Fichtes Weltwahrnehmung auch stets gegen die Fotografie behaupten. Denn sie beruhte einzig auf dem physiologischen, emotionalen und intellektuellen Vermögen seines Körpers – auf dem, was er selbst *Empfindlichkeit* nannte. Dazu zählt auch die Sexualität, die bei Fichte immer sehr eng mit der Wahrnehmung zusammengedacht wird. Die körperlichen Sinne – Sehen, Hören, Schmecken, Fühlen – und das erotische Begehren gehen bei ihm in einem umfassenden Verständnis von Sexualität auf. Die oft beschriebene Phantasie, mit allen Männern der Welt schlafen zu wollen, kann deshalb auch übertragen werden auf den Wunsch, die Welt mit allen Sinnen zu erfahren. Zugleich hat Hubert Fichte die erotische Basis seiner Faszination an der afro-amerikanischen Kultur und seine ausgelebte Sexualität nie verleugnet.
Auch dafür hat Fichte in einem Interview eine prägnante Formulierung gefunden. Diesmal war jedoch er der Befragte, der über sein literarisches Großprojekt *Die Geschichte der Empfindlichkeit* Auskunft geben sollte. Über die allgemeine

Konzeption sagte er: *Es geht um das, was Henry James* Private History *nennt, im Gegensatz zu* History *[...]. Diese private Geschichtlichkeit, private Entwicklung heißt hier, abkürzend gesagt, Sexualität.* Die Geschichte der Empfindlichkeit *soll die sexuelle Entwicklung eines Mannes darstellen, das empfindlich Kaputtgehämmerte durch Sexualität.* (Sprache im technischen Zeitalter 104/87, S. 309)

Die Poetik der Orte

Für das Schreiben von Hubert Fichte kommt den bereisten geographischen Orten eine eminente Bedeutung zu. Seine erste Buchveröffentlichung trägt bereits den programmatischen Titel *Der Aufbruch nach Turku*. Der finnischen Stadt folgen viele weitere konkrete Orte in anderen Titeln: *Das Waisenhaus, Die Palette, Die Schwarze Stadt, Das Haus der Mina, Der Platz der Gehenkten, Hamburg Hauptbahnhof* – im Grunde könnten alle Bücher von Hubert Fichte derart ortsgebundene Titel tragen. Sie weisen darauf hin, dass die Orte weniger ›Gegenstand‹ der Bücher sind, sondern vielmehr deren Quell, der sie erst hervorbringt. So sind es letztlich Orte, durch die das Werk seine Gestalt gewinnt und denen es – umgekehrt – eine literarische Gestalt verleiht.

Diese doppelte Bewegung charakterisiert die Orte im Werk von Hubert Fichte. Sie sind zunächst einmal erlebte Orte, Stätten, an denen sich Leonore Mau und Hubert Fichte aufgehalten und denen sie sich auf ausführlichen Erkundungsgängen überlassen haben. Es sind mithin genau beobachtete Orte – Orte der Sinne, der Erfahrung und der sexuellen Lust. Das geht aus einer weiteren eindrücklichen Interviewpassage hervor, in der Hubert Fichte über die Anfänge der gemeinsamen ethnographischen Erforschung der afro-amerikanischen Religionen in Brasilien berichtet:

Ich habe neulich bei einer Diskussion gesagt, der wichtigste Körperteil im Leben eines bisexuellen Ethnologen und Schriftstellers bei der Erforschung einer bikontinentalen Kultur sind die Füße. [...] *Und was wir eigentlich überall gemacht haben, als wir nun einmal in Bahia standen –* [...] *wir sind in einem Gemeinschaftstaxi etwas aus dem Zentrum der Stadt herausgefahren und sind einfach losgegangen. Wir sind einfach losgegangen, zu Fuß* [...]. (Text und Kritik 72, S. 82/83)

Das Ergehen der Orte, das so eine große Rolle spielt, besitzt jedoch oftmals auch einen sexuellen Unterton. Es ist immer wieder ein lustvolles Gehen auf der Suche nach dem schönen Mann, und es ist ein schwuler Blick, der dabei auf die Welt fällt – so wie beispielsweise auf das Fischerdorf Sesimbra in Portugal: *Die Fischer trugen beutelige Hosen, in denen die Glieder hin und herschwangen.* (Liebe, S. 8) Seinem Roman *Der kleine Hauptbahnhof oder Lob des Strichs* hat Hubert Fichte einige Zeilen seines Freundes Peter Michael Ladiges, der eine Vielzahl seiner Features für das Radio inszeniert hat, vorangestellt: *Strich kommt nicht vom Strich. Strich kommt von Streifen, von Seiltänzern, Landstreichern, Stadtstreichern, Strichvögeln.* (Kleiner Hauptbahnhof, S. 7) Bevor der Schriftsteller Striche zieht und Zeichen setzt – und die Orte in Sprache verwandelt –, kommt das Streifen durch die Orte, das bei Fichte durchaus etwas Seiltänzerisches hatte, denn auf dem Hochseil zwingt die Gefahr vor dem Absturz zu Eleganz und Artistik.

Nach dem Streifen folgt schließlich aber doch der Strich auf dem Papier. Am Schreibtisch, den Hubert Fichte oft unterwegs, oft in Hamburg ›aufgestellt‹ hat, verwandeln sich die erkundeten Orte in sprachliche Zeichen. Der Schriftsteller erschafft sie in seinem Medium der Sprache neu. Er buchstabiert sie, verwandelt sie in Sprache, Rhythmus, Klang. Er setzt sie aus Wörtern neu zusammen. Dadurch gewinnen sie ein literarisches Eigenleben und werden zu Schauplätzen der Schrift. Auf diese Weise liegen sie uns – den Lesern – vor.

Mit Blick auf das gesamte Werk von Hubert Fichte lässt sich der Prozess des Schreibens in drei Stufen einteilen, denen freilich, wie allen Einteilungen, etwas Schematisches eignet. Aus den Erkundungsgängen entstehen, gleichsam als unterste Textschicht, tagebuchartige Aufzeichnungen, die eine Art spontaner Dokumentation darstellen. Sie sind in einem hohen Maß von dem erlebten Ort diktiert. Sie zeichnen Fichtes Gänge vor Ort nach und halten vor allem seine Eindrücke fest: dichte Augenblicke, plötzliche Assoziationen oder sich einstellende Erinnerungen. In einigen wenigen Bänden aus der *Geschichte der Empfindlichkeit* finden sich Einträge, die an diese Tagebücher erinnern. Oft tragen sie noch das für Tagebücher typische Datum. Bezeichnenderweise handelt es sich dabei aber um die am wenigsten bearbeiteten Bände des Zyklus wie *Alte Welt* oder *Psyche*. Fichte hat denn auch in dem bereits erwähnten Interview mit Gisela Lindemann über das Projekt der *Geschichte der Empfindlichkeit* deutlich gemacht, dass die Tagebücher in keiner Weise zur Veröffentlichung gedacht sind, sondern nur ein Hilfsmittel darstellen – eine Schicht, die im weiteren Prozess überwunden werden soll.

Fichte erwähnt an dieser Stelle des Gesprächs eine der formalen Grundideen des Konzepts: Die Romane, die in narrativer Form und mit den literarischen Stellvertretern *Irma* für Leonore Mau und *Jäcki* für Hubert Fichte den Weg der beiden Protagonisten erzählen, sollen sich abwechseln mit *tagebuchartigen Zwischenbänden*, die Fichte mit der Gattungsbezeichnung Glossen versieht. Im Entwurf, so erklärt Fichte, steht:
»Die dumme Zeit des Tagebuchs«; gemeint ist eine nicht reflektierte Zeit, eine nicht in den Roman hineinverwandelte Zeit, sondern eben die dumme »gestern Kohl gegessen, heute Frau Dr. Lindemann gesprochen«. Also eine Zeit, die den Autor unreflektiert überfällt. Und es wird die ganze Verachtung Jäckis dem Tagebuch gegenüber dargestellt werden, und es werden Möglichkeiten gesucht, wie er die dumme Zeit des Tagebuchs überwindet, und ich hoffe – das ist noch nicht geschehen, die Tagebücher liegen vor, aber ich hoffe eben – eine Art des kommentierten Tagebuchs, des verwandelten Tagebuchs, des fragwürdig gewordenen Tagebuchs mir erarbeiten zu können.
(Sprache im technischen Zeitalter 104/87, S. 315)

Eine zweite Textschicht ergibt sich dann aus der Bearbeitung, die meistens zu einem späteren Zeitpunkt, der mehr Abstand gewährt, erfolgt. Die wichtigste schriftstellerische Technik stellt dabei das Montieren und Collagieren der bereits vorliegenden Materialien dar – seien es die Tagebücher, seien es die Transkriptionen der Interviews oder seien es andere gesammelte Funde wie beispielsweise Zeitungsberichte oder recherchierte Informationen aus Büchern. Durch das kalkulierte Zusammenstellen dieser Materialien, das auf Entsprechungen, Kontraste, Brüche und Wiederholungen setzt, erhebt sie Fichte aus dem Stand des Rohstoffs in den Stand der Literatur. Dabei behalten, wie bei einer Collage in der bildenden Kunst, die sprachlichen Elemente ihren ursprünglichen Charakter bei: Die schriftlichen Interviews, die eingearbeitet sind, konservieren – wenigstens teilweise – die Sprechweise der Interviewten, und die beschreibenden Passagen bewahren in den knappen, faktographischen Protokollsätzen, aus denen sie bestehen, die Tagebücher. Vergleicht man die Tagebücher mit diesen Texten, so stellt man fest, dass Fichte eher kürzt als hinzufügt. Vor allem Sätze, die zu sehr urteilen oder werten und mithin eine Sichtweise eher vorschreiben als beschreiben, streicht Fichte weg. Sein Ideal auf dieser Stufe ist offensichtlich eine emphatische Dokumentation, die sich aller analytischen Erklärung und anderer Gesten eines gesicherten, auf europäischen Theorien errichteten Wissens enthält.

Eine dritte Textschicht entsteht schließlich, wenn die so gewonnenen Reportagen, Funkfeatures, Interviewbände und ethnographischen Essays wiederum zur Grundlage einer narrativen Gestaltung in den Romanen werden. Obwohl Fichte dabei auf die Texte der vorangegangenen Stufen, auf die gesammelten Materialien und nicht zuletzt auch auf die Fotografien von Leonore Mau zurückgreifen konnte, sind die Texte dieser dritten Stufe vor allem aus der formenden Kraft des Gedächtnisses entstanden. Denn zwischen dem Erleben der Orte und ihrer literarischen Gestaltung liegen oft lange Zeitabstände, die, wie im Fall des Romans *Eine Glückliche*

Liebe, bis zu 20 Jahre annehmen können. Die Erinnerung jedoch, das wissen wir spätestens seit Sigmund Freud, besitzt einen trügerischen Charakter. Sie friert nicht, wie die Fotografie, einen Ort ein, sondern schreibt ihn im Gedächtnis immer wieder um und unterwirft ihn den jeweils aktuellen Selbstdeutungen und Selbsterklärungsmodellen dessen, der sich erinnert. Eine klare Grenze von hier und dort, einst und jetzt, ist im Gedächtnis nicht zu ziehen. Hubert Fichte hat gerade diese Mechanismen jedoch nicht als Mangel oder Defizit verstanden, sondern sie zur Grundlage seines Schreibens genommen.

Nicht nur, dass jedes Buch die Bedingungen seiner Entstehung mitreflektiert. Oft sind zwei Zeiten und zwei Orte auf unterschiedlichen Erzählebenen gestaltet: der Ort des Schreibens und der Zeitpunkt des Erzählens auf der einen Ebene, der ›beschriebene Ort‹ und die erzählte Zeit auf einer anderen. Dadurch ergeben sich, wie es in dem Roman *Die Palette* lapidar heißt, *Überschneidungen*. Diese vermehren sich, wenn Jahre später in einem anderen Buch bereits erzählte Ereignisse von neuem aufgegriffen und einer neuen Deutung unterworfen werden. Oder wenn die Entstehung und das ›Drumherum‹ eines früheren Buchs erzählt und oftmals auch explizit kommentiert oder kritisch hinterfragt wird.

Somit ergibt sich aus dem beweglichen Nebeneinander von Journalismus, Ethnologie und Literatur und aus der zeitlichen Staffelung der verschiedenen Textschichten eine komplexe und zugleich ganz spezifische Poetik der Orte im Werk von Hubert Fichte. Sie entfaltet sich aus dem Schnittpunkt zweier Bewegungen: In einem synchronen Schnitt liegt ein Ort in verschiedenen Textsorten vor. Als Leser können wir auf eine Reportage, einen ethnographischen Essay, ein Radiofeature, ein Interview oder einen im engeren Sinn literarischen Text zugreifen. Dem steht die wiederholte Aufnahme eines Ortes in späteren Texten gegenüber, die aus unterschiedlichen Zeitabständen entstanden sind – wodurch ein diachroner Schnitt durch einen Ort gelegt wird. Dies ist sowohl bei einzelnen ethnographischen Essays mit resümierendem Charakter der Fall, als auch bei den narrativen Texten, besonders aus dem Zyklus *Die Geschichte der Empfindlichkeit*, der sich in vielerlei Weise auf frühere Bücher von Hubert Fichte bezieht.

Die Reise

Um die Poetik der Orte und damit das Werk von Hubert Fichte angemessen zur Darstellung zu bringen, habe ich die Orte selbst als Ordnungskriterium gewählt. Dafür gruppiere ich jeweils alle Texte, unabhängig davon, wann sie entstanden und in welchem Kontext sie publiziert worden sind, jenem Ort zu, auf den sie sich beziehen. Vor allem auch die schwerer zugänglichen Texte aus Zeitungen und Zeitschriften oder die Manuskripte der Rundfunksendungen werden dabei einen entsprechenden Raum erhalten. Auf diese Weise ist es möglich, die Arbeiten aus den verschiedenen Bereichen nebeneinander zu rücken und die späteren Wiederaufnahmen vergleichend in die Betrachtung mit einzubeziehen. Durch diese Ordnung zeigt sich der volle Umfang eines in und zwischen vielen Feldern angesiedelten Werks, das von der ungemeinen Produktivität seines Autors zeugt. Zugleich zeigen sich jedoch auch die verschiedenen Gestaltungstechniken und Schreibverfahren des Schriftstellers Hubert Fichte. Und unter der Hand ergibt sich daraus für das vorliegende Buch die Form einer Reise, die von Ort zu Ort die zentralen Stationen des Werks von Hubert Fichte – und darin eingeschlossen die gemeinsamen Arbeiten mit Leonore Mau – aufsucht.
Da es sich bei diesen Orten immer auch um Lebensorte handelt, entspricht die Abfolge, in denen sie erscheinen, der Lebensgeschichte Hubert Fichtes. Sie reichen von dem biographisch frühesten Ort, der im Werk auftaucht: der bayerischen Kleinstadt Schrobenhausen in der Zeit des Zweiten Weltkriegs, über verschiedene, für die 1950er und 1960er Jahre wichtige Orte in der Provence und im mediterranen Raum bis

zu den transatlantischen Orten in Brasilien und der Karibik. Dazwischen liegt immer wieder Hamburg – Ort der Kindheit und später Ausgangs- und Endpunkt aller Reisen und nicht zuletzt ein Ort, der seine eigenen Zonen der Fremdheit besitzt, die erkundet werden wollen.

Vorrangiges Ziel dieser Reise durch das Werk von Hubert Fichte ist es, die Schwelle vor der eigenen Lektüre zu senken. Ein derartig vielgestaltiges und dynamisches Werk, das zudem auf einer komplexen Ästhetik beruht, macht es für Leser schwierig, einen Einstieg zu finden. Die Barriere ist sehr hoch. Durch die hohe Dichte an Anspielungen, Bezügen und Verweisen auf andere Texte bleiben Leser nach ihrer ersten Lektüre von Hubert Fichte oftmals ratlos zurück. Auch ist in vielen Fällen ein bestimmtes Hintergrundwissen notwendig, um die literarische Gestaltung Fichtes nachvollziehen zu können. Das Vergnügen, Fichte zu lesen, wächst in dem Maße, in dem man sich als Leser in dieses Netz aus Bezügen verstricken lässt. Die Bereitschaft dazu möchte das vorliegende Buch bei neuen Lesern Fichtes wecken, bei Fichte-Kennern erneuern und vertiefen.

Wenn ich gefragt würde, woran ich mich beim Schreiben meiner Reise durch das Werk von Hubert Fichte gehalten habe, dann würde ich das ›Credo‹ des schon einmal erwähnten Germanisten und Schriftstellers Walter Höllerer zitieren: »Jede vom Text sich entfernende, spekulierende Aussage entfernt sich zugleich mehr und mehr von der Möglichkeit, die Fülle der entgegengesetzten Möglichkeiten, die in der Dichtung liegt, zu erfassen.« Diese Einstellung, die zu einem genauen Lesen literarischer Texte auffordert, halte ich gerade gegenüber einer Literatur wie der von Hubert Fichte für angebracht, die so eng mit seinem Leben – und damit auch mit dem Leben all jener Menschen, deren ›Stimme‹ er in seine Texte integriert hat – verwoben ist. Denn je länger ich mich mit dem Werk von Hubert Fichte beschäftigt habe, umso mehr lösten sich traditionelle Kategorien wie ›Autobiographie‹, ›Ethnographische Studie‹ oder ›Roman‹ auf. Die Bücher von Hubert Fichte bestehen, soweit sich das ohne eingehende Recherche abschätzen lässt, weitestgehend aus biographischen Partikeln, aus fremden und eigenen Lebenssplittern, die bald spontan, bald aus der Erinnerung niedergeschrieben worden sind. Dennoch habe ich beim Lesen niemals den Eindruck, dass hier ein Autor schreibt, der souverän auf sein Leben zurückblickt, um es erzählend zur Geltung zu bringen. Manchmal stellt sich bei mir gerade der umgekehrte Eindruck ein, und alle Lebensanstrengungen, alle Erkundungsgänge und Forschungsreisen erscheinen einzig zu dem Zweck unternommen, um Literatur zu werden. Vielleicht lässt sich dieses Lebenskunst-Experiment am ehesten als eine ›literarische Performance‹ begreifen, in der das Leben in die Literatur und die Literatur in das Leben aufgehen sollen. Umso mehr sind wir Leser jedoch auf die Fülle der Texte verwiesen, auf das dichte Netz der Fichte'schen Textwelt, das sich zu einem Werk zusammenschließt, das seinerseits versucht, auf komplexe und reflektierte Weise ›ein Leben‹ in der zweiten Hälfte des 20. Jahrhunderts literarisch zu gestalten.

In der englischsprachigen Literaturwissenschaft ist man inzwischen dazu übergegangen, die Bezeichnungen ›Autobiographie‹, ›autobiographischer Roman‹ und ähnliche durch den Begriff *life writing* zu ersetzen. In einer Weise, die Hubert Fichte sicherlich gefallen hätte, lässt er sich mit ›Lebensschreibung‹ übersetzen. Ein treffendes Wort für das Werk von Hubert Fichte. In seinen Texten jedenfalls lässt sich kein privilegierter Ort des Erzählens ausmachen, von dem aus ›das Leben‹ *be*schrieben werden könnte – vielmehr entsteht es zuallererst im Schreiben, und dieses Schreiben ist lebenslang im Fluss geblieben.

Folgerichtig glaubte Hubert Fichte auch, diese Bewegung nur durch die Form eines groß angelegten Zyklus auffangen zu können – *Die Geschichte der Empfindlichkeit*, die einmal 19 Bände umfassen sollte. Auf großflächigen Planskizzen entwarf er die Abfolge der Bände, deren Inhalte und deren formale Gestaltung. Doch die Pläne variierten und veränderten sich – bis zuletzt. Dabei lässt sich beobachten, wie die Trennung in die verschiedenen Bereiche, in denen sich Fichtes Schreiben bewegt hat, mehr und mehr einreißt. Vor allem in die so genannten Glossen-Bände, die ja nach der ursprünglichen Konzeption die überarbeiteten Tagebücher enthalten sollten, und die angehängten Paralipomena-Bände drängen mehr und mehr die journalistischen und ethnographischen Arbeiten sowie die Arbeiten für das Radio, in denen er sich in den letzten Lebensjahren verstärkt anderen Schriftstellern zuwandte, vor allem Autoren der griechischen Antike und des Barock. Damit weist er letztlich allen Formen seines Schreibens den gleichen Rang zu. In seinem letzten großen Text, dem umfangreichen Band *Explosion. Roman der Ethnologie*, den er noch kurz vor seinem Tod in einer ersten Fassung fertig stellte, bricht die Trennung dann endgültig ein, und im dritten Teil kommen alle Textsorten zusammen. Hubert Fichte hat das literarische Großprojekt bei seinem Tod 1986 hinterlassen und die Veröffentlichung der ersten Bände nicht mehr erlebt.

Auf dem Zyklus *Die Geschichte der Empfindlichkeit* ruht das Schwergewicht dieses Buches, ohne jedoch das gesamte Werk aus den Augen zu verlieren. Denn während Hubert Fichtes frühe Romane *Das Waisenhaus* (1965), *Die Palette* (1968), *Detlevs Imitationen »Grünspan«* (1971) und *Versuch über die Pubertät* (1974) in den 1960er Jahren auf breite Resonanz im bundesdeutschen Literaturbetrieb gestoßen sind, stand die posthume Edition der *Geschichte der Empfindlichkeit*, die 1987 begann, unter einem ungünstigen Stern. Vorschnelle Verrisse namhafter Kritiker paarten sich mit undurchsichtigen Editionsrichtlinien und häufig wechselnden Herausgebern. Je mehr Bücher des Zyklus erschienen, desto unwilliger zeigten sich die Feuilletons, das Werk wahrzunehmen und in das Bewusstsein der literarisch interessierten Öffentlichkeit zu rücken. Vielleicht waren die Rezensenten auch einfach überfordert. So rutschte *Die Geschichte der Empfindlichkeit* durch die Räder der Rezensionsmaschinerie, und der vielgliedrige Texttorso konnte bisher noch nicht als zusammengehöriger Zyklus genügend Gestalt gewinnen. Noch immer gibt es deshalb eines der aufregendsten Projekte der jüngeren deutschsprachigen Literatur zu entdecken.

Der letzte, noch fehlende Band der *Geschichte der Empfindlichkeit* mit dem Titel *Die Zweite Schuld* erscheint zum 20. Todestag des Autors am 8. März 2006 und schließt die 17-bändige Edition ab. Auch ist zu Hubert Fichtes 70. Geburtstag am 21. März 2005 der Foto-Text-Band *Psyche. Annäherung an die Geisteskranken in Afrika* erschienen, ein Buch, das Leonore Mau und Hubert Fichte noch 1985 konzipiert hatten und das einen Höhepunkt ihrer gemeinsamen Arbeit, der *doppelten Dokumentation*, wie Fichte es nannte, darstellt. Ein guter Zeitpunkt also, um sich nun auf eine Reise durch das Werk von Hubert Fichte zu begeben.

Kapitel 1
Schrobenhausen (Scheyern) – in der Welt der Katholiken

Der erste und damit früheste Ort, der innerhalb der Lebensschreibung Hubert Fichtes eine markante Gestalt gewinnt, ist eine bayerische Kleinstadt. In seinem ersten Roman *Das Waisenhaus*, erschienen im Herbst 1965, wird sie Scheyern genannt, in späteren Texten ist dann offen von Schrobenhausen die Rede. Der Roman gestaltet biographische Erfahrungen, die in die Zeit des Zweiten Weltkriegs zurückreichen, als Dora Fichte und ihr Sohn Hubert für knapp zwei Jahre aus Hamburg nach Bayern flohen, da sie sich dort in größerer Sicherheit glaubten. Ein Jahr, von August 1942 bis Juli 1943, musste die Mutter ihr Kind, das in dieser Zeit acht Jahre alt geworden ist, in einem katholischen Kinderheim unterbringen – dem titelgebenden Waisenhaus. Bevor ich nun Scheyern, bzw. Schrobenhausen im Hinblick auf seine beschriebenen Örtlichkeiten – und mithin als sprachlich gestalteten Ort – ins Blickfeld rücke, möchte ich zuvor einen Aspekt hervorheben, der für den Roman sogleich ins Auge sticht: die zeitliche Konstruktion des Erzählens.
Denn die Basisgeschichte, die in *Das Waisenhaus* erzählt wird, umfasst nur eine knappe Zeitspanne von weniger als einer Minute. Der achtjährige Detlev wartet im katholischen Waisenhaus darauf, dass seine Mutter ihn abholt, um endlich – nach zwei Jahren in Bayern und einem Jahr in der Obhut der katholischen Schwestern – die so oft gewünschte, ersehnte, erbettelte Rückreise nach Hamburg anzutreten. Die anderen Kinder spielen noch auf dem Balkon, Detlev steht, schon zur Abreise fertig, etwas abseits an eine Wand gelehnt, um Ausschau nach seiner Mutter zu halten, und streift dann am Balkongitter entlang – gleich werden die Schwestern die Suppe auftischen, und Detlev soll noch ein letztes Mal im Heim essen. Da die Mutter noch nicht zu sehen ist, steigt in Detlev eine Angst hoch, die er oft im Laufe des Jahres durch-

litten hat: Kommt die Mutter, holt sie mich, oder hat sie mich endgültig den schwarzen Nonnen übergeben und ich bin allein – für immer? Plötzlich entdeckt Detlev auf einem Pfosten des Balkons ein Puppenauge. Er greift zu und muss sogleich erkennen, dass es sich um Vogelscheiße handelt. Aus der peinlichen Scham des Missgriffs heraus, die noch dadurch gesteigert wird, dass genau in diesem Augenblick die Schwestern in den angrenzenden Esssaal getreten sind und den Vorfall mitbekommen haben, fallen nun verstärkt Verlassensängste über Detlev her. Sein Hass auf die anderen Kinder, die ihn so gequält haben, wächst, vor allem auf den in der Heimhierarchie oben stehenden Alfred. Schließlich steigert er sich in eine ungeheure Zerstörungswut. In Hamburg, so phantasiert er, werde er mit seinen Bauklötzen das Waisenhaus und ganz Scheyern nachbauen und es dann, wie die Bomber, vor denen seine Mutter und er nach Bayern geflohen sind, in Schutt und Asche legen.

Aus dem entscheidenden und emotional hoch aufgeladenen Augenblick des Wartens entfaltet der Roman *Das Waisenhaus* einen Rückblick auf die Erlebnisse Detlevs während seines einjährigen Aufenthalts. Dabei werden die inneren Prozesse, die in Detlev während dieses Augenblicks ablaufen, immer wieder genau beschrieben: *Detlevs Gedanken laufen schneller hintereinander her. Geräusche, Gerüche mischen sich mit den Worten, Wörtern, Wortfetzen, Buchstaben,* heißt es an einer Stelle zu Beginn des Romans (Waisenhaus, S. 11), und an anderer: *Alles wird noch langsamer. Detlev sieht einzelne Teile von Bewegungen, hört Bruchstücke von Wörtern* (Waisenhaus, S. 101), und an wieder anderer: *Detlev denkt nicht alle Wörter zu Ende. [...] Von den Wörtern genügt der erste Buchstabe oder die erste Silbe, oft ein Teil des ersten Buchstabens. Von den Gesichtern, die nicht auf dem Balkon anwesend sind, genügt die Nase, die Wimpern, die Haare. Es genügt ein Geräusch, ein Geruch, ein Regentropfen.* (Waisenhaus, S. 128)

Beschreibungen wie diese, die stets im Präsens gehalten sind, ziehen sich durch den gesamten Roman und heben sich ab von den im Präteritum erzählten Ereignissen, die den Inhalt der unwillkürlich ablaufenden Prozesse der erinnernden Vergegenwärtigung darstellen. Auf diese Weise ist der Roman davon befreit, die Ereignisse chronologisch und entlang eines Handlungsgerüsts erzählen zu müssen, und kann stattdessen auf die Mechanismen des Gedächtnisses zurückgreifen – auf eine sprunghafte, lose und assoziative Verknüpfung. Fichte findet dafür auch immer wieder überraschende Vergleiche und Metaphern, mit denen er die Prozesse im Kopf Detlevs visualisiert. Hier eine längere Passage, die dies eindrücklich veranschaulicht:

Detlev erinnert sich, daß er lange geredet hatte. Siegfried sah ihn nicht an. Detlev wußte nicht, ob Siegfried ihm zuhörte.
Aber Detlev weiß, daß er sehr laut geredet hatte.
Detlev erinnert, daß die Wolken während seines Gespräches mit Siegfried auseinandergingen, daß es an diesem Nachmittag sehr heiß wurde, daß die Sonne ganz gelbes Licht ausstrahlte, Detlev erinnert das Kratzen des Verputzes im Rücken, den Geruch der warmen Steine, die Kleidung Siegfrieds, er erinnert genau die Entfernungen von der Treppe zum Waisenhauseingang, zum Sankt-Josephsbrunnen, zum Seitenportal der Kirche, auch die Überschneidungen der Gebäude, der Bäume, der Hände, der Beine. Das liegt alles zusammen in Detlevs Kopf wie ein Suppenwürfel, klein, viereckig, zusammengepreßt – oder wie eine blanke Weihnachtskugel. Die rechte Hälfte des sitzenden Siegfried wird groß und verzerrt auf der silbernen Oberfläche widergespiegelt.
In diesem zusammengepreßten, runden Gebilde aus Steinen, Gerüchen, Bewegung, das Detlev auseinanderzulösen versucht – gibt es Wörter, Sätze, Detlevs Worte von damals:
– Ich wollte ein Heiliger werden. Alfred und die anderen haben gesagt, ich muß demütig sein. Sonst komm ich in die Hölle. [...]
Mutti sagt: Vergiß nicht, du bist ein Protestant. (Waisenhaus, S. 107/108)

Der Gang durch die Stadt

Aus der ausgefeilten Gestaltung der narrativen Zeitlichkeit entfaltet der Roman eine dichte Beschreibung sowohl des Waisenhauses und der Stadtpfarrkirche, aber auch des Ortes Scheyern. Die narrative Topographie setzt ein, als die Mutter Detlev das erste Mal zu den Schwestern ins Waisenhaus bringt. Die Mutter hatte eine Kinderlandverschickung genutzt, als an ihrem alten Arbeitsplatz in Hamburg ruchbar wurde, sie habe sich mit einem Juden eingelassen und ihr Sohn sei nach der Rassenbiologie der Nazis ein ›Halbjude‹. In Bayern hatte sie dann eine Anstellung im Rathaus der Stadt gefunden, doch wurde es im Laufe des ersten Jahres immer schwieriger, ein Zimmer für sich und ihren Sohn zu finden. Immer häufiger mussten sie umziehen – ein Motiv, das Anklänge an die Weihnachtsgeschichte zeigt –, bis nur noch ein Zimmer für sie allein zu finden war, bei einem Veterinär, und sie ihren Sohn ins Waisenhaus geben muss. Im Roman wird dieser erste Gang wie folgt beschrieben:

Die Mutter ging mit Detlev die Hauptstraße hinunter: Der Steinmetz. Die Konditorei. Der Schuhmacher. Das Gymnasium. Der Wall. Das Ehrenmal für die Gefallenen. Die Bank. Die Volksschule. Das Amt des Gauleiters. Der Marktplatz. Die andere Konditorei. Die Schmiede.
– Hier ist die Stadtkämmerei. Die kennst du genausogut wie ich.
– Hier ist der Sankt-Josephsbrunnen. Am ersten Tag sind wir hier spazierengegangen.
– Weißt du das noch? […]
Auf dem kopfsteingepflasterten Platz zwischen Stadtpfarrkirche und Waisenhaus blieb die Mutter stehen. Sie nahm die Brille ab. Sie wischte mit einem Finger die glänzenden Ringe entlang, welche die Brillenfassung unter ihren Augen eingedrückt hatte.
– Als wir das erste Mal hier vorbeigekommen sind, konntest du noch nicht einmal lesen. Du hast mich gefragt, was die goldenen Buchstaben bedeuten. Ich hab dir geantwortet: Katho-

lisches Waisenhaus. – Dann mußte ich dir erklären, was das Wort katholisch heißen soll.
– Jetzt kann ich es selbst lesen. (Waisenhaus, S. 17-19)

Es ist zunächst nur eine Aufzählung der Geschäfte, Schulen, Behörden und öffentlichen Plätze, an denen die Mutter und Detlev vorbeikommen, und doch vermittelt sich der visuelle Eindruck eines Ganges durch Scheyern. Es handelt sich ja auch nicht um die allererste Begegnung mit der Stadt. Detlev und seine Mutter halten sich bereits ein Jahr dort auf; die Stadt ist ihnen nicht mehr fremd. Aus der Sicht der Figuren bedeutet die knappe Aufzählung ein bestätigendes Wiedererkennen. Der zeigende Gestus, der in der Aufzählung angelegt ist: hier ist die Volksschule, dort das Amt des Gauleiters, wird aus dem Dialog deutlich, als die Mutter Detlev auf ihren Arbeitsplatz und anschließend auf einen Brunnen aufmerksam macht. Damit werden diese beiden Orte besonders herausgehoben – einmal die Stadtkämmerei als der Ort, der ihnen ein finanzielles Auskommen sichert, das andere Mal der Brunnen, der im weiteren Verlauf des Romans zu einer Art Kreuzungspunkt aller Wege durch Scheyern werden wird, der aber zugleich durch den Heiligen, dem er geweiht ist, Sankt Joseph, bereits ein zentrales Motiv des Romans anklingen lässt: die Sehnsucht nach dem abwesenden Vater.

Der visuelle Eindruck, der sich beim Lesen einstellt, wird durch die Beschreibung eines Details unterstrichen. Auf dem Platz vor dem Waisenhaus nimmt die Mutter ihre Brille ab und massiert sich die Augen. Warum wird diese kleine Handlung erzählt? Der Text selbst gibt keine Antwort darauf; wir Leser müssen sie geben, müssen die Leerstelle füllen. Offensichtlich handelt es sich um eine schwere Brille mit dicken Gläsern. Die Handlung ließe sich, so eine Möglichkeit der Interpretation, mit der täglichen Arbeit in der Stadtkämmerei verbinden und so mit der Doppelbelastung der Mutter. Vielleicht sind der Mutter aber auch Tränen gekommen, im Rückblick auf das, was sie bereits durchgemacht haben oder im Vorblick darauf, was noch kommen wird, und ihre Augenringe glänzen deshalb. Vielleicht verdeutlicht die kleine Handlung aber auch den Übergang zwischen Sehen und Erinnern: Die Mutter setzt die Brille ab, unterbricht damit die Wahrnehmung der Außenwelt und überlässt sich den inneren Bildern. Wie immer wir die kleine Handlung für uns auslegen, in jedem Fall wird die visuelle Wahrnehmung selbst zum Thema des Erzählens. Der visuelle Eindruck des Erzählten wird dadurch gestärkt.

Im Anschluss wird eine weitere visuelle Tätigkeit, die ebenfalls assoziativ mit der Brille verbunden ist, angesprochen: das Lesen bzw. hier die Fähigkeit, ein Gebäude anhand der angebrachten Schriftzeichen zu entziffern. Im Dialog wird darauf hingewiesen, dass Detlev inzwischen Lesen gelernt hat. Er ist damit nicht länger von der Mutter abhängig, sondern kann eigenständig die Schriftzeichen deuten. Damit rücken Sehen und Lesen, der visuelle, sinnliche Eindruck und der in Buchstaben überführte Name, eng zusammen und verknüpfen sich zum Akt des Erkennens. Die bloße Aufzählung der Namen, eine narrative Technik, die sich bei Hubert Fichte in vielen Variationen findet, lässt sich so als Transformation dieses Aktes des Erkennens in eine schriftliche Form verstehen. Im niederschreibenden Wiederholen des Namens verwandelt sich der Akt des Erkennens in einen Akt der Schöpfung. Im Setzen des Namens wird das, wofür der Name steht, erneut in die Existenz gerufen – in die Existenz des Textes und der Leser.

Der am Anfang des Romans *Das Waisenhaus* beschriebene Gang Detlevs und der Mutter durch Scheyern bildet eine Art Urmuster des Fichte'schen Erzählens, ein Szenario, das in immer wieder neuen Abwandlungen in fast alle seine Bücher eingegangen ist. Dessen Elemente setzen sich zusammen: (1) ein Gang durch eine fremde Stadt; (2) Eindrücke der wahrgenommenen Gebäude und Plätze, Beobachtungen der Menschen und ihres Treibens, meist äußerst knapp gehalten, oftmals auf die Nennung der Bezeichnung oder des Namens reduziert; (3) Erinnerungen an andere Orte, andere Gesichter, die der Hauptfigur beim Anblick zufallen; (4) Beschreibungen des Sehens und der Wahrnehmung, oftmals gekoppelt an Reflexionen über das Schreiben und Fotografieren. Nicht immer finden sich alle vier Elemente. Manchmal, wie im ersten Kapitel in *Xango* über Salvador da Bahia, dominieren die ersten beiden Elemente:

Eine abschüssige Strasse.
Altes Kopfsteinpflaster, das ehemals von Sklaven zusammengeklopft wurde.
Eine Strasse wie hundert andre in der Stadt, wie tausend andre in Brasilien.
Die Strasse ist sumpfig durch die Rinnsale von Exkrementen, Waschwasser, Küchenwasser.
Die bisexuelle Absteige ist noch immer in demselben Haus.
Das Gebäude daneben trägt die Kreideinschrift »Familia«; die Bewohner wollen nicht mit den Nutten und Strichjungen verwechselt werden.
Aus dem Haus kommt ein etwa zehnjähriger Junge und legt eine Ratte auf das Pflaster.
Die Absteige hat kein elektrisches Licht. (Xango, S. 7)

In anderen Texten hingegen gewinnt das reflexive Element die Oberhand. Im Roman *Forschungsbericht*, der eine kurze Feldforschung in Belize erzählt, ist es besonders ausgeprägt:

Irma trug schwer an den beiden Leicaflex.
Dazu zwei Weitwinkel, drei Teleobjektive und das Normale und zusätzlich Pinselchen und Filter, Filme, Blenden, Siliconpapier.
Jäcki hätte gern alles getragen und ihr jeweils die nötigen Geräte herausgesucht.
Aber er empfand das als aufdringlich. [...]
Jäcki konnte die Augen seiner Frau hinter der Sonnenbrille erkennen.
– Es sind die Augen eines unsicheren Geiers.
– Dieser erste Gang im Schnappschußlicht.
– Wie reagieren die Leute?
– Wie reagiert sie selbst?

– Was löst Dangriga in ihr aus, ehe sie auf das Knöpfchen drückt?
Die Holzhäuser standen auf ihren Stelzen, als gäbe es weder Marx noch Schah. […]
Sie kamen zur ersten Brücke.
Jäcki entdeckte die Gräten eines Bootes im Bau, eine Werft aus Palmenblättern um einen einzigen Schiffsrumpf.
Er liebte solche Werften, aber er wagte nicht, es Irma vorzuschlagen. In dem Licht, würde sie sagen und hätte recht. […]
Jetzt ließ sie sich die Fototasche abnehmen, der Wahnsinn der ersten Stunde war vorüber.
– Gehn wir noch weit? fragte Irma.
– Ich dachte, wir gehen bis ans Ende der Stadt, dann hast du einmal, im selben Licht, auf gleichem Material, einen Querschnitt. (Forschungsbericht, S. 39–42)

Die katholischen Orte

Doch kehren wir zurück zu dem Roman *Das Waisenhaus*. Nach dem Gang Detlevs mit seiner Mutter durch die Stadt gewinnen nun im weiteren Verlauf des Romans einzelne Orte mehr und mehr an Kontur. Der Roman entfaltet so eine Räumlichkeit, die sich aus diesen Orten und den Wegen dazwischen zusammensetzt. Detlev ist die einzige Figur, die alle diese Wege abschreitet, während alle anderen Figuren, einschließlich der Mutter, jeweils nur bestimmten Orten zugeordnet bleiben. Aus den Figuren und ihrer Bedeutung für Detlev, sowie aus den Ereignissen, die sich an den Orten zutragen, werden sie zudem emotional aufgeladen. Sie erhalten eine bestimmte emotionale Temperatur, stehen für bestimmte Empfindungen, Gefühle und Werte, und verwandeln die rein deskriptive Topographie der Stadt in eine von Detlev erlebte, vor allem erlittene – und mithin in eine literarische.
Der erste Ort, der derart Kontur gewinnt, ist das Waisenhaus. Hier isst und schläft Detlev, weshalb die am häufigsten genannten Räume im Waisenhaus der Schlaf- und der Esssaal

sind. Betreut werden Detlev und die anderen Kinder von Schwester Silissa und der ›braunen‹ Schwester Appia – *Sie ist ganz braun. Sie hat braune Wimpern, braune Augen, braune Haut*, denkt Detlev bei der ersten Begegnung. (Waisenhaus, S. 24) Das Waisenhaus wird für Detlev bald zu einem Ort der Qual. Detlev fühlt sich in Scheyern in eine völlig fremde Welt gestürzt – eine Welt voller unbekannter religiöser Riten, eine Welt, in der ein ganz anderer Dialekt gesprochen wird, und eine Welt, in der die Kinder, die ohne Eltern aufwachsen, eine eigene Hierarchie ausbilden, in der sich die Welt der Erwachsenen widerspiegelt. So ist er den anderen Kindern ausgeliefert, die aggressiv auf seine Fremdheit reagieren, vor allem Alfred, dem Anführer, und seinen Gehilfen Odel und Joachims-Teufel. Alfred nimmt dabei geradezu Züge eines Inquisitors an. Er ist es, der Detlev jedes Mal ausfragt, wenn er wieder einmal einen Sonntag mit seiner Mutter verbracht hat; er ist es, der Detlevs Unkenntnis der katholischen Riten ausnützt, ihn tadelt, ihm droht – nicht zuletzt, um sich ein Bonbon oder ein Stück Kuchen zu erpressen; er ist es schließlich, der Detlevs ureigene Ängste ausspricht: die Angst, die Mutter würde ihn für immer verlassen; die Angst, sie wünschte ihn tot; die Angst, sein Vater wäre ein Jude, alles könnte auffliegen, und er würde abtransportiert.

Für eine kurze Zeit verspricht der blonde Siegfried, die Rettung zu sein. Er ist der Sohn der Putzfrau, besitzt also wie Detlev noch eine Mutter, und schläft gelegentlich im Waisenhaus. Siegfried will gegen die Heimhierarchie revoltieren und Alfred stürzen; dazu sucht er sich Detlev, den Außenseiter, als Verbündeten. Doch im entscheidenden Zweikampf unterliegt Siegfried, und Detlev wird, weil er sich nicht wehren will, von einem fünfjährigen Zögling verprügelt. Siegfried gesteht alles und zieht sich aus dem Waisenhaus zurück, während Detlev weiter den anderen ausgeliefert bleibt.

Unter den Mädchen im Heim entwickelt sich zwischen Detlev und Anna eine gewisse Nähe. Anna ist Epileptikerin und fällt gelegentlich in heftige Krämpfe: *Speichel spritzte aus Annas Mund. Sie verdrehte die Augen, daß nur das Weiße zwischen den Lidern übrigblieb. Anna versuchte sich die Zöpfe auszureißen. Ihre Knie schlugen aneinander. Sie beruhigte sich. Die Schwestern ließen sie auf den Boden gleiten. Anna schlief ein.* (Waisenhaus, S. 91) Beide, Anna durch ihre Krankheit und Detlev durch seine Fremdheit, sind also Außenseiter, und das verbindet sie. So werden die beiden zusammen auch nach Aichach geschickt, als die Schwestern einmal Nazi-Funktionäre erwarten, die das Heim überprüfen wollen. Schließlich wird unter den Mädchen Frieda für Detlev wichtig. Sie ist die Schwester Alfreds, sieht das sadistische Treiben ihres Bruders, wagt es aber nicht, dagegen anzugehen. Frieda schlüpft zum Ausgleich auch gegenüber Detlev in die Rolle der älteren Schwester und schlägt mitunter einen höchst erzieherischen Ton an. Sie verspricht Detlev für den Fall seiner Rückkehr nach Hamburg ein Gebet, das ihn, wenn er es regelmäßig aufsagt, auch im Norden unter den Protestanten in einen Katholiken verwandeln wird.

Eng mit dem Waisenhaus ist die unmittelbar benachbarte Stadtpfarrkirche verbunden. Sie wird von zwei sehr unterschiedlichen Pfarrern geführt, die beide die Messe in Latein zelebrieren. Jeden Morgen müssen die Kinder aus dem Waisenhaus in die Frühmesse und am Sonntag in den Gottesdienst. Die Stadtpfarrkirche ist vor allem der Ort, an dem Detlev mit der Bildermächtigkeit des Katholizismus konfrontiert wird. Tief nimmt er die Gemälde in sich auf, die in der Kirche hängen, und die Statuen, die sie bevölkern und deren Wirkung noch durch das flackernde Kerzenlicht erhöht wird. Tief prägen sich ihm auch die Gesten und Handlungen ein, die während der Gottesdienste zu vollziehen sind. Hinzu kommen die Geschichten, die Detlev teils von den Schwestern, teils im Religionsunterricht hört und bildliche Vorstellungen der Hölle, des Fegefeuers, des Teufels und des Jüngsten Gerichts in ihm wachrufen. All das gewinnt in der Phantasie Detlevs ein dynamisches Eigenleben, das die empfangenen Eindrücke animiert und zu einem ganz ungeordneten Konglomerat verbindet. Bald entwickelt Detlev den intensiven Wunsch, zum Katholizismus zu konvertieren und ein Priester, ein Heiliger

zu werden. Doch die Stadtpfarrkirche hat, wie die Phantasie, auch ihre dunklen, geheimnisvollen Seiten:
Detlev fürchtete sich vor der braunen Rückseite des Altars. Wenn die Waisenhausjungen freitags singend mit Kerzen in der Hand hinter dem Altar herumgingen, sah Detlev weg, auf die andre Seite, zu den bunten Fenstern, wo die Heiligen, die Jungfrau Maria, der Herr Jesus mit Schnüren, Regenwürmern im Gesicht und an den Händen von der Sonne durchleuchtet wurden.
Detlev fürchtete, an der Rückseite des Altars lägen Knochen in Schachteln herum und die Köpfe der Heiligen, dort würden die Augen der Heiligen von Spinnen eingesponnen, die Augen hingen dort in Spinnweben wie die Marmeln in Gazesäckchen.
(Waisenhaus, S. 94/95)

Ein weiterer Ort, der zum Netz katholischer Schauplätze im Roman zählt, ist das Kloster der Englischen Fräulein, wo Detlev bei Mater Cäcilia Flötenunterricht nimmt. Mater Cäcilia weiht ihn jedoch nicht nur ins Flötenspiel ein, sie zeigt ihm auch eine Reihe heiliger Gegenstände, Reliquien, ein Messgewand, verschiedene Ringe und verspricht ihm dabei: *Das hat noch nie ein Protestant gesehen. Aber bald nehmen wir dich auf in die Heilige Katholische Kirche. Du sollst ein Pfarrer werden. Vielleicht weihen wir dich eines Tages zum Bischof.* (Waisenhaus, S. 54) An Weihnachten darf Detlev am Krippenspiel des Klosters teilnehmen. Er übernimmt einen der Hirtenjungen und muss dabei ein Lied auf der Flöte spielen. Das Kloster dient zu dieser Zeit zugleich als Lazarett. Somit wird das Krippenspiel von kriegsversehrten Opfern für kriegsversehrte Opfer aufgeführt. Während der Proben und der Aufführung erfährt Detlev den gesamten Theaterzauber, der dem Katholizismus zur Verfügung steht: Er wird, wie die anderen, geschminkt, er erlebt den Umbau der Bühne in den Pausen, die vielen Requisiten, den Vorhang, der sich öffnet und schließt, und die Aufregung des Spiels. Der Zuschauerraum kommt Detlev vor *wie die viereckige Knopfschachtel der Großmutter. Ein grauer zweilöchriger Knopf über dem anderen.* (Waisen-

haus, S. 154) Dennoch jagt ihm die Szene nach seinem Auftritt einen tiefen Schrecken ein:
Die Schachtel ging wieder auf. Die Bühne war noch nicht ganz hell, als Herodes schon zu stöhnen anfing. Ein weißes Kreuz sprang auf der Bühne herum. Herodes schrie:
– Nicht auf mich. Nicht auf mich.
Er faßte sich an die Ohren vor Schmerz. Er steckte den Kopf in seine eigene Achselhöhle.
Detlev rannte weg. Mater Cäcilia hinter ihm her.
– Warum schreit der König so schrecklich? Haben Sie das weiße Kreuz gesehen? Das war ein Geist. Oder das Christkind. Das Christkind ist böse. War das der Teufel, der den Herodes holen kommt?
– Das war doch nur der Lichtschein aus unserem Projektionsapparat. Das machen wir jedes Jahr so. (Waisenhaus, S. 156)

Einem ähnlichen Theaterzauber begegnet Detlev an Ostern in der Stadtpfarrkirche, auch wenn die Wirkung der dargestellten Auferstehung zu diesem Zeitpunkt nicht mehr so einschüchternd ausfällt:
In der Kirche war das Grab des Herrn aus Pappe und Leisten vom Sakristiner aufgebaut worden. Einer der drei Pfarrer gab an einer bestimmten Stelle ein Zeichen – oder der Sakristiner wußte auch ohne Zeichen Bescheid. Er drehte hinter dem Felsen an einem Mechanismus und schob eine geschnitzte Christuspuppe mit einer rotgoldenen Fahne in der Hand nach vorn. (Waisenhaus, S. 160)

Zu den katholisch besetzten Orten im Roman gehören auch zwei außerhalb Scheyerns gelegene. Zum einen handelt es sich um den Kalvarienberg, ein Hügel, der durch einen dort aufgestellten Kreuzweg zu einer katholischen Landmarke geworden ist. Im Winter wird der Berg von den Kindern zum Schlittenfahren benützt:
Auf dem Weg, der an den Leidensstationen vorbeiführte, wurde gerodelt. Die Schwestern und die Waisenhauszöglinge gingen an der Rückseite der Schilder vorüber, auf denen der Leidens-

weg des Herrn Jesus Christus in farbigem Emaille abgebildet war.
Wenn kein Schnee lag, sah man vom Weg aus das Abendmahl, den Judaskuß, Pontius Pilatus, Golgatha. Bunt. Rosa, violett, orange, grün, blau, gelb. [...]
Die Schlitten kamen in scharfer Fahrt. Niemand versuchte, den Weg entlangzugehen. Die Kufen der Schlitten schliffen den Schnee blank. Der Weg war mit Glas überzogen. (Waisenhaus, S. 133)

Schließlich fügt sich auch die Ortschaft Aichach, wohin Anna und Detlev während der Inspektion des Heims geschickt werden, in das religiöse Wegenetz ein. Denn in Aichach sitzt die Weindeln, eine Frau, die bei der Bevölkerung als heilig gilt, weil sie einmal ein ganz besonderes Birnbaumblatt auf der Erde gefunden hat. Es war so perforiert, dass ihr das Antlitz Jesu aus dem Blatt entgegensah. Das Haus der Weindeln am Rande von Aichach ist deshalb zu einer inoffiziellen Pilgerstätte geworden. Die alte Frau, die Weihwasser und geweihte Gewitterkerzen verkauft, vertritt damit – ohne dass dies im Roman näher ausgeführt wird – jene katholische Volksreligiosität, die sehr viel ältere, vorchristliche Vorstellungen bewahrt, sich oftmals auf visionäre Erscheinungen, Stigmatisierungen und andere körperliche Praktiken gründet und vor allem in ländlichen Regionen den Gegenpol zur theologisch geschulten Religiosität der Priester bildet. Im Roman wird allerdings nur der Gang von Anna und Detlev nach Aichach erzählt, die eigentliche Begegnung mit der Weindeln ist ausgespart.

Während des Jahres, in dem sich Detlev im Waisenhaus aufhält, bewegt er sich die meiste Zeit innerhalb des skizzierten katholischen Wegenetzes von Scheyern. Der Katholizismus mit seinen Bildern, mit seinen heiligen Erzählungen und Erzählungen von Heiligen, mit seinen kultischen Objekten und rituellen Darbietungen stürzt dabei mit all seiner Bildermächtigkeit auf ihn ein. Es geht wohl nicht zu weit, hier für Detlev von einer latenten Besessenheit zu sprechen: Der Ka-

tholizismus ergreift Besitz von ihm. Anfangs gleicht sein Zustand noch einer wirren, unkontrollierten Besessenheit, die Vorstellungen, Symbole und rituellen Praktiken schießen wild durcheinander. Doch allmählich lernt Detlev, sich innerhalb der katholischen Verhaltenskultur zu bewegen. Selbst sein Denken wird mehr und mehr davon geprägt, der Katholizismus scheint, wie die Dornen auf Jesu Haupt, regelrecht in seinen Kopf einzudringen. Auf dem Gang nach Aichach fragt Detlev Anna:
– *Meinst du, daß die heilige Passion sehr weh getan hat?*
– *Ziemlich. Ich weiß es nicht genau. Es ist schon lange her.*
[...]
– *Aber Anna, sie haben ihn gepeitscht, auch mit Stahlsternen in den Riemen, wie es der Kriegel tut. Sie haben ihm die Rosenstengel mit ganz langen Dornen auf den Kopf gedrückt. Stell dir das vor. Jetzt im Augenblick. Denk dir, sie täten es mit dir hier. Deine Haut würde zerreißen, und die Dornen würden durch deine Knochen in den Kopf stechen.* (Waisenhaus, S. 59/60)
So bildmächtig der Katholizismus in Scheyern von Detlev auch Besitz ergreift, sosehr gibt es auch eine ganz individuelle Sehnsucht, die Detlev von außen an den Katholizismus heranträgt. Die fremde Religion birgt für Detlev das Versprechen, einmal an der Seite des himmlischen Vaters zu sitzen. In seiner Imagination setzt sich die religiöse Vorstellung in jene Lücke, die seine Sehnsucht nach einem Vater aufreißt.

Orte der Mutter

Den katholischen Orten stehen im Roman *Das Waisenhaus* die Orte der Mutter gegenüber. Der erste Ort ist dabei, Inbild mütterlicher Geborgenheit, am Körper der Mutter, vergraben unter ihrem Mantel. Der blaue Mantel der Mutter:
Dann schlug sie ihren blauen Mantel um Detlev, drückte Detlev an sich, sagte in den Mantel hinein:

– Ich bin gar nicht dazu gekommen, dich in den Arm zu nehmen vor lauter Angst und Überlegungen. (Waisenhaus, S. 42)

Als die Mutter Detlev abholt, um mit ihm auf einen Jahrmarkt zu gehen, denkt er: *Gleich ist sie da. Dann ist es immer warm und blau und weich in ihrem Mantel.* (Waisenhaus, S. 96)
Doch Detlev spürt von Anfang an, dass dieser Ort gefährdet ist. Als sie sich nach einer Woche im Waisenhaus das erste Mal wieder treffen, registriert Detlev: *Mutti hat Angst. Sie hat vor den Bomben Angst. Aber dann hat sie noch eine andre Angst. Vor was?* (Waisenhaus, S. 41) Lange bleibt Detlev der Grund verborgen. Erst gegen Ende des Jahres weiht die Mutter ihn in ihre Angst ein. Inzwischen hat man Erkundungen über den Vater Detlevs angestellt. Akten wurden angefordert, und die Behörden wissen nun, dass Detlevs Vater ein Jude gewesen ist. Detlevs Mutter lebt also in der ständigen Angst, ihr Sohn könnte deportiert werden.
Der Ort unter dem Mantel der Mutter findet seine Erweiterung in ihrem Zimmer. Zunächst ist es das Zimmer beim Veterinär. Detlev darf jeweils von Samstag auf Sonntag dort übernachten; dann essen sie auch gemeinsam mit den Vermietern zu Abend. Vor Weihnachten muss die Mutter erneut umziehen, diesmal in eine Dachkammer. Dort feiern Detlev und seine Mutter den ›Heiligen Abend‹ zusammen:
Das neue Zimmer lag auf dem Dachboden. Die Rückseite der unverkleideten Dachziegel sah aus wie die rohen Muskeln eines Kaninchens, wenn der Großvater es vor der Laube abhäutete.
Detlev mußte draußen warten, bis die Mutter klingelte. Der Tannenbaum war sehr klein. Er stand in einem Blumentopf. Bunte Anhängermännchen vom Winterhilfswerk baumelten über den Kerzen.
Das rötliche Licht über den Haaren, dem Gesicht, den Händen der Mutter, über den Koffern in der Ecke, über dem Tisch mit den Päckchen und Briefen und Süßigkeiten, war für Detlev das schönste Licht, das er je gesehen hatte. (Waisenhaus, S. 148)

Das karge Weihnachtsfest im Vergleich mit dem aufwendigen Krippenspiel im Kloster zeigt an, wofür die Mutter steht: für den nüchternen, protestantischen Gegenpol zum übermächtigen Katholizismus. Sie steht dabei vor einer schwierigen Aufgabe. Sie muss ihren Sohn darin bestärken, sich an die katholische Umgebung anzupassen und sich möglichst unauffällig zu verhalten. Gleichzeitig erlebt sie, wie gerade die katholische Umgebung ihren Sohn mehr und mehr gefangen nimmt und oftmals auch ängstigt. Dann schreitet sie ein und klärt Detlev auf, um ihm die Angst zu nehmen. Das wird besonders an dem katholischen Klasel-Brauch deutlich, an der Weise, wie Sankt Nikolaus in Scheyern begangen wird. Detlev erlebt einen freundlichen Nikolaus im Waisenhaus und erinnert sich dabei voller Schrecken an das Jahr davor, als seine Mutter und er in einem nahe gelegenen Dorf namens Steingriff gelebt haben.

Der Klasel schlug die Tür auf. Jetzt konnte Detlev nicht mehr weinen. Hinter seiner Stirn spannte sich alles – um seine Augen wurde alles hart und trocken. Detlev hätte sich gern umgedreht und wäre durch die Mauer hindurchgesprungen.
Der Klasel hatte keine Augen, keine Nase, keinen Mund. Sein Gesicht bestand aus einer platten, käsigen, schlappenden Fleischmasse. An Stelle der Augen hatte er kleine Wülste ohne Augenweiß, ohne Pupillen, ohne Lider, ohne Wimpern. […]
Die Mutter faßte Detlev an der Hand und ging mit ihm aus der Tür. […]
Die Mutter sagte:
– Der Klasel war kein Klasel. Es war der Knecht von nebenan. Er hatte eine Kuhglocke und eine Brunnenkette. Vor seinem Gesicht hing das Melktuch. Hab nicht solche Angst, sei ein tapferer Junge. (Waisenhaus, S. 141–143)

Für Detlev folgt daraus, dass er zwischen den katholischen Orten und den Orten der Mutter hin- und hergerissen ist. Zwei Pole ziehen an ihm. Auf der einen Seite ergreift die katholische Religion, ihre Vorstellungswelt und ihre rituellen Handlungen, mehr und mehr Besitz von ihm, und er will, wie die anderen Kinder, katholisch werden. Frieda wird für ihn darüber die Figur im Waisenhaus, die über die Zauberformel dazu verfügt: das Verwandlungsgebet. Auf der anderen Seite steht die Mutter, die Vertraute, die ihm jene Geborgenheit geben kann, die er bei den Schwestern im Heim nicht findet. Auch wenn die Geborgenheit gefährdet erscheint, Risse zeigt. Die Mutter klärt ihn auf, wenn in ihren Augen das Maß voll ist, und mahnt ihn immer wieder: *Du bist ein Protestant. Du bist kein Katholik.* (Waisenhaus, S. 41) Sie stellt damit ein Gegengewicht zu Detlevs Erfahrungen mit dem Katholizismus her. Sie sorgt dafür, dass Detlev zumindest hin und wieder den Katholizismus durchschaut, der mit großem theatralen Aufwand einen illusionären Schein erzeugt, der ängstigen und verzaubern mag, hinter dem sich jedoch keine andere, metaphysische Welt eröffnet. Das Dahinter besteht aus Leere.

Für Detlev ergibt sich daraus eine kindliche Überlagerung katholischer und protestantischer Vorstellungen und Werte – ein ganz eigener Synkretismus. Das Gefühl, hin- und hergerissen zu sein und letztlich zwischen den Orten zu stehen, wird sich für Detlev den Roman über auch nicht auflösen. Wohl wird er aber lernen, diese Spannung auszuhalten. Der Protestantismus kommt dabei weniger als eigene Religion mit seinen auf das Individuum und die Innerlichkeit setzenden Praktiken ins Spiel, denn als aufklärerischer Gegenpol, als letztlich vernunftgeleiteter Blick auf den Katholizismus. Somit verdichtet sich schließlich in dem Fauxpas, der im Zentrum der eingangs erzählten Basisgeschichte steht – der Griff nach dem Puppenauge, das sich als etwas ganz anderes erweist –, ebenjene Erfahrung, die Detlev aus seiner Stellung dazwischen mit dem Katholizismus macht.

Zwar hat sich Hubert Fichte in einem Interview gegen eine symbolische Interpretation der Eingangsszene gewendet und das Motiv durch den Einfluss des Surrealismus auf sein Frühwerk erklärt. Doch dem steht eine dichte Motivkette im Roman selbst gegenüber, die sich bereits in den bisher ausgewählten Passagen abzeichnet. Es ist die Augenlosigkeit

des Klasels in Steingriff, die den kleinen Detlev zutiefst verschreckt hat. Demgegenüber steht die Phantasie Detlevs, die Augen der Heiligen würden neben deren Knochen als Reliquien verwahrt und hingen, wie Murmeln in einem Säckchen, auf der Rückseite des Altars in der Stadtpfarrkirche. Ohne Augen, so legt der Text nahe, verliert der Mensch seinen Status als Mensch; umgekehrt sind die Augen Sitz einer Potenz, die ihre Aufnahme in den religiösen Reliquienkult nahe legt. Ohne sich nun allzu sehr zu versteigen, lässt sich die darin angelegte Symbolik als Frage nach der Möglichkeit menschlicher Erkenntnis deuten. Sehen die Augen eines Heiligen mehr als andere? Eröffnet sich den Augen der Religion noch eine andere, jenseits der Sichtbarkeit liegende Welt? Sowohl die Eingangsszene mit dem vermeintlichen Puppenauge als auch die Erfahrungen Detlevs mit dem Katholizismus verneinen diese Frage.
Dahinter verbirgt sich ideengeschichtlich ein von der Aufklärung geprägtes, religionskritisches Modell, wie es im 19. Jahrhundert von Ludwig Feuerbach oder Karl Marx entwickelt worden ist. Interessant ist die religionswissenschaftliche Konsequenz, die sich für den Schriftsteller Hubert Fichte daraus ergibt: Sie lenkt den Blick von den religiösen Inhalten, wie sie in den religiösen Schriften niedergelegt sind, auf die religiösen Praktiken. Religion als Handlung, die das, woran ihre Mitglieder glauben, in gemeinschaftsstiftenden Akten selbst hervorbringt – das ist ein Blick auf Religion, der ethnologisch und religionswissenschaftlich höchst aktuell ist.
Die im Roman *Das Waisenhaus* geschilderten und verarbeiteten Erfahrungen mit dem Katholizismus verweisen damit bereits auf Fichtes spätere Auseinandersetzung mit den afroamerikanischen Religionen. Zwar erscheinen sie zunächst als ein positives Gegenbild zum Katholizismus, die dessen repressive Mechanismen unterlaufen. Im Hinblick auf die Existenz einer metaphysischen Welt jedoch werden auch sie eine desillusionierende Erfahrung bereithalten: Ein Dahinter existiert nicht.

Ort der Sehnsucht: Hamburg

Um die Topographie des Romans *Das Waisenhaus* zu vervollständigen, müssen noch zwei weitere Orte in das Wegenetz der Hauptfigur Detlev aufgenommen werden. Da ist zunächst, eng mit der Mutter verbunden, der Ort Hamburg, genauer: der Stadtteil Lokstedt. Dort hat der Großvater kurz vor dem Ausbruch des Krieges ein Haus erworben, in das auch Detlev und seine Mutter eingezogen sind. Die Erinnerung an Lokstedt, an die Großeltern und vor allem an den Garten mit der Laube – wir werden im nächsten Kapitel darauf zurückkommen – drängt sich in jener kurzen Zeitspanne auf dem Balkon des Waisenhauses immer wieder in die Erinnerungsbruchstücke, die vor Detlevs innerem Auge vorbeihuschen.
Gerüche spielen dabei eine große Rolle. Es zeigt sich, dass Detlev seine Erfahrungen in Scheyern häufig mit jenen aus Hamburg vergleicht. Während er auf dem Balkon steht, ergreift ihn plötzlich ein Taumel. *Detlev kneift die Lider zusammen. Die Waisenhauszöglinge schwimmen durcheinander wie die tutenden Barkassen im Hafen.* (Waisenhaus, S. 17) Die Stadtpfarrkirche und ihre Architektur hingegen erinnern Detlev an die Rhabarberstauden im Garten des Großvaters. *Oben liefen die Pfeiler breit auseinander, wie die Rhabarberstengel an den Rhabarberblättern in Großvaters Garten, die Detlev, mit dem Rücken auf der Wegasche, von unten angesehen hatte, ehe der Krieg anfing.* (Waisenhaus, S. 33) Die hier vollzogene Verknüpfung der Stadtpfarrkirche mit dem Garten des Großvaters wiederholt sich, als einmal Fliegeralarm in Scheyern herrscht – eine Situation, die Detlev bereits aus Hamburg kennt – und sich die Schwestern mit den Kindern in die Stadtpfarrkirche zurückziehen. Als sie sich in die Kirche gerettet haben, empfindet Detlev:
Es roch nach der Laube des Großvaters, nach Kleie, die zwischen die warmen Kartoffelschalen für die Hühner gemischt wurde, nach Flit, nach Tulpenzwiebeln. Es roch nach dem Komposthaufen, wo der Steintopf aus dem Gartenklosett ausgeleert

wurde, wo Torf, Zitronenschalen, Pisse, Federn und Hahnenfüße durcheinandergemengt waren. (Waisenhaus, S. 88)

So bewegen sich die Empfindungen Detlevs ständig zwischen Scheyern und Hamburg hin und her. Hamburg gewinnt dabei eine große Präsenz. Innerhalb der katholischen Vorstellungswelt, die sich Detlev nach und nach aneignet, besetzt die Stadt besonders in der Gestalt des Gartens des Großvaters den Platz des Paradieses. Dem katholischen Waisenhaus wird im Gegenzug der Platz der Hölle zugewiesen. Hamburg – Paradies der Kindheit und zugleich Ort, an den sich Detlev zurückwünscht.

Orte der Nationalsozialisten

Die Orte der Nationalsozialisten, die Orte der Parteifunktionäre und Machthaber in Scheyern ragen nur selten in die Topographie Detlevs, denn die Mutter unternimmt alles, ihren Sohn von diesen Orten fern zu halten. Einmal, als Detlev nach der Schule seine Mutter in ihrem Büro besuchen will, kommt er zufällig in den Festsaal des Rathauses.
Der Saal war mit Fahnen und roten und braunen Tüchern geschmückt. Ein Mann lag in der Mitte des Saales. Kübel mit Azaleen und Lorbeerbäumen rahmten den Liegenden ein. Detlev näherte sich dem Mann. Es roch nach dem Brot vom Waisenhaus. Der Mann war gelb im Gesicht. Er hatte die Augen geschlossen. […] Detlev vergaß, daß er zu seiner Mutter wollte. (Waisenhaus, S. 37)

Ein paar Tage später, es ist wieder Samstag: *Die Mutter und Detlev gingen über den Marktplatz. Dort standen Kandelaber und Tribünen für die Trauerfeier des Gauleiters bereit. Die Flaggen klebten naß an den Masten.* (Waisenhaus, S. 38)
Es liegt eine eigenartige Aura der Leblosigkeit, der Starre und des Todes über allen Orten der Nationalsozialisten. Dazu passt auch eine Passage, in der Detlev lange das Schaufenster

eines Spielzeuggeschäfts betrachtet. Es ist als Kriegsschauplatz dekoriert:

Deutsche Landser waren auf einer grünen Matte im Vormarsch. Einige von ihnen rissen eine Handgranate in die Höhe. Zwei hielten eine Fahne voran. Die Falten der Fahne waren naturgetreu. Detlev erkannte deutlich das Blut an den Kopfverbänden der feindlichen Partisanen. Ein angloamerikanischer Fallschirmjäger wurde abgeführt. Der mutige Späher wagte sich weit vor. Ein feindliches Flugzeug lag vernichtet am Boden. Rechts beriet der General an einer Generalstabskarte. Eine Marschkolonne rückte durch ein brennendes feindliches Dorf. Aus dem Hinterhalt wurde ein tapferer deutscher Soldat von einem feigen Partisanen angegriffen. Mehrere Kampfwagenflugzeugabwehrkanonen standen einsatzbereit. Granatwerfer und Minenwerfer wurden getarnt. Vor dem Verbandsplatz bellte ein Sanitätshund. Er hatte eine rote Zunge. (Waisenhaus, S. 51)

Kindgerecht – und deshalb im höchsten Maß ideologischdoktrinär – steht Detlev hier ein Bild des Krieges vor Augen in Form detailgetreu nachgestellter Kriegsszenen. Doch so realistisch der Effekt der Schaufensterdekoration auch sein mag, letztlich bleibt sie leblos und starr.
Auch die Schule, die Detlev besucht, ist ein Ort der nationalsozialistischen Ideologie. *Deine Ohren sind so groß wie Judenohren*, muss Detlev sich von einer Lehrerin sagen lassen, *ehe sie ihm mit dem gespaltenen Rohrstock über die Finger schlug.* (Waisenhaus, S. 10) Doch, so vermittelt sich der Eindruck, breitet sich Detlevs Zugehörigkeit zum katholischen Waisenhaus wie ein Schutzmantel über ihn aus. *Deine Ohren sind groß wie Judenohren*, heißt es an anderer Stelle erneut, *aber du arbeitest fleißig, du hast einen arischen Ausdruck im Gesicht, und deine Haare sind blond.* (Waisenhaus, S. 81)
Überdies scheint in der Darstellung des Romans Scheyern in seiner katholischen Identität gefestigt genug, um sich nicht blind und fanatisch dem Nationalsozialismus ergeben zu haben.

Die Bedrohung allerdings, dass die jüdische Abstammung Detlevs offiziell bestätigt oder durch die Kinder des Waisenhauses entdeckt werden könnte, bleibt den Roman über immer bestehen. Deshalb stellt Detlev irgendwann seine Mutter zur Rede.
– Detlev unterbrich mich nicht. Ich werde jetzt lange reden – als ob ich dir ein Märchen vorlese. Aber es ist kein Märchen, und du darfst es niemandem weitersagen, wenn du mich lieb hast. – Dein Vater ist Jude.
Detlev sah ein großes goldenes J. Die Vögel saßen auf dem Querbalken des Buchstaben und sangen. Die Äpfel wurden reif, die Pflaumen und die Reineclauden. Das U war die Elbe im Sonnenlicht. Das U war voller Wasser. Goldene Dampfer fuhren über das U. Möwen flogen darüber, und auf der Elbbrücke dampfte die Lokomotive. Onkel Brunos Auto hielt vor dem Elbtunnel.
Die Hortensien morgens um sechs im Vorgarten, naß und golden, waren das D und das E.
– Dein Vater ist Jude. Er wohnte nebenan. (Waisenhaus, S. 164)

In die katholisch-protestantische Spannung, der Detlev ausgesetzt ist, drängt sich ein weiteres religiös-kulturelles Element. Doch auch das Jüdische kommt, wie der Protestantismus, nicht als Religion in den Blick, sondern nur in der pervertierten Gestalt des nationalsozialistischen Antisemitismus. Die Mutter erzählt, aber was sie erzählt, ist nur noch bruchstückhaft in der Erinnerung Detlevs gegenwärtig. Denn er hat sich in die Buchstaben gerettet, hält sich an ihnen fest und verziert sie in seiner Phantasie mit Ornamenten aus Hamburger Idyllen.
Aus den verschiedenen Orten in und um Scheyern und aus dem Wegenetz, das sie miteinander verbindet, entfaltet der Roman *Das Waisenhaus* seine Topographie. Die Orte dienen dabei nicht nur als Schauplatz und Handlungshintergrund wie die Kulissen im Theater. Im Gegenteil sind die Ereignisse, die sich an den Orten zutragen, derart eng an diese Orte ge-

knüpft, dass sie überhaupt erst durch die Orte hervorgebracht werden. Das Erzählen Hubert Fichtes ist – nicht nur in diesem Roman – in hohem Maß ein ortsgebundenes Erzählen. Davon lassen sich bereits Spuren in seinen frühen, vor dem Roman *Das Waisenhaus* entstandenen Erzählungen finden, die sich unter anderem jenem Ort zuwenden, an den Detlev und seine Mutter nach ihrer Zeit im bayerischen Scheyern zurückkehren.

Kapitel 2
Hamburg, Lokstedt – der Garten des Großvaters

Der Garten

1963, zwei Jahre vor dem Roman *Das Waisenhaus*, ist von Hubert Fichte ein erstes Buch veröffentlicht worden, ein Band mit Erzählungen: *Der Aufbruch nach Turku*. Darin finden sich zwei kurze, nur wenige Seiten umfassende Erzählungen, die zeitlich genau da einsetzen, als Detlev und seine Mutter nach Hamburg zurückkehren: *Der Garten* und *Der dreiundzwanzigste Juli*. Sie sind sehr lakonisch gehalten und lassen an ihrer narrativen Oberfläche nichts von den tiefen Erschütterungen spüren, von denen sie handeln. Was ausgelassen wird, oder was nur indirekt zur Sprache kommt, ist mindestens ebenso wichtig wie das, was erzählt wird. Im Mittelpunkt beider Texte steht der Garten, den der Großvater angelegt hat und der – das haben wir im vorangegangenen Kapitel gesehen – in der schockhaft sich einstellenden Erinnerung Detlevs auf dem Balkon des Waisenhauses paradiesische Züge annimmt.

Am Anfang der Erzählung *Der Garten* zeichnet sich dieser, ähnlich wie die Stadt Scheyern, durch eine beschriebene Erkundung in der Vorstellung der Leser ab:

»Du darfst nicht auf der Straße spielen!« sagte der Großvater zu Detlev. »Es könnte Fliegeralarm geben. Merk es dir ein für allemal! Du bist erst acht Jahre alt. Wenn du später ein großer Junge sein wirst, dann darfst du auch auf der Straße spielen.«
Detlev drehte das Dreirad an der Gartenpforte um. Er fuhr den aschegehärteten Weg durch den Vorgarten, wo rechts und links Kopfsalat und Schnittsalat wuchsen. Er hob das Dreirad drei Stufen hoch und fuhr über die Betonplatten zum Haus, an den malerischen Felsbrocken vorbei und dem Wacholderbusch, der Goldrute und den Rosenrabatten. Er bog beim Rhododendron in den Sandweg ein und hielt beim Nußbaum und den Schat-

tenmorellen. Die Großmutter klopfte oben ans Fenster und sagte: »Nun hat Großvater eben den Sandweg geharkt. Bleib doch auf den harten Wegen!«
Detlev fuhr zurück, fuhr um das Haus und ließ sich mit vorwärtsgestreckten Beinen die kleine Anhöhe bei der Terrasse hinunterrollen und kam zum Rittersporn und zum Spinat und zu den Erdbeeren. Er trampelte auf das Dreirad ein und erreichte die Gartenlaube, von deren Dach manchmal Teertropfen herunterfielen. Er fuhr zum Hortensienbusch und wendete am Gitter des Hühnerstalls. Er fuhr zur Gartentoilette, zur Regentonne, zum Torfballen, zum Komposthaufen. Er fuhr um die drei Apfelbäume und fuhr zwischen Nachbars Grundstück und Großvaters Grundstück, an Himbeeren und Stachelbeeren und an Nachbars Hühnerstall vorbei, auf die Pforte zu.
Der Großvater kam hinter ihm her und sagte: »Ich habe es dir doch verboten. Du sollst nicht auf der Straße spielen. Wenn es nun plötzlich Fliegeralarm gibt?!«
Detlev fuhr zur Laube zurück und stellte das Dreirad neben den Liegestuhl. (Turku, S. 49)

Der Weg, den Detlev zurücklegt, führt von einer Grenze des Gartens, der Pforte, die zur Straße hinausführt, bis in das Niemandsland zwischen dem Grundstück des Großvaters und dem angrenzenden Grundstück der Nachbarn. Dazwischen fährt Detlev alle angelegten Wege ab, die harten und die weichen, kommt an den für den Garten wichtigen Einrichtungen vorbei, dem Hühnerstall, der Gartentoilette, dem Komposthaufen und der Laube, und passiert vor allem verschiedene Bäume, Nutz- und Zierpflanzen. All das wird jedoch nur nebenbei, im Vorüberfahren, erwähnt und allein durch die Namen und Bezeichnungen repräsentiert. Kein Wort über die Farben und Formen, keine genaueren Beschreibungen der Blüten und Blätter. Allein die Namen – Erdbeeren, Goldrute, Rittersporn, Spinat, Schattenmorellen – rufen die Pflanzen hervor, rufen sie in ihre literarische Existenz. Verbunden sind sie miteinander durch die angelegten Wege, die der Großvater pflegt, das Wegenetz des Gartens. Wie im Roman *Das Wai-*

senhaus steht also erneut ein konkreter Ort am Anfang des Erzählens, als würde der Erzähler zu Beginn erst einmal eine Karte des Gartens ausbreiten – eine Karte aus Worten. Sie ist zudem durchsetzt von den Worten der Erwachsenen, einem Dickicht aus Ermahnungen und Verboten, die auf die kleinbürgerliche Enge dieser Welt verweisen. Von mehr Gewicht jedoch ist die Bedrohung, die über dem Ort liegt: *Es könnte Fliegeralarm geben.*
Von der Bedrohung nimmt Detlev immer nur Fetzen wahr. Von den Gesprächen beim Abendbrot und den nächtlichen Unterredungen im Garten der Nachbarn dringen nur Bruchstücke an sein Ohr: *Hochbunker, Terrorangriff* und das Entsetzen des Großvaters: *Unsere kleinen Keller bieten uns keinen Schutz mehr!* (Turku, S. 51) Detlev bemüht sich auch nicht, wie der Erzähler berichtet, den Unterhaltungen der Erwachsenen zu folgen. Denn er ist ganz hingerissen von dem Matrosen Paul, der ihm als ein Neffe der Nachbarsfamilie Schlesner zusammen mit seiner schwangeren Frau vorgestellt wird:
Detlev mußte allen die Hand geben und seinen Diener machen. Als er vor der jungen Frau stand, sah er, daß sie einen sehr dicken Bauch hatte. Zuletzt gab er dem Matrosen die Hand. Er machte einen besonders schönen Diener und hockte sich auf eine Fußbank neben dem Matrosen. Die großen Leute rückten die Korbsessel zusammen und redeten schnell und leise. Einmal sah sich der Matrose nach Detlev um. Er nahm seine weiße Matrosenmütze mit den zwei langen, dunklen Bändern, gab sie Detlev und sprach mit den Erwachsenen weiter von Terrorangriff und Hochbunker und tausend, tausend Toten. Detlev setzte sich die Matrosenmütze auf. Sie rutschte ihm bis zur Nase. Die zwei langen Bänder fielen über sein Gesicht. Die großen Leute bemerkten es nicht. Sie lachten nicht über ihn. (Turku, S. 51)

Über die Mütze entsteht eine zarte Bande zwischen dem Matrosen Paul und Detlev. Als sie sich am nächsten Abend erneut im Garten der Schlesners zur Lagebesprechung zusammensetzen, versucht Detlev, direkt mit Paul in Kontakt zu

kommen. Er lädt ihn ein, einmal in ihren Garten zu kommen, um mit ihm zu spielen. Immer begeisterter macht Detlev ihm die Möglichkeiten schmackhaft:
»Habt ihr Kirschen?« sagte der Matrose.
»Schattenmorellen. Wir pflücken welche. Wir bauen eine Höhle im Hortensienbusch. Unten streuen wir Torf rein. Neben unserer Laube steht ein großer Torfballen. Wenn unsre Höhle fertig ist, essen wir Kirschen und Pflaumen und Johannisbeeren.«
»Das machen wir bestimmt.« (Turku, S. 53)

Eine Höhle bauen und sie einrichten – eine normale Kinderphantasie. Vor dem Hintergrund des Waisenhauses in Scheyern jedoch und den Zerstörungsphantasien, die Detlev dort immer wieder überfallen haben, und vor dem Hintergrund der realen Bedrohung durch die Luftangriffe auf Hamburg bekommt der Wunsch nach einem verborgenen Ort, nach einem Versteck noch einmal eine andere Bedeutung. Detlev verfügt über den Garten des Großvaters, als sei es seine Welt, sein paradiesischer Garten. Dorthin lädt er den jungen Matrosen ein, für den er ein kindliches Begehren entwickelt hat, um sein Paradies mit ihm zu teilen. Es ist ein Reich der Pflanzen, die alles Notwendige bereitstellen: Nahrung und eine zarte, schützende Höhle, in die sie sich gemeinsam zurückziehen können – als wären nicht Adam und Eva, sondern sie, Detlev und Paul, die ersten beiden Menschen auf Erden. Der Matrose geht auf Detlevs Einladung ein, und sie verabreden sich für den kommenden Sonntag, ganz früh, noch vor der Dämmerung. Doch dazu wird es nicht mehr kommen.
Jede Nacht herrscht Fliegeralarm, und so verbringen Detlev und die Mutter sowie der Großvater und die Großmutter die Nächte in dem kleinen Schutzkeller unter dem Haus. Jedoch:
Als sie eines Morgens aus der Kellertür traten, war der Himmel schwarz und die Sonne rot. Überall im Garten fanden sie Dachziegel und Fensterscheiben. In den Erdbeerbeeten waren gelbe Löcher, und die Zweige der Apfelbäume und der Schat-

tenmorellen lagen auf der Erde. Das Drahtgitter der Gartenpforte hing verbogen an den Stangen.
Sie fuhren weg. Sie kamen erst im Winter zurück. (Turku, S. 54)

Der Garten ist verwüstet. Das Paradies existiert nicht mehr. Detlev ist daraus vertrieben. Mehr wird von der ersten schweren Bombardierung auf Hamburg in der Nacht vom 23. auf den 24. Juli 1943 nicht erzählt. Als sie drei Monate später nach Hamburg zurückkehren, erfahren sie von den Nachbarn, dass Paul inzwischen tot ist. Das Schiff, auf dem er diente, ist versenkt worden. Detlev denkt daraufhin zunächst an die verschiedenen Totenfeiern für gefallene Soldaten, die er während der Zeit im Waisenhaus miterlebt hat. Ganz knapp nur ist im Text darauf verwiesen mit der Formulierung: *als er verschickt gewesen war* (Turku, S. 54) – gemeint ist die ›Kinderlandverschickung‹, mit der Detlev und seine Mutter nach Bayern gekommen sind. Schließlich malt er sich aus, wie es gewesen wäre mit Paul im Garten des Großvaters, ganz früh. In der kindlichen Imagination entsteht der Garten von neuem. Aber es ist nicht der Garten in seiner sommerlichen Pracht und Fülle, sondern in einem anderen Zustand: nachts, wenn die Pflanzen sich verschlossen haben, sich kaum etwas bewegt und alles den ersten Lichtstrahl des neuen Tages erwartet – eine sehr zerbrechliche Imagination, die Detlev der Zerstörung und dem Tod Pauls entgegensetzt:
Zuletzt dachte er, wie es um drei Uhr morgens im Garten ausgesehen hätte. Er war noch nie so früh durch den Garten gegangen. Er dachte, daß die Bäume ganz groß und schwarz dastünden, daß dicker, weißer, kalter Nebel zwischen den Ästen herausquölle und die Vögel auf allen Zweigen säßen und dann und wann aufflögen; die Blätter würden sich aber gar nicht bewegen, von ihnen tropfte nur der Tau, fast wie Regen, auf den Rittersporn, die Charlotten, den Spinat, die Stachelbeeren und die Margeriten und die Akeleien und die Rosen; die Blüten stünden nicht geöffnet, sie wären geschlossen und winzig klein und schwarz. (Turku, S. 54/55)

Der dreiundzwanzigste Juli

In der zweiten Erzählung mit dem Titel *Der dreiundzwanzigste Juli* schlägt Hubert Fichte einen anderen Ton an. Hier begegnet uns eine Reihe surrealistisch anmutender Bilder, die als Beleg für jene Interviewäußerung genommen werden kann, nach der Fichte für sein Frühwerk bis einschließlich des Motivs des Puppenauges im Roman *Das Waisenhaus* eine ›nachsurrealistische Periode‹ in Anspruch nimmt. Das zeigt bereits der erste Satz: *»Die Käsetorte ist wie ein Mond durch das Eßzimmer gerollt«, sagte die Mutter, als sie in den Keller zurückkehrte.* (Turku, S. 56) Die Käsetorte ist von der Großmutter am Samstag gebacken worden und sollte am Sonntag zum Kaffee angeschnitten werden – doch dazwischen liegt die Nacht der ersten schweren Bombardierung, die genau in der Nacht vor jenem Sonntag einsetzt, da sich Detlev mit dem Matrosen verabredet hat. Indem sich die zweite Erzählung auf den Tag nach der Bombardierung konzentriert, stößt sie in die Lücke vor, die in der Erzählung *Der Garten* freigelassen worden ist. Sie erzählt, wie der Großvater und die anderen auf die Zerstörung durch die Bombardierung reagieren – der Matrose Paul tritt nicht wieder in Erscheinung.

Am frühen Morgen klopft es an der Tür zum Kellerbunker. Ernst, offensichtlich ein Bruder der Mutter, tritt mit rußverschmiertem Gesicht ein. Er berichtet, dass die Straßen in der Stadt noch brennen. Gemeinsam besichtigen sie daraufhin das Haus und den Garten:

Detlev hielt sich an Onkel Ernsts Hand fest und folgte ihm in den Garten hinaus. Es war Morgen. Eine schwarze Rauchdecke verdunkelte den Himmel. Blutrot oder feuerrot und rund – ›so rund wie die Käsetorte‹, dachte Detlev – hing die Sonne in dem brodelnden Gewölk. (Turku, S. 57)

Aber nicht die Zerstörung wird nun in Augenschein genommen, sondern die Bereiche, die auf wundersame Weise verschont geblieben sind:

»Wir müssen uns überzeugen, ob in der Laube alles beim Rechten ist«, sagte der Großvater.
»Die Scheiben sind heil. Das ist ein Wunder. Im Innern liegen die Gerätschaften durcheinander«, sagte Onkel Ernst.
Der Großvater schloß die Tür auf und betrat die Laube. Er klopfte an die Wände und auf den Boden.
»Nein, es ist nichts Schlimmes passiert«, sagte er beim Abschließen. (Turku, S. 58)

Plötzlich geschieht etwas völlig Überraschendes, das beim ersten Lesen wiederum surrealistisch anmutet:
Detlev hörte Pferdegetrappel. Vor Behrends' zertrümmerter Villa kreischten die Sanitäterinnen auf. Detlev rannte mit Tante Erna und Onkel Ernst zur Straße.
»Das Kind kommt mir nicht auf die Straße«, rief die Mutter aus einem der Wohnzimmerfenster.
»Zebras vom Zoo!« schrie die Großmutter aus dem anderen Wohnzimmerfenster.
Fünf Zebras und eine Giraffe galoppierten an Detlev vorüber.
»Geht von der Straße, die Löwen und Panther sind auch gleich hier!«
»In der Kaiser-Friedrich-Straße trompeten die Elefanten und in den Schrebergärten hängen die Klapperschlangen mit den Orang-Utans in den Bäumen.«
Die Mutter holte Detlev von der Straße. (Turku, S. 58/59)

Die Bomben haben auch den nahe gelegenen Tierpark Hagenbeck zerstört, der ebenfalls im Hamburger Stadtteil Lokstedt liegt. Wilde Tiere, die ausgebrochen sind, stürmen nun durch den Stadtteil. Der augenblickliche Schreck beschwört eine Gefahr herauf. Der Garten des Großvaters, durch die Bomben bereits verwüstet, droht nun gänzlich zu verwildern und sich in einen Dschungel zurückzuverwandeln. Ein Stück Land der Natur abzuringen, es urbar zu machen und zu pflegen – die sprachgeschichtlich älteste Bedeutung von Kultur –, ist in einem Nu ausgelöscht; das Land fällt in seine ursprüngliche Wildheit zurück. Eine Vision des Untergangs, der Endzeit.

Der Garten als Paradies überdauert nur in der Imagination eines Kindes – und auch da nur *in statu nascendi*: im Augenblick des allerfrühesten Lichts der Morgendämmerung.
Aus der Gefahr der Verwilderung heraus, so legt es die Erzählung nahe, beschließen der Großvater und die anderen, die Stadt zu verlassen und in ihrer alten Heimat Schlesien Schutz zu suchen. Sie packen ein paar Habseligkeiten zusammen und laden sie auf einen Handwagen. So schlagen sie sich durch die brennende Stadt über Straßen, deren Asphalt geschmolzen oder aufgeplatzt war, bis zum Bahnhof. Die Erzählung endet, als der Zug den Bahnhof verlässt.
In vielen literarischen Kindheitsbeschreibungen spielen Innenräume eine große Rolle. Sie sind erfüllt von einem bestimmten Licht oder einem besonderen Duft. Einmal ist es ein Wohnzimmer mit seinen Möbeln, mit den Bildern und Drucken an der Wand; einmal eine Dachkammer, die nur über ein Labyrinth von Wegen zu erreichen ist. Innenräume vermitteln Geborgenheit und Schutz. In der kindlichen Imagination werden sie zu einem zweiten Körper. Anders bei den beiden Erzählungen von Hubert Fichte. Hier fließt die kindliche Imagination in den Garten des Großvaters, in seine Bäume und Pflanzen. Auch sie bieten Detlev Schutzräume und Verstecke, wohin er sich zurückziehen kann: einen Baum, auf dem man gut klettern kann, oder eine Höhle, die sich unter einem Busch einrichten lässt. Ferner gibt es noch die Laube, die, wundersam genug, die Bombardierung ohne größeren Schaden überstanden hat.
Diese Verschiebung der kindlichen Phantasie hebt den Garten und seine Pflanzen, hebt mithin das Vegetabile heraus. Tatsächlich ziehen sich Vergleiche und Metaphern aus dem Bereich des Vegetabilen durch das gesamte Werk von Hubert Fichte. Letztlich steht das Vegetabile für jenen großen und vielschichtigen Bereich, den Fichte ›Empfindlichkeit‹ nennt. Menschliche Empfindlichkeit und Pflanzen korrespondieren miteinander.
Auch innerhalb der Erforschung der afro-amerikanischen Religionen und der afrikanischen Psychiatrie wird den Pflanzen

eine zentrale Bedeutung zukommen. In seinen Feldstudien wird Fichte die rituellen Pflanzen in den Mittelpunkt rücken, also jene, die gezielt innerhalb von Riten eingesetzt werden. Sein Augenmerk wird dabei besonders auf die halluzinogenen Kräuter fallen, die während der verschiedenen Zeremonien der Einweihung den Initianten verabreicht werden. Von Beginn der intensiven Erforschung in Salvador da Bahia im Jahr 1971 an wird Fichte deshalb ein Herbarium anlegen, in dem er die in den verschiedenen Religionen verwendeten rituellen Pflanzen sammeln wird, die getrockneten Blüten und Blätter, ihre unterschiedlichen Namen sowie die Götter, denen sie zugeordnet sind. So wird nach und nach ein umfangreiches Kompendium der kultischen Botanik der afro-amerikanischen Religionen entstehen. Gerade das Herbarium wird Leonore Mau und Hubert Fichte immer wieder den Zugang zu den Tempeln in Bahia oder am Amazonas oder in den afrikanischen Ländern öffnen.

Die beiden frühen Erzählungen beinhalten indes noch einen weiteren Aspekt, der ebenfalls im späteren Werk von Hubert Fichte wiederkehren wird. Der Garten des Großvaters dient Fichte auch als ein Modell der Welt, als eine Welt *en miniature*. Darin kann man eine literarische Praxis entdecken, die bis auf die Mönche der Karolingerzeit zurückgeht, beispielsweise auf den *Hortulus* des Mönchs Walahfried Strabo von der Insel Reichenau aus dem Jahr 827. Dort erscheint der detailliert beschriebene Kräutergarten mit seinen Pflanzen durch eine streng eingehaltene, religiöse Zahlenmystik als Widerschein der Schöpfung Gottes, insbesondere des Gartens Eden. Die paradiesischen Züge haben sich in den Erzählungen, wie wir gesehen haben, zwar erhalten; mit dem Unterschied jedoch, dass es sich bei Fichte um ein kindliches und durchaus weltliches Paradies handelt – und um ein Paradies, aus dem Detlev durch den Krieg vertrieben wird. Doch begegnet die religiöse Besetzung in anderer Form bei den afro-amerikanischen Religionen wieder. Viele der Kultgemeinschaften, vor allem die größeren mit einem kleinen Anwesen aus mehreren Häusern und einem Tempel, besitzen auch einen eigenen Kräutergarten. Im Roman *Explosion* aus der *Geschichte der Empfindlichkeit* wird der Kräutergarten eines der wichtigsten ›Informanten‹ Fichtes, des Candomblé-Priesters Pedro de Batefolha, sehr genau beschrieben. Es handelt sich bei diesem Priester um eine der am zärtlichsten charakterisierten Figuren im gesamten Werk von Hubert Fichte – und es ist wohl kein Zufall, dass diese Figur auf das engste mit den Pflanzen verbunden ist. In *Lazarus und die Waschmaschine*, dem letzten Buch, das noch zu Lebzeiten Fichtes veröffentlicht worden ist, und das Interviews, Essays und Abhandlungen zu den afro-amerikanischen Religionen versammelt, findet sich schließlich am Ende ein Hinweis auf ethnographische Arbeiten, die in den nächsten Jahren vollendet werden sollen. Darunter ist vermerkt: *die Beschreibung des Einweihungsgartens von Pedro de Batefolha, Bahia de Todos os Santos.* (Lazarus, S. 437) Leider hat Hubert Fichte diese Arbeit nicht mehr vollenden können; es bleibt nur die Idee dazu.

Die beiden frühen Erzählungen erlauben noch eine weitere, ganz anders gelagerte Beobachtung. Sie betrifft den Rhythmus der Sätze bei Hubert Fichte. Die Form dieser frühen Texte folgt noch recht traditionellen Erzählmustern. Sie ist, trotz der kalkulierten Lücken, geschlossen und linear. Auffällig sind hingegen die kurzen Sätze, die zumeist einem einfachen grammatischen Schema gehorchen: Subjekt – Prädikat – Objekt. Adjektive sind äußerst sparsam eingesetzt. Der Satzaufbau ist reihend, oft mit einem ›und‹ verbunden; ganz selten einmal stößt man auf eine Nebensatzkonstruktion. Die Sätze sind schlicht gebaut, besitzen dafür aber eine große Klarheit und Transparenz. Die knappen Sätze und der temporeiche, den Leser mitreißende Rhythmus, der daraus folgt, bilden wohl den individuellen ›Atem des Schreibens‹ bei Hubert Fichte. Denn daran wird sich bis zu seinen letzten Arbeiten nichts ändern. Zwar wird er, beginnend mit dem Roman *Das Waisenhaus*, die geschlossene Form mehr und mehr aufsprengen und darüber auch zu einer neuen Weise kommen, die Sätze typographisch auf der Seite anzuordnen, der einfachen und schnörkellosen, geradezu minimalistischen Satzform jedoch wird er zeitlebens treu bleiben.

Detlevs Imitationen »Grünspan«

1971, acht Jahre nach dem Erzählungsband *Der Aufbruch nach Turku* und sechs Jahre nach dem Roman *Das Waisenhaus*, erscheint Hubert Fichtes dritter Roman *Detlevs Imitationen »Grünspan«*. Dazwischen lag der Roman *Die Palette*, der 1968 herausgekommen ist, ein Buch, das aufgrund seines Themas, seiner Sprachform und seiner geschickten Vermarktung durch eine nachhaltig wirksame Lesung im *Star Club* einen großen Erfolg bei den Kritikern und bei den Lesern darstellte. Hier taucht zum ersten Mal die literarische Figur *Jäcki* auf. Benutzt Fichte also die Figur *Detlev* als literarischen Stellvertreter für sich in der Zeit der Kindheit, so repräsentiert die Figur *Jäcki* sein anderes literarisches Ich für die Zeit ab der Pubertät. Der Roman *Detlevs Imitationen »Grünspan«* indes besteht aus zwei Erzählsträngen, die kunstvoll ineinander gewoben sind. Der eine setzt am Ende des *Waisenhauses* an, der andere am Ende der *Palette* – so werden in *Detlevs Imitationen »Grünspan«* die beiden literarischen Figuren, *Detlev* und *Jäcki*, zusammengeführt.

Der Roman, der aus 144 Kurzkapiteln besteht, beginnt mit der Ankunft des Zuges aus Scheyern in Hamburg. Die Zeit im Waisenhaus, die Schwestern und die anderen Kinder sind in der Vorstellung Detlevs noch sehr gegenwärtig. Die Namen, die Anspielungen auf Ereignisse und die in den beschriebenen Träumen vorkommenden Verfremdungen sind nur verständlich, wenn man vorher *Das Waisenhaus* gelesen hat. Aber auch die Kenntnis der beiden Erzählungen wird vorausgesetzt. Kapitel 13 beispielsweise beginnt mit dem Satz: *Es ist Sonnabendabend.* (Grünspan, S. 19) Die Großeltern sind außer Haus, und die Mutter bereitet alles für den Sonntag vor, einschließlich einer Käsetorte. In Kapitel 14 setzt dann ein Fliegeralarm ein. Die Sirene ertönt. Detlev weiß im ersten

Moment nicht, ob er noch in Scheyern ist und nur denkt, er sei schon in Hamburg, oder ob er in Hamburg ist und sich an die Sirene in Scheyern erinnert. Der Luftangriff auf Hamburg wird dann als klaustrophobes Stimmengewirr im Keller des Hauses erzählt. Der aus dem Schlaf gerissene Detlev versucht sich zu orientieren:
Das ist die Waschküche mit den Gartenstühlen. Da stehen die beiden Feldbetten auf dem Wäscheherd, die Baldrianflasche und das stinkt nach Katzenscheiße. Die Mauern sind zwei Meter dick. Die Tür hat zwei Stahlhebel. Vor dem Waschküchenfenster ist die Holzplanke. Man kann sie tagsüber abnehmen. Auch wenn Oma Wäsche kocht. Von Scheyern aus habe ich mir alles viel größer vorgestellt. Über das Siel hat Opa ein Stück Teppich gelegt. Dahinten steht die Axt. Wenn wir verschüttet werden! (Grünspan, S. 22)

Daraufhin gehen die Äußerungen des Großvaters, der Großmutter und der Mutter sowie die Gedanken, Empfindungen und Ängste Detlevs durcheinander. Über Detlev werden wir Leser unmittelbar in die Bombardierung hineingezogen: *Erst summt es ganz leise und dann fällt es immer lauter runter und gleich sind wir tot und wenn es platzt, ist es nicht zum Aushalten. Es war weiter nebenan. Der Luftschutzkeller wackelt jedesmal.* (Grünspan, S. 23) Offensichtlich ist es dunkel, denn Detlev versucht immer wieder, eine Ordnung in das Stimmengewirr zu bekommen: Das ist Opas Stimme, das ist Muttis Stimme, Oma fängt an, persönlich mit dem Gott zu reden, etc. Eine der Äußerungen der Mutter: *Die Käsetorte ist durch das Wohnzimmer gerollt.* (Grünspan, S. 24)
Der Übergang dieses Kapitels zum nächsten ist wohl, zumal für den unvorbereiteten Leser, einer der seltsamsten und merkwürdigsten Übergänge bzw. Sprünge in der Geschichte der Literatur. Denn Kapitel 15 setzt mit einer Auflistung afrikanischer Kulturen ein:
Yoruba.
Ewe.
Haussa.

Bergdama.
Mende-Vai.
Bamum.
Habbe-Aschanti.
Bakuba.
Und geht dann über in Bruchstücke einer Musikkneipe, die im Verlauf des Kapitels den treffenden Namen *Sahara* erhält:
A whiter shade of pale.
Michel.
Mona Lisa.
It is a man's, man's world.
Kansas-City.
Bier.
Um dann erneut zu den Ursprungsmythen afro-amerikanischer Götter zurückzukehren:
Agunju und Jemanja heiraten. Sie bekommen einen Sohn. Orungan will seine Mutter vergewaltigen. Sie stürzt und stirbt. Aus ihren Brüsten quellen zwei Flüsse, [...] aus ihrem Leib treten die Götter Dada, Xango, Ogun, Olokun, Oja, Orixa Oxu, Oxossi, Oké, Aje, Xaluga, Xapanas, Orun, Oxu. (Grünspan, S. 25–29)

Wie gelangt Fichte vom Luftschutzkeller, der im Juli 1943 von den auf Hamburg fallenden Bomben erschüttert wird, in die afrikanisch aufgeladene *Sahara*-Bar 1968? Was auf den ersten Blick völlig unvereinbar erscheint, rückt auf den zweiten Blick näher zusammen. Zum einen gibt es Parallelen in der Atmosphäre: beide Male ein dunkler, begrenzter, beengter Raum, der nur gelegentlich von einem spärlichen Licht durchzuckt wird – in der Bar lässt sich dabei an ein Stroboskop-Licht denken. Zum anderen verbindet die beiden Kapitel ein Aspekt der Zeitlichkeit. Denn in dem Kapitel über die Sahara-Bar denkt der Erzähler über die Zeit im Hinblick auf die narrative Darstellung nach:
Saharalitanei von Bewegungslosem.
Sind die kleinsten Teile von Bewegungen Bewegungen oder starr?

Adjektive setzen schon die Denkbewegung voraus vom Gegenstand zu seiner Eigenschaft.
Was sind die kleinsten Teile der Zeit? (Grünspan, S. 27)

Damit wird, allerdings noch auf indirekte Weise, bereits jener Aspekt angesprochen, der bei den Nachforschungen Jäckis über den Bombenangriff auf Hamburg ins Zentrum rücken wird. Es ist nämlich Jäckis Recherche in den Bibliotheken und Archiven Hamburgs, die als Klammer zwischen den beiden Erzählsträngen des Romans fungiert. Jäcki wird dabei auf sehr verstreute und unterschiedliche Materialien stoßen, auf Bücher von Historikern wie *The night Hamburg died* von Martin Caidin oder *»... Und Deutschlands Städte starben nicht«* von David Irving, besonders jedoch auf die Untersuchung des Anatomen Siegfried Gräff, *Tod im Luftangriff. Ergebnisse pathologisch-anatomischer Untersuchungen anläßlich der Angriffe auf Hamburg in den Jahren 1943–45, mit dreißig Abbildungen und elf Tafeln,* für Jäcki ein Beispiel der faschistischen Medizin und ihres Fortwirkens, denn das Buch ist 1948 erschienen und 1955 sogar in der zweiten Auflage wieder veröffentlicht worden; schließlich auf einen Bericht von Carl Heinrich Hagenbeck, der eine Bestandsaufnahme der Schäden unternimmt, die dem Zoo durch die Bombardierungen zugefügt worden sind. Jäcki wird auch den Oberbrandrat Hans Brunswig aufsuchen und befragen, der 1959 einen dreibändigen Bericht mit dem Titel *Einsatzerfahrungen des Brandschutzdienstes* veröffentlicht hat. Während Jäcki bei allen anderen einer eher hilflosen Sprache begegnet, die sich in Pathosformeln und sentimentale Dramatisierungen flüchtet, trifft er in Brunswig einen nüchternen und zuverlässigen Dokumentaristen. Jäcki wird Brunswig zitieren: *Wer solche Geschehnisse nicht mitgemacht hat, kann schlecht verstehen, daß jeglicher Zeitbegriff in diesen Situationen verlorengeht. Inmitten einer Umwelt, die sich in Sekunden- oder Minutenschnelle völlig wandelt, gibt es wohl auch kein »rechtzeitig« mehr.* (Grünspan, S. 43) Deshalb wird Brunswig für Jäcki zu *Marcel Proust in der Feuerwehruniform,* der, wie er beim Ge-

spräch mit ihm feststellen wird, St.-Pauli-Slang redet. Dessen Erfahrung und dessen Art, darüber zu sprechen, kommt – das wird aus der großen Collage der Materialien in Kapitel 17 des Romans deutlich – Jäckis Erinnerung an die Bombennächte, als er noch Detlev war, am nächsten. Marcel Prousts ›verlorene Zeit‹ gewinnt so für Jäcki eine neue, viel radikalere Bedeutung: Sie wird zu einer durch die Bombardierungen auf immer zerstörten Zeit, die nicht wieder gefunden werden kann. Der Verlust einer kontinuierlichen Zeit und mithin der Erfahrung der Dauer tritt noch in einem weiteren Aspekt zutage, der an anderer Stelle im Roman als eine Erfahrung Detlevs beschrieben wird. Der Krieg ist gerade zu Ende gegangen, und in der Zeitung werden, eine Maßnahme der *reeducation*, Fotografien aus Konzentrationslagern veröffentlicht.
Mutti:
– Laß die Zeitung nicht in die Hände des Kindes fallen!
Aber die Erwachsenen verstecken sie so schlecht, daß Detlev die Zeitung am nächsten Tag auf der Kohlenschaufel entdeckt.
Fotos von Leichenhaufen.
Haufen, wie er sie sich vorgestellt hat, als von den Opfern der Luftangriffe geredet wurde.
Magerer als Frau Wichmann, knochenähnlich.
Fotografiert sieht es schlimmer aus als in Gedanken.
Aber die Fotos bleiben stehen, während die Gedanken fortschreiten und zurückspringen.
Auch Kinderskelette.
Keine Skelette – skelettförmige Leichen.
– Laßt die Zeitung nicht in die Hände des Kindes fallen.
Ein Haufen von magersten Kinderleichen, die vergast wurden, weil sie nicht in das Parteiprogramm paßten. (Grünspan, S. 101)

Nicht nur von Susan Sontag ist bekannt, wie schockierend und prägend Fotografien von Konzentrationslagern auf eine kindliche Psyche wirken können. Weder im Roman noch in anderen Büchern von Hubert Fichte wird die hier beschriebe-

ne Erfahrung wieder aufgenommen. Es bleibt eine einzelne, erratische Szene innerhalb des Werks, die sich deshalb umso mehr ins Gedächtnis der Leser eingräbt. Die Abbildgenauigkeit der Fotografien und das Einfrieren der Zeit – Detlev sieht in der Zeitung, was als ständige Drohung über seinem Leben gelegen ist: Deportation, Vergasung und das Ende auf einem *Haufen von magersten Kinderleichen*. Zeit, die zukunftsoffen Dauer stiftet und so ein Gefühl der Sicherheit vermittelt, muss angesichts einer solchen Erfahrung verloren gehen. Vielleicht beginnt aus genau dieser Erfahrung heraus *Die Geschichte der Empfindlichkeit* in dem Roman *Hotel Garni* mit den Sätzen:
Er zerschnitt ihre Fotos.
Irma ließ ihn. (Garni, S. 7)

Was jedoch ist in dem Roman *Detlevs Imitationen »Grünspan«* aus dem Garten des Großvaters geworden? Arbeiten die frühen Erzählungen bereits mit narrativen Ellipsen, in denen die Erfahrung der Bombardierung ausgespart bleibt, um allein die Spur der Verwüstung, die sie hinterlassen hat, zu besichtigen, so reduziert sich die Darstellung im Roman noch weiter. Das lineare Erzählen geht zu Bruch, bis nur noch Erzählfragmente, die aufgelistet werden, übrig bleiben:
Nun ist alles anders.
Der Himmel ist schwarz.
Die Sonne ist rot.
Das Badezimmerfenster liegt im Rhododendron.
Zebras laufen die Karlstraße herunter.
In den Schrebergärten hängen Giftspinnen aus Hagenbeck.
Elefanten und Büffel auf der Kaiser-Friedrichstraße. (Grünspan, S. 31)

So viel wird aus den weiteren Erzählfragmenten immerhin deutlich: Nach der Rückkehr aus Schlesien macht sich der Großvater daran, den Garten wieder herzurichten. Detlev hilft mit. Vor allem die Laube, die durch die Bombenangriffe nicht zerstört worden ist, dient ihm als Spielplatz und kindliches Refugium. Hierhin zieht er sich zurück, um Romane zu

schreiben – zumindest die Titelblätter von Romanen, denn weiter kommt er nicht –, und hierhin führt er andere Kinder wie Ulla Stöver, mit der er erste Küsse austauscht. Eines Tages, die Mutter hat Detlev inzwischen mit antiken und klassischen Theaterstücken in Berührung gebracht, kommt es bei der Arbeit im Garten zu einem langen inneren Monolog Detlevs – einem Monolog des Weiterlebens:
– *Opa flickt seinen Garten wieder zusammen und ich darf Hühnerschwarm ausreißen und umgraben. […]*
– *Opa hört nicht auf mich. Es wäre nicht schwer, den Garten in die Toteninsel von Böcklin zu verwandeln oder in nicht ganz so hängende Gärten der Semiramis. […]*
– *Ich will jetzt alles ausprobieren: Dichter und Denker sein.*
Bauer und Held.
– *Hau ab! du Vogel!*
So schnell wies geht, so unermeßlich vieles werden.
Bis es aus ist, Genien!
Und zum letzten Gericht das Hühnervolk unter
Der Stabbrandbombe ächzt.
Ich aber vielleicht
Dies noch wäre und das noch.
Bis dann schließlich gar nichts mehr ist.
Gott nicht und nichts weiter. Nicht nichts.
Alles
Will ich sein, ihr Griechen –
Möglichst viel. (Grünspan, S. 67–69)

Viele Jahre später wird Jäcki zwischen seinen Recherchen in den Archiven und Bibliotheken noch einmal nach Lokstedt gehen, um sich die Orte seiner Kindheit anzusehen. Es wird zu einem bitteren Wiedersehen, dem Jäcki nur mit schwarzem Humor begegnen kann. Mit Asphalt und Beton begräbt die Gegenwart die Vergangenheit unter sich und vernichtet erneut Zeit, Erinnerung und Biographie. Zunächst streift er durch den Tierpark Hagenbeck, dann sucht er das Haus des Großvaters auf und dessen Garten:
Detlevs Welt steht Kopf in Jäckis Kopf.

Der Asphalt hat die Schrebergärten in den Boden gedrückt.
[...]
Mutti hat das geerbte Spitzdachhaus verkauft.
Weg mit dem Detlevhaus aus der Familie. *[...]*
Im Klofenster sind die Butzenscheiben des neuen Besitzers.
– Faustisches Kacken.
Und in Omas Küche hängt ein neumodischer Peddigrohrfisch.
Die Bergamottbirne, die Bürgermeisterbirne, die Pflaumen-
und die Zwetschgenbäume sind mit den Wurzeln raus.
– Was keine Luftmine schafft, der deutsche Bausparer schaffts.
– Sogar den Wunderbaum des Lebens – die Quitte.
Alle Nachbarn konnten sich Quittengelee einmachen.
Von Opas Kartoffelschalenbayreuth, von Detlevs präpubertä-
rer Knutschlaube, der Schicksalslaube dreier Generationen, ist
nach etwas dunklere Grasspur. (Grünspan, S. 46/47)

Und plötzlich taucht in Jäckis Vorstellung ein alter Bekannter auf, den man als Leser nur aus der frühen Erzählung *Der Garten* kennt. Aber es handelt sich nur um ein kurzes Aufblitzen, in dem das kindliche Begehren von damals eingekapselt ist, bis sich wiederum das Bewusstsein von Tod und Auslöschung einstellt:

Zwei Meter über dem Lehm schwebt der Matrose, der immer
so witzig und überlegen war, der flauschige Hosen anhatte, die
der Arsch und das Pfeiferl ganz ausfüllte, den Detlev immer
als ersten begrüßte trotz der Frau mit dem dicken Bauch. Von
dem Matrosen sind nur noch rundgespülte Knochenstückchen
nach und der halbe Chromosomensatz und Fotos im Chrom-
rahmen. (Grünspan, S. 47)

Die Geschichte der Nanã

Zehn Jahre nach der Veröffentlichung von *Detlevs Imitationen* »Grünspan« hielten sich Leonore Mau und Hubert Fichte von August 1981 bis März 1982 in São Luís, Brasilien auf, eine Stadt, die etwas südlich des Mündungsdeltas des Amazonas

liegt. In dieser Zeit griff Fichte das Thema seiner frühen Erzählungen und Romane erneut auf und schrieb, parallel zur Erforschung der Casa das Minas – eines von alten Frauen geführten, traditionell-afrikanischen Tempels – *Die Geschichte der Nanã*. Nanã, eine afrikanische Muttergottheit, hat die Welt aus Schlamm geformt und mit dem Ton einer Kröte belebt, wird jedoch zugleich mit dem Tod assoziiert, mit dem Zerfall zu Erde. Im Roman wird sie mit der Mutter Jäckis überblendet. Es ist ein Buch der Korrekturen, das nachzutragen versucht, was in den früheren Texten fehlt. Fast scheint es, als sei das Buch aus einem schlechten Gewissen heraus entstanden, denn an einer Stelle heißt es: *Ich habe Dona Amelia* – eine der alten Priesterinnen in der Casa das Minas – *aufmerksamer studiert als meine Mutter.* (Nanã, S. 140)
Dem arbeitet *Die Geschichte der Nanã* entgegen, indem das Buch die Geschichte der Mutter, die Geschichte Doras nachzeichnet, die sich aus einer Begeisterung für die russische Kultur selbst den Beinamen Mascha gegeben hat. Über weite Strecken wirkt der Roman, als würde Jäcki vor einer Kiste voller alter Fotografien sitzen, eine nach der anderen zur Hand nehmen und sich den ausgelösten Erinnerungen überlassen. Dabei fällt Jäcki auf, dass seine Mutter markante Lücken in ihren Erzählungen gelassen hat. Über die frühe Kindheit hat sie sich ebenso ausgeschwiegen wie über die Zeit zwischen ihrem 18. und 30. Lebensjahr. Trotz mehrfacher Versuche, so erinnert sich Jäcki, ist es ihm nie gelungen, seine Mutter dazu zu bewegen, die Lücken zu füllen. Deshalb kommt er jetzt zu dem Schluss: *Er versagte vor ihr als Ethnologe.* (Nanã, S. 26)
Dennoch entsteht ein Bild ihres Lebensweges: das Aufwachsen mit der älteren Schwester Hildegard in dem beengten und kleinbürgerlich charakterisierten Elternhaus in Hamburg; ihr Versuch, daraus im Zeichen der Anthroposophie auszubrechen und voller Begeisterung zur Ausbildung nach Dornach ans Goetheanum zu gehen in einer Zeit, als Rudolf Steiner noch lebte; eine schwere Krankheit, die zur Rückkehr zwang. Dann die Schwangerschaft mit Detlev/Jäcki und ihre Flucht auf einen anthroposophischen Bauernhof in der Prig-

nitz, nahe Perleberg, wo das Kind zur Welt kommt. Danach erneut Rückkehr zu den Eltern nach Hamburg. Kurz darauf ein Verhältnis mit einem ›arischen Prokuristen‹, eine zweite Schwangerschaft, aber der Mann drängt auf Abtreibung. Erneute Flucht, diesmal nach Schrobenhausen (Scheyern); erneute Rückkehr nach Hamburg, die Bombardierungen, schließlich, kurz vor Ende des Krieges, eine Verlobung, die aber bald wieder gelöst wird – ein Leben, das nicht recht glücken will, Eltern, die zwar in der Not da sind, aber in ihrer kleinbürgerlichen Beschränktheit auch die Luft zum Atmen nehmen, Männer, die nicht zu ihr stehen wollen oder können, schließlich der uneheliche Sohn, der als ›Halbjude‹ und ›Mischling ersten Grades‹ in ständiger Gefahr ist und nicht zuletzt auch sie bedroht.

Die Korrekturen, die in der *Geschichte der Nanā* vorgenommen werden, zeigen sich sehr eindrücklich, als es erneut um die schweren Bombenangriffe auf Hamburg geht:

Jäcki hatte in seinen Büchern die Ängste des Knaben geschildert.
Welche sind die Ängste einer sechsunddreißigjährigen Frau bei Fliegeralarm?
Die vielen aderigen Fächer der Angst übereinander.
Die Angst um die Brut.
Den Schlafenden aus dem Stangenbett reißen und eingewickelt in die Waschküche tragen.
Die Angst vor Zerfetzung, Krüppelung, Ersticken, Verbrennen, die Haut schält sich ab, man sieht wie die Lieben um einen sterben.
Die Angst, die Dora Mascha nur mit Rassenschänderinnen teilte, unehelichen Müttern:
Wurden sie ausgebombt, müßten sie auf Ämter, würde sie nach dem Vater des Kindes gefragt, der Arierausweis.
So zuckte sie zwischen ihren Ängsten hin und her, daß sie in Starre verfiel. (Nanā, S. 46/47)

Das sehr viel differenziertere Bild, das der Roman von der Mutter zeichnet, führt jedoch nicht nur zu einer Aufsprengung der perspektivischen Konzentration auf die Sicht- und Erlebensweise Detlevs in den frühen Texten und zu einem besseren Verständnis der Mutter. Es führt ebenso dazu, dass neue Vorwürfe an die Mutter herangetragen werden. Diese betreffen vor allem die Zerstörung des Gartens nach dem Tod des Großvaters. In *Detlevs Imitationen »Grünspan«* erscheint es noch ganz so, als sei diese Zerstörung allein von den Nachmietern und dem dumpfen Mief der 1950er und 1960er Jahre verursacht worden. Nun wird deutlich, dass auch die Mutter ihren Anteil daran hat. Denn nach dem Tod des Großvaters beginnt sie, den Garten nach anthroposophischen Vorstellungen – angeleitet durch Rudolf Steiners Vortragszyklus über eine biologisch-dynamische Landwirtschaft – umzugestalten. Sogar Jäcki ist daran beteiligt, zerstreitet sich aber mit seiner Mutter. Schließlich erstreckt sich der Umbau auch auf jenen Ort im Garten, der als Einziger der Zerstörungskraft der Bomben widerstanden hatte und für Detlev/Jäcki deshalb immer eine besondere Bedeutung besaß:

Dora Mascha begann, die Obstbäume roden zu lassen.
Einmal sagte die Großmutter zu Jäcki:
– Das Leben ist nicht immer ganz leicht, nicht?
Ida las Proust, der sie langweilte und die Bibel.
Sie bat ihren Schöpfer, daß er sie zu sich rufe.
Dora Mascha ließ die Gartenlaube von einer Demolitionsfirma einreißen.
Ida sah vom Küchenfenster auf die geschuppten Trümmer der blauen Laube ihres Paul.
Da hatten sie Flit und Torf verstaut, Apfelmost getrunken, Hühner und Karnickel gehalten. (Nanã, S. 123)

Erfahrungsmuster oder
die feine Eihaut über dem Unbewußten

Die Erfahrungen, die Hubert Fichte in seinen frühen Erzählungen und mehreren Romanen literarisch gestaltet und reflektiert hat, lassen auf grundlegende, prägende Muster des Erlebens schließen, die in hohem Maß von Instabilität gezeichnet sind. Der Roman *Das Waisenhaus* beschreibt die Konfrontation mit einer für den Protagonisten fremden und faszinierenden Religion, von der er jedoch ausgeschlossen bleibt – eine Konversion zum katholischen Glauben und eine Hinführung zur Erstkommunion bleiben ihm verwehrt. Nicht zuletzt, weil sich seine Mutter mit ihrer aufklärerischen Skepsis dem entgegenstellt. Zwischen den Polen von Faszination und Skepsis kann er erkennen, dass religiöses Verhalten nur eine Leere verdeckt, die sich dahinter auftut. Diese Leere vermittelt sich immer wieder räumlich, sodass man von einer Störung, wenn nicht sogar Zerstörung der vorgestellten Räumlichkeit sprechen kann.

In den frühen Erzählungen sowie in *Detlevs Imitationen* »Grünspan« gesellt sich die Zerstörung der Zeitlichkeit hinzu. Die Sirenen des Fliegeralarms zu hören, Nacht für Nacht Schutz im Keller zu suchen und mitzuerleben, wie der Garten der Kindheit im Nu verwüstet wird, aber auch die Fotografien am Ende des Krieges zu betrachten, die der ständig drohenden und gegenwärtigen Gefahr ein Gesicht geben – all das zerstört eine Erfahrung von Zeit, die als Dauer Sicherheit gibt.

Raum und Zeit dienen als Koordinaten der Weltorientierung, besitzen aber zugleich einen hohen emotionalen Wert als Garanten von Geborgenheit, Verlässlichkeit, Zuversicht – in den Texten von Hubert Fichte erscheinen sie erschüttert und in Trümmern. So groß im Hinblick auf das weitere Werk die Prägekraft der Inhalte dieser Erfahrungen ist – die Aufmerksamkeit für Pflanzen und alles Vegetabile und die Faszination für religiöses Verhalten –, so sind diese Inhalte immer von einer instabilen Brüchigkeit bedroht. Deshalb können sich diese Erfahrungen auch nicht in fester Form ins Gedächtnis einlagern, sondern drängen immer wieder erneut danach, literarisch bearbeitet und reflektiert zu werden. Einmal, in einem Rundfunkfeature aus dem Jahr 1970, das eine Reise nach Ägypten zum Inhalt hat, kommt dies in einem prägnanten Bild zum Ausdruck:

Israelische Düsenjäger über dem Nil. Sechs Minuten Anflug. Da platzt die feine Eihaut über dem Unbewußten und alles wird ganz hart und klar und es ist so, wie es immer war seit der Kindheit: Krieg und Erwartung der Bomben. (Alte Welt, S. 583)

Kapitel 3
Die Provence – Fluchtrouten, Sehnsuchtsorte

Provence, 1952

Ein früher Text von Hubert Fichte und zugleich einer der allerersten, die veröffentlicht worden sind, trägt den Titel *Autostop und romanische Kirchen – Skizzen einer Frankreichreise*. Der Bericht ist in zwei Folgen 1953 in der Zeitschrift *Antares, Französische Hefte für Kunst, Literatur und Wissenschaft* erschienen und das Resultat eines Aufenthaltes in Frankreich im Sommer 1952 – der ersten von insgesamt drei Reisen nach Frankreich und in die Provence, die Fichte in den 1950er Jahren unternommen hat. Mit einem Stipendium des *Institut Français* in Hamburg ausgestattet, besuchte der damals 17-Jährige die Sommeruniversität in Tours und reiste mit dem übrig gebliebenen Geld für einige Wochen durch Frankreich – per Anhalter. Die Strecke, die er dabei zurücklegte, ist beachtlich. Von Tours, im Nordwesten Frankreichs an der Loire gelegen, hielt er sich zunächst südlich über Limoges und Toulouse bis nach Coullioure, direkt am Meer und unweit der spanischen Grenze gelegen, von dort in östlicher Richtung die gesamte französische Mittelmeerküste entlang über Perpignan, Montpellier und Nîmes in die Provence. Arles, Cagnes, Vence und schließlich Nizza, nahe der Grenze zu Italien, bildeten die weiteren Stationen. Von dort trat er die Rückreise an, Richtung Norden über Vichy, Nevers bis nach Orléans. Mit dem Zug ging es dann über Paris zurück nach Hamburg. Ein Pensum, mit dem er sich, den Norden mit der Bretagne und der Normandie ausgenommen, ganz Frankreich erschloss.
Der erste Teil der Route und das im Titel des Reiseberichts angezeigte Interesse an den romanischen Kirchen waren von Hans Henny Jahnn vorgegeben. Zu den weit verzweigten Interessen des Schriftstellers und Orgelbauers, der in jener Zeit

ein Förderer und väterlicher Freund von Hubert Fichte war, zählte neben vielem anderen auch die sakrale Architektur. Im November 1951 war er für ein Radiofeature über die Kuppelbauten Aquitaniens durch Frankreich gereist, musste seine Reise aber vorzeitig wegen einer Herzerkrankung abbrechen. Als Fichte ein halbes Jahr später nach Frankreich ging, versorgte Jahnn ihn mit vielen Ratschlägen. Als Fichte sich bereits in Tours aufhielt, schrieb Jahnn ihm nochmals einen Brief, in dem er ihm bestimmte Orte und ihre Klosteranlagen und Kirchen empfahl, besonders jene, die er selbst nicht mehr besuchen konnte. So vollendete Fichte jene Route, die Jahnn für seine eigene Reise geplant hatte. Aber auch in der Sichtweise auf die Bauwerke und in der Art ihrer Beschreibung folgte Fichte Jahnn nach.
Die erste Station im Reisebericht bildet die Klosteranlage von Fontevrault l'Abbaye, die heute als Gefängnis dient:
Die Abteikirche, vierundachtzig Meter lang und einundzwanzig Meter hoch ist das nördlichste Beispiel einer Kuppelkirche der aquitanischen Architekturschule.
Schmucklos und gewaltig erhebt sich das Mauerwerk. Vom Chor dringt einiges Licht, die Wölbung der Kuppeln aber verliert sich in Halbdunkel. (Autostop I, S. 94)
Wenig später erreicht Fichte Angoulême:
Die Kathedrale von Angoulême, das Vorbild zu Fontevrault l'Abbaye, macht auf mich nur einen unbefriedigenden Eindruck. Jede Spannung des Raumes fehlt. Der Rhythmus der einzelnen Bauglieder scheint erlahmt. Die Ornamentik erscheint überglatt und unecht. (Autostop I, S. 95)

Im Vergleich zum Radiofeature von Hans Henny Jahnn zeigen sich auffällige Parallelen. Aber Fichte bringt auch auf verschlüsselte Weise zum Ausdruck, dass er nicht in allem mit Jahnn übereinstimmt. Es gibt versteckte Signale des Widerspruchs. Sie treten jedoch erst hervor, wenn man die spätere Verarbeitung der Reise in dem Roman *Versuch über die Pubertät* aus dem Jahr 1974 hinzunimmt. Daraus erhellt nämlich, dass Fichte während seiner Zeit in Tours den zweiten

Band der *Œuvres Complètes* von Jean Genet gelesen hat, der damals gerade erschienen war. Darin findet sich der Roman *Miracle de la Rose*, dessen zentraler Handlungsort eben das Gefängnis von Fontevrault ist. Die Geschichte der Abtei und ihre säkulare Nutzung erwähnt Fichte in seinem Reisebericht noch vor der Beschreibung der Kathedrale:
In dieser Abtei hatte man sich seit der Gründung im elften Jahrhundert der Pflege von Aussätzigen angenommen, als dann das Geschlecht der Plantagenets – unter ihnen Richard Löwenherz – ihre letzte Ruhestätte fand, wurde sie die bevorzugte Zuflucht für Aristokratinnen, die der Welt entsagen wollten – oder mußten. Heute aber dient das Kloster als Gefängnis. (Autostop I, S. 93)
Auch schließt Fichte seinen Rundgang über die Klosteranlage mit einem Hinweis auf das Gefängnis ab:
Der Laut unserer Schritte auf den Steinplatten zerrinnt in der kühlen Stille des Baukörpers. Aus einem Nebengebäude dringt der Gesang der Gefangenen, die an irgendeiner Sonntagnachmittagfeierlichkeit teilnehmen. (Autostop I, S. 94)

Hans Henny Jahnns Interesse an sakraler Architektur war in seiner Tätigkeit als Konstrukteur und Sachverständiger für Orgeln begründet. Er interessierte sich vor allem für die Frage, welchen Klang ein bestimmter architektonischer Baukörper hervorbringt. Wenn nun Fichte diesen Zusammenhang mit Jean Genet und dessen Loblied auf die Welt der Gefängnisse überblendet, dann liegt darin eine versteckte Provokation gegenüber Jahnn. Denn Jean Genet ist für Hubert Fichte der erste Autor, der ganz offen und direkt homosexuelles Verlangen zur Sprache bringt. Hans Henny Jahnn hingegen flüchtet sich in seinen Dramen und Romanen, wie so viele andere homosexuell veranlagte Schriftsteller von Hans Christian Andersen bis Thomas Mann, in ein literarisches Maskenspiel. Für Fichte begeht er damit in seinem Schreiben erotischen Selbstverrat. Über derart verborgene Anspielungen wie hier auf Jean Genet drückt sich in dem frühen Text ein ambivalentes, um Absetzung ringendes Verhältnis zu Hans Henny

Jahnn aus, das als ein Widerschein ihres persönlichen Verhältnisses gelesen werden kann.

Hans Henny Jahnn

Hans Henny Jahnn trat in das Leben Hubert Fichtes, als jener eines Tages im Winter 1949 während des Biologieunterrichts in der Musischen Oberrealschule Hamburg-Niendorf erschien, um Urinproben einiger Schüler zu nehmen, die sich im Stimmbruch befanden. Hubert Fichte, damals 14 Jahre alt, war unter den Ausgesuchten. Jahnn hatte bereits seit Mitte der 1930er Jahre mit Hormonen experimentiert, die er zunächst vor allem aus dem Urin von Pferden, vornehmlich Stuten, gewann. Diese Hormone mixte er mit Zucker und Nikotinsäure und verabreichte das Gebräu als stärkendes und auch verjüngendes Elixier mit dem Namen *Miramon* – nach seiner Lieblingsstute Mira. Später weitete er dann seine Experimente auf Jungen in der Pubertät aus. Er war davon überzeugt, dass sich am Hormonspiegel im Urin die Anlagen eines Menschen nachweisen lassen, da für ihn der Mensch hormonell bedingt war. Doch Jahnn hatte es von Anfang an verstanden, den kruden Determinismus, der hinter dieser Auffassung steckte, in einen weiten kulturhistorischen Mantel zu hüllen. Altägyptisches, esoterisches Wissen sei es, so behauptete er, das er wieder belebe. Für Jahnn bildeten die Hormone eine Art Horoskop, das er zu lesen versuchte – Ende der 1940er Jahre vor allem in Hinblick auf die künstlerischen Anlagen eines Menschen. Nur wer einen Überschuss an ›Oesteron‹ besaß, so nannte Jahnn in seinem System das ›Weiblichkeitshormon‹, konnte sich in seinen Augen zu einem schöpferischen Menschen bzw. zu einem schöpferischen Mann entwickeln, denn Frauen schloss er aus seinen Betrachtungen aus. Ein androgyner ›Omega-Typ‹ zeichnete sich für ihn durch weibliche Züge und eine homosexuelle Neigung aus, die jedoch unbewusst bleiben konnte. Die Analyse der in der Schule entnommenen Urinproben ergab nun,

dass Hubert Fichte einen solchen androgynen Hormonspiegel aufwies. Er war ein ›Omega-Typ‹. Seit diesem Zeitpunkt bewegte sich Hubert Fichte in den folgenden Jahren im Umfeld von Hans Henny Jahnn. Regelmäßig besuchte er ihn in seinem Haus im Hirschpark an der Elbe, wo sich immer sonntags ein illustrer Kreis jüngerer und älterer Verehrer des Meisters einfand.
Es brauchte 20 Jahre, bis Hubert Fichte sich endgültig aus dem Bann lösen konnte, unter dem er durch den Einfluss Hans Henny Jahnns stand. Erst im Roman *Versuch über die Pubertät* fand die lange Bewegung der Befreiung zu einem Ende. Es brauchte aber auch die Erfahrung der afro-amerikanischen Religionen, die Leonore Mau und Hubert Fichte in der Zeit der Arbeit an dem Roman zu erforschen beginnen. So besitzt der Roman einen brasilianischen Rahmen, der im Gerichtsmedizinischen Institut Nina Rodrigues in Salvador da Bahia spielt. Eine männliche Leiche, die in Alter und Gestalt Hans Henny Jahnn gleicht – im Roman in der Figur des Werner Maria Pozzi nachgebildet –, wird seziert. Aber auch der Sezierer erinnert den Ich-Erzähler an Hans Henny Jahnn.
Und für mich verwandelt er [der Sezierer] *sich in den umfangreichen Gegenzauberer, der den mich in dreißig Jahren enger und enger schnürenden Körperzauber kaputtschneiden könnte.*
Das ist die Antwort auf seine Frage. Denn ich interessiere mich nicht touristisch für die Toten, sondern für das Auseinanderfallen des Bildes, das mich ausmacht. (Pubertät, S. 19)

Etwas später wird dieses *Bild, das mich ausmacht,* zu dem *rituellen Körper meines sinnlichen Bewußtseins.* (Pubertät, S. 22) Die Pubertät ist jene Zeit, in der dieser rituelle Körper gebildet wird. Fichte greift für dieses Verständnis auf grundlegende Vorstellungsmuster und Denkfiguren der afro-amerikanischen Religionen zurück. Der Roman stellt, knapp ausgedrückt, den Versuch dar, die Prozesse der Pubertät rückwärts laufen zu lassen und den rituellen Körper auf diese

Weise wieder in seine Einzelteile zu zerlegen – so wie auch die Leiche auf dem Seziertisch in Einzelteile zerschnitten wird. Eingegangen in diese Konzeption sind grundlegende Vorstellungen, die sich innerhalb der afro-amerikanischen Religionen mit der Initiation verknüpfen. Sie beruht auf den beiden Grundelementen sozialer Tod und rituelle Wiedergeburt. Die bisherige alte Persönlichkeit muss ›sterben‹, muss zerlegt werden, um sodann zu einer neuen Persönlichkeit, die im engen Austausch mit den Göttern steht, wieder zusammengesetzt zu werden. Stirbt hingegen ein Eingeweihter, gibt es einen umgekehrten Ritus: Der Gott, der einst bei der Initiation in der neuen Persönlichkeit verankert worden ist, muss nun befreit werden. Beide ideellen Gehalte verbinden sich in der Anlage des Romans *Versuch über die Pubertät*.

Zu den Riten der Pubertät, die im Roman erzählend analysiert werden, gehören unter anderem die Begegnung mit Werner Maria Pozzi, die Treffen an den Sonntagen und nicht zuletzt die Untersuchungen zu den Hormonen. Sie alle haben zu jenem *enger und enger schnürenden Körperzauber* beigetragen, den der Roman rückgängig zu machen versucht. Dabei gelingen immer wieder mit Distanz geschriebene, fast heitere Passagen. Einen der sonntäglichen Besuche, bei dem auch Anna, die Tochter von Werner Maria Pozzi – sie steht für Signe Jahnn –, anwesend ist, schildert der Roman so:

Dann dreht es sich wieder um die Hormone und Gott.
– Gott ist so fern und groß, daß wir dankbar sein müssen, wenn wir ihn lieben und nicht erwarten dürfen, von ihm wiedergeliebt zu werden, sagte Pozzi – aber es hört sich ironisch an.
– Goethe war homosexuell, sagt Anna triumphierend.
– Auch Lionardo da Vinci und Plato und Friedrich der Große und Bach in seiner Jugend und Kleist und Michelangelo.
– Und Schiller?
– Schiller nicht! Aber das merkt man auch, sagt Pozzi verächtlich. (Pubertät, S. 31)

Im Roman wird auch jener Besuch erzählt, als Pozzi das endgültige Resultat der Hormonuntersuchung bekannt gibt

und im Text daraufhin die inzwischen berühmte Fichte'sche
›Schicksalssymphonie‹ erklingt:
*Pozzi hat meine Hormone in der Schweiz auszählen lassen
und sagt:*
– Du bist fifty-fifty!
Fifty androgen, fifty östrogen.
Pozzi! Pozzi!
Bumms! Bi! Und Schicksalssymphonie! Ich bin fiftyfifty!
Bumms! Bi! Tüten! Fünfte Symphonie!
*Fiftyfifty – das heißt homosexuell. Fiftyfifty. Fünfe gerade sein
lassen. Wenn schon fünfzig, dann auch das ganze Hundert.*
*Bumms! Schwul! Gong! Posaunen von Jericho! Die Mäuse
scheißen in die Orgel – der Schwule orgelt in die Scheiße! Tabu!
Terrorangriff! Atombombe!* […]
*Ich bin ein Mischling ersten Grades, ein uneheliches Kind und
nun auch noch schwul – das ist übertrieben.*
*Mir schneiden sie notfalls die Klüten ab und brennen mir mit
einer Stricknadel das Sexualzentrum aus dem Hirn! Niemand
darf es wissen, sonst rennen die Kinder auf der Straße hinter
mir her und schreiben es mit Kreide an die Hauswand.*
*Ich bin Gründgens, Patroklos, Plato, Lionardo, Michelangelo, Buxtehude, Mozart, Friedrich der Große usw. – ein ganzes
Stollwerckalbum.* (Pubertät, S. 35/36)

Epiphanien des Diesseits

Doch kehren wir zu jenem frühen Bericht über die Reise
durch Frankreich im Sommer 1952 zurück. Erste Regungen
des Widerstands im Versuch, sich von Hans Henny Jahnn
abzusetzen, haben wir bereits registriert – in jenem Teil der
Reise, der von Hans Henny Jahnn diktiert war. Im zweiten
Teil der Reise verstärken sich diese Regungen in dem Maße,
in dem sich der Reisende der Provence nähert. Das Bildungsprogramm der verschatteten, im Halbdunkel sich verlierenden Kuppelkirchen fällt nach und nach von ihm ab – die
Landschaft und mit ihr der Text weiten sich und werden

lichter. Den Anfang bildet die Erfahrung eines mediterranen Synkretismus, die Fichte in Nîmes macht, als er ein antikes, römisches Gebäude betrachtet, das Maison Carrée, in dem gelegentlich Stierkämpfe stattfinden. Fast verwundert stellt Fichte fest:
In dieser überlegen ausgeführten Kampfbahn der Römer nehmen die Südfranzosen an einem Brauch teil, der jenseits der Pyrenäen beheimatet ist. Ich stehe also auf dem zufälligen Treffpunkt der ersterbenden Antike mit spanischem Brauchtum auf dem Boden der Provence. (Autostop II, S. 79)

Als sich Fichte nach der Besichtigung eines weiteren Klosters in der Nähe von Arles – es wird das vorläufig letzte in dem Text sein – in den Schatten eines Feigenbaums gesetzt hat, widerfährt ihm ein besonderes Erlebnis:
Ich betrachte die in der grellen Sonne liegenden Felder um mich. Da vollzieht sich langsam, anfangs unbewußt, eine unheimliche Veränderung zwischen mir und der Landschaft. Meine Augen durchdringen sie wie etwas schon Bekanntes. Meine Augen sind plötzlich anders bewußt geworden. Ich sehe mit anderen Augen, mit denen eines Malers vielleicht. Noch weiß ich nicht genau, was eigentlich mit mir und um mich geschieht, da ahne ich, daß ich vielleicht derart in meine Umgebung hineingeführt worden bin durch die Kunst jenes Malers, der hier in den brennenden Farben der Provence die Entsprechung seines Wesens fand. Seine Bilder leben in neuer Stärke in mir auf und zu gleicher Zeit tritt aus diesen Wiesen und Feldern um mich eben dasjenige hervor, was van Gogh hier einst aufgefunden hat. (Autostop II, S. 80)

Das Sehen, das hier als Prozess beschrieben wird, gewinnt eine neue Qualität. In das bewusste und konzentrierte Wahrnehmen der Umgebung mischen sich zunächst noch vage Erinnerungen. Gemalte Bilder tauchen vor dem inneren Auge auf – die Bilder van Goghs. *Meine Augen,* schreibt Fichte, *sind plötzlich anders bewußt geworden.* Neue Räume des Bewusstseins erschließen sich. Andererseits entsteht der Eindruck, tiefer in die Landschaft einzudringen, in den umgebenden Raum *hineingeführt zu werden.* Innen und Außen, Subjekt und Objekt, Gegenwart und Vergangenheit geraten durcheinander. Dabei durchdringen und steigern sich die erinnerten Gemälde van Goghs und die wahrgenommene Landschaft gegenseitig und führen zu einer Intensität, die Fichte als eine Epiphanie des Diesseits beschreibt. Danach werden sowohl die Bilder van Goghs anders erlebt, da sie nun mit der Atmosphäre der wahrgenommenen Landschaft durchtränkt sind, als auch die Landschaft, da aus ihr nun jene Qualitäten hervortreten, die van Gogh in seinen Gemälden eingefangen hat.

Dieses Erlebnis, lokalisiert auf der topographischen Grenze zur Provence, bildet eine Urform der Fichte'schen Weltwahrnehmung und ihrer sprachlichen Darstellung. Zunächst manifestiert sich in einem konzentrierten und kontemplativen Augenblick eine mit den Sinnen wahrgenommene Ansicht zu einer äußeren Erscheinung. Zugleich treten erinnerte, aus dem Gedächtnis hervorgeholte Vorstellungen hinzu, innere Bilder, die manchmal visionäre Qualität annehmen. Beide Vorgänge gehen ineinander auf und kreieren einen gemeinsamen, aufsprengenden Erfahrungsraum. Der Augenblick gewinnt so eine Strahlkraft, die ihn weit über den einzelnen Moment hinaushebt und zu einem entdeckenden Augenblick für das anvisierte Ganze werden lässt. Auf derartigen ›ent-deckenden Augenblicken‹ – literarisch gestalteten Epiphanien des Diesseits – ruht die Weltwahrnehmung von Hubert Fichte. Hier in dem frühen Text beschreibt er einen solchen Augenblick noch ausführlich als einen psychologischen Prozess. In späteren Texten wird er solche Augenblicke mehr und mehr auf die notwendigen Elemente verknappen, um so die Strahlkraft noch zu erhöhen. Eindrücklich ruft Fichte am Ende seines ethnographischen Essays über Haiti in dem Band *Xango* diese Erfahrungsform in Erinnerung:

Wäre nicht eine andre Welterfahrung denkbar?
Nicht Touropa, Spartakus-Guide und Marcel Mauss – die Ma-

gazinierung von Erlebnissen, das Präparieren von Erfahrungstrophäen –, sondern Warten, in der Mitte einer Welt und ihres Geschehens, bis das Fremde auf einen zukommt und sich erschliesst? (Xango, S. 217)

Als Begründer einer modernen, nicht-religiösen, literarischen Epiphanienlehre kann James Joyce gelten. Von ihm ist bekannt, dass er »Epiphanienhefte« führte, die ihm als Grundlage seines Schreibens dienten. Sie bestanden aus spontan niedergeschriebenen Skizzen scharf beobachteter Augenblicke, die selten länger als zwölf Zeilen waren – und die mithin große Ähnlichkeit mit den Tagebüchern von Hubert Fichte besitzen. Joyce sah in diesen Epiphanien die zartesten und flüchtigsten Augenblicke, die es mit großer Sorgfalt zu sammeln galt. Walter Höllerer, der Germanist und Schriftsteller, den Hubert Fichte 1963 in Berlin als Leiter des Literarischen Colloquiums kennen lernen wird, hat 1961 in der von ihm herausgegebenen, in jener Zeit eminent wichtigen Zeitschrift *Akzente* einen Aufsatz über Joyce und seine Epiphanienlehre mit dem Titel *Die Epiphanie als Held des Romans* veröffentlicht. Höllerer führt darin aus, dass Joyce' »Wirklichkeitsstenogramme« – ein Begriff, der sehr an Fichte erinnert – stets konkret und analytisch seien, da er sie mit allen Sinnen wahrgenommen habe. Mit Mystik habe diese Erfahrungsform wenig gemein. Für Joyce bilden die gesammelten Epiphanien die Grundlage des Erzählens, mit denen er sich von den älteren Handlungs- und Ordnungsmodellen des Romans abwendet. »Nicht ein System der organologischen Entfaltung«, schreibt Höllerer, »gibt dem Roman Halt und Stütze, sondern eine Schar von gegensätzlichen Augenblicken, die als Nacheinander, Nebeneinander und Miteinander von Epiphanien komponiert sind.«
Entscheidend für die Literatur sei jedoch, diese Epiphanien sprachlich zu gestalten und sie somit als Epiphanien erkennbar zu machen. Noch einmal Höllerer: »Joyce hat das Aufladen der Worte durch verschiedene Mittel versucht: er griff auf die Alltagssprache zurück, aufs bruchstückhafte Zi-

tat, auf die Grundbedeutungen der Worte, auf das Gegeneinander verschiedener Sprachen, auf das bildhaft-musikalisch-rhythmische Signalisieren, das er in ihnen aufstöberte, auf Gegensatzwirkungen in der Grammatik der Sätze, die sich u.a. aus Faktizität und spielerischer Parodie ergaben und er schreckte auch nicht vor Wortspiel, Wortverzerrung und Wortzerlegung zurück. Näher besehen hängt die Wortartistik von Joyce immer mit der Epiphanienlehre zusammen.« Gut möglich, dass Fichte den Aufsatz gelesen hat, denn er veröffentlichte in den *Akzenten* zu dieser Zeit einige seiner Kurzgeschichten sowie den Ausschnitt einer frühen Fassung des *Waisenhauses*. Viele der angesprochenen Aspekte weisen auf die späteren Arbeiten von Hubert Fichte, nicht zuletzt auf seine Darstellung der afro-amerikanischen Religionen, aber auch auf den Zyklus der *Geschichte der Empfindlichkeit* voraus. Gerade dort findet sich ebenso wenig die Vorstellung einer »organologischen Entfaltung« von Entwicklung und Geschichte, sondern vielmehr eine, die auf einem Netz von Epiphanien beruht. Die Grundlegung dieser Erfahrungsform der Welt und ihrer sprachlichen Gestaltung reicht weit zurück – in die Provence im Jahr 1952.
Dort ist diese Erfahrungsform eng verknüpft mit der Malerei. An die Seite van Goghs tritt im Reisebericht ein weiterer Maler, Chagall, den Fichte an seinem Wohnort Vence aufsucht. Über den Maler heißt es: *Chagall, als Sohn chassidischer Eltern 1889 in Witebsk, Rußland geboren, siedelte im Laufe seines Lebens nach Frankreich über. In seinen Bildern scheint mir eine einmalig ungestüme, trunkene Bewegung und zugleich leidenschaftliche Gegenüberstellung von östlicher und europäischer Mentalität stattzufinden.* (Autostop II, S. 80) Wieder zeigt sich Fichte fasziniert von dem Aufeinanderprall verschiedener Kulturen und ihrer spannungsvollen Zusammenführung. Von Chagall erhofft er sich denn auch weitere Aufschlüsse darüber, obwohl er selbst einschränkend dazu bemerkt: *In die produktiven Wesensbereiche eines schöpferischen Menschen selbst einzudringen jedoch brauchte es Jahre, ein Leben vielleicht und wahrscheinlich werden sie im Eigentlichen für ande-*

re immer verschlossen bleiben. (Autostop II, S. 81) Schließlich erhält er aber dennoch während ihres Gesprächs eine wichtige Lektion in Sachen Kunst:
Er spricht leise und behutsam, als er mir in kaum fremdländisch getöntem Französisch erklärt, wie ihm in seiner Malerei immer und immer wieder die Verbindung der verschiedenen Wesensglieder des Künstlerischen als Notwendiges erscheine – wie er es also als seine Aufgabe ansehe, Phantasie, Intellekt und Sinnlichkeit in ein abgestimmtes Verhältnis zu setzen, ohne welches ein Kunstwerk nicht bestehen könne. (Autostop II, S. 81)

Die frühen Reiseskizzen von Hubert Fichte zeichnen die Provence, die darüber zum eigentlichen Ziel der Reise durch Frankreich wird, als einen Ort, an dem er die Welt neu sehen lernt und neue künstlerische Ausdrucksformen entdeckt. Hier gelingt es dem Reisenden, sich aus den Hamburger Fesseln zu befreien und ein eigenes künstlerisches Terrain zu erobern. Nicht mehr die Mutter, die ihren Sohn durch ihre Tätigkeit beim Theater immer wieder als Darsteller an die Hamburger Bühnen vermittelte, und nicht mehr Hans Henny Jahnn mit seiner mystischen Vereinigung von Hormonen und Harmonien – sondern eine an der Malerei geschulte, sinnliche Kunst, die Phantasie und Intellekt mit einschließt. Anfang der 1960er Jahre, als Fichte nach zwei weiteren Aufenthalten in der Provence endgültig nach Hamburg zurückgekehrt sein wird, werden es Kunstkritiken sein, die den ersten Schritt der Professionalisierung als Schriftsteller bedeuten.
Im Roman *Versuch über die Pubertät* hat Fichte diese erste Reise in die Provence wieder aufgegriffen und dem Programm des Romans entsprechend gestaltet. Wieder wird sie nach einem wichtigen Element der afro-amerikanischen Religionen gedeutet und zur Sprache gebracht. Diesmal handelt es sich um die Trance. Sie stellt innerhalb der afro-amerikanischen Religionen ein zentrales religiöses Erlebnis dar. Denn in der Trance manifestieren sich für die Gläubigen

ihre Götter. Sie steigen aus ihrer metaphysischen Welt hinab und verkörpern sich für eine bestimmte Zeit in einem oder mehreren der Gläubigen. Für diese Zeit verwandelt sich der Gläubige in den Gott. Fichte sieht in der Trance – und das heißt in der Verwandlung der Gläubigen in einen Gott – die einzige Möglichkeit der mehrheitlich armen Anhänger dieser Kulte, ihren beengenden, ärmlichen Verhältnissen zumindest für eine kurze Zeit zu entfliehen. *Die Trance in den afroamerikanischen Religionen*, schreibt Fichte, *ist eine der wenigen Formen von Befreiung, von Freiheit.* (Xango/Bild, S. 7) Vor diesem Hintergrund stellt er auch seine erste Reise nach Frankreich als einen Ausbruch aus den beengten Verhältnissen in Hamburg dar und versucht dafür eine sprachliche Entsprechung zu finden. Am Ende der Passage klingt noch ein weiterer Aspekt an, der mit der Provence verbunden ist – die Sexualität –, und wieder verdichtet sich der Text zu einer Epiphanie:
Sehen.
Trance.
Landwirtschaft.
Brüssel nachts. Mit x und zwei l.
Reisen.
Weg und zurück. [...]
Hitchhiken.
Flucht und Entdeckungsrausch.
Enthusiasmus.
Ritual.
Heinz' Pinkelgänge.
St. Aignan sur Cher.
Loches.
Die romanischen Baumeister mußten wieder lernen, Wölbungen zu bauen. [...]
Sexualvorstellung:
Auf einem Trapez unter den Kuppeln schwebend.
Die romanischen Kuppeln als Negativ gigantischer Ärsche.
(Pubertät, S. 216–220)

Provence, 1953/54

Im Juli 1953 kehrte Hubert Fichte in die Provence zurück. Eine Stimmbandentzündung machte seine nach dem Krieg hoffnungsvoll begonnene Schauspielerkarriere zunichte, die staatliche Schauspielprüfung bestand er nicht. Die Schule hatte er bereits im November 1950 verlassen, besuchte jedoch regelmäßig Französischkurse am *Institut Français* in Hamburg. So blieben nur seine Sprachkenntnisse und die Erinnerungen an die Reise durch Frankreich im Jahr davor. Er ging zunächst nach Maubec, in der Nähe von Avignon gelegen, um für einen Monat bei einem Bauern bei der beginnenden Weinernte zu helfen, und suchte dann Jean Giono auf, der damals in Manosque lebte. Er hoffte, durch ihn, der in den 1930er Jahren die Intellektuellen aufgerufen hatte, aus ihrem städtischen Leben auszusteigen und auf dem Land den ›wahren Reichtum‹ menschlichen Lebens wieder zu finden, eine Möglichkeit zu erhalten, seinen Lebensunterhalt in der Landwirtschaft zu verdienen und dies mit seinen intellektuellen und künstlerischen Ambitionen zu verbinden. Dank Jean Gionos Vermittlung kam Fichte dann auch zur Familie Pellegrin nach Montlaux. Diese Familie zählte zum Kreis um Giono, war jedoch zu dieser Zeit in besonderer Schärfe mit der schwierigen Schule des einfachen Lebens und der finanziellen Not, die es mit sich brachte, konfrontiert. In Montlaux blieb Fichte zwei Monate, konnte aber die harte Arbeit – wie Briefen aus dieser Zeit zu entnehmen ist – nur schwer mit dem Schreiben vereinen. Die Lage besserte sich erst, als die Pellegrins ihn an einen ihrer Nachbarn, Aimé Testanière, ausliehen, der einen Schäfer für seine Herde suchte. Das Wetter war in diesem Spätherbst offensichtlich warm genug, um die 140 Schafe noch zu dieser Jahreszeit auf eine niedrig gelegene Alm in der Montagne de Lure zu treiben. Fichte hütete die Herde über Weihnachten hinaus bis zum endgültigen Wintereinbruch mit Schneetreiben Anfang Februar. Ab und zu erhielt er Besuch von Testanière, der ihn mit Lebensmitteln und allem Notwendigen versorgte, die meiste Zeit jedoch war er allein.

Über diesen letzten Teil seines Aufenthalts hat Fichte erneut einen erzählenden Bericht verfasst, der wiederum in der Zeitschrift *Antares*, im Jahr 1954 erschien: *Aufzeichnungen aus dem Hirtenleben in der Provence*. Des Weiteren findet sich auch dieser Aufenthalt in Frankreich in den Roman *Versuch über die Pubertät* eingearbeitet. In den *Aufzeichnungen*, die wie die *Reiseskizzen* in der ersten Person geschrieben sind, schildert Fichte den Auftrieb der Herde, den Alltag auf der Alm und den gemeinsam mit Testanière verbrachten Weihnachtsabend – wodurch diese Erzählung nicht zuletzt zu einer ›Weihnachtsgeschichte‹ wird. Eindrücklich fallen die Beschreibungen der Landschaft aus, in denen die Malerei durch viele differenzierte Farbgebungen auffällig präsent ist:

Wir lassen die bäuerlichen Geräusche der Ebene zurück, nicht einmal Hahnenschreie, die uns noch lange erreicht hatten, dringen mehr herauf. Jenseits des Tales hat sich der Morgennebel in lichte Wolkenfetzen gespalten; sie züngeln vor den kühnen Bergmassiven, deren Tönung sich von dunklem Aquamarin zu hellstem Kobaltblau staffelt. (Aufzeichnungen, S. 96)

Und der erste Abend, Testanière ist bereits wieder auf dem Weg ins Tal:

Die Sonne versinkt, von strahlendem Honiggelb umgeben; zinnen verbleicht der Himmel, und die seidiggrauen Wolken nehmen die Farbe der Nacht an. Mit ungeschickten Bewegungen richte ich mich in der Einsamkeit ein. (Aufzeichnungen, S. 96)

Fichte beschreibt die Landschaft als eine urwüchsige, die einmal auf schonende Weise kultiviert worden, nun jedoch verlassen ist und verfällt:

In meinem Rücken das Geläut der auf mich zurückenden Herde, vor mir die Ruine eines ehemaligen Gehöfts. Das Dach ist zusammengefallen; im Mittelpunkt eines ehemaligen Stalles reckt sich eine Stütze in den Himmel; der Lehm ist aus den Fugen gewaschen, aber sie steht, nichts ist an ihr zuviel, gerade das Notwendige ist vorhanden. Brüchige Mauern aus Feldgestein umschließen die reichlichen Räume, in denen der Hausrat fehlt.

Nur das steinerne Maß des einstigen Lebensraumes besteht noch. In wunderbarer Weise hat es sich ehemals aus der Landschaft herauskristallisiert, und jetzt löst es sich langsam wieder in sie auf. (Aufzeichnungen, S. 98)

Auch diesmal erzählt Fichte von einem Erlebnis, in dem sich für ihn die Landschaft in einem Augenblick offenbart. Diesmal greift er dazu ausdrücklich auf religiös besetzte Begriffe wie ›sich versenken‹ oder ›ergriffen‹ zurück und bindet damit seine Diesseitsepiphanie an ihre religiösen Wurzeln zurück:

Heute morgen steige ich den Eichenwald hinauf. Im Schatten sind die Schafe nicht zu halten, erst in der frühen Sonnenwärme beginnen sie zu fressen.
An einer sanften Hügelkette jenseits der Durance erheben sich obeliskenhafte Felskolosse. Sie sind unterschiedlich in Höhe und Umfang und gleichen einer Versammlung urhafter Wesen. Ich versenke mich ganz in den Anblick dieser Gruppe und finde ergriffen den Schlüssel zu der ganzen Landschaft um mich – ich erahne ihre wilde Macht und erkenne gleichzeitig, von welch strenger Gliederung und vollendeter Formung sie ist. (Aufzeichnungen, S. 100)

Das verborgene Gesetz der Landschaft, das sich ihm in dem entdeckenden Augenblick erschließt, fasst Fichte in das höchst spannungsvolle Paar von *wilder Macht* und *strenger Gliederung* – und es fällt nicht schwer, in dieser Ästhetik der Landschaft einen Widerhall der Ästhetik Chagalls zu vernehmen. Fichte jedoch beschreibt in dem Text nicht nur seine eigene Erfahrung der Landschaft, er bewahrt auch eine andere auf – die Erfahrung Testanières:

Testanière sieht mich lange an und sagt: »Du führst ein Schäferleben, wie ich es in meiner Jugend gekannt habe. Und ich bin glücklich, daß du dazu bereit bist. – All das stirbt aus. – Heute haben sie Flaschengas in den wenigen Schäferhütten, die noch benützt werden. Sie schätzen nicht mehr die Geheimnisse des Kaminfeuers. [...] Das ist kein armes Land, wenn man es zu nutzen versteht. Es ist ein Land der Schafe. – Ich möchte als Schäfer sterben ...« (Aufzeichnungen, S. 101)

Testanière, der 62-jährige, freundliche ›Arbeitgeber‹, der in seiner Jugend selbst einmal als Schäfer gearbeitet hat, später aber ausbrach und ein wildes, abenteuerliches Leben führte, durch das er sich mit Bauernschläue geschlagen hat – er rückt im Laufe des Textes mehr und mehr in den Mittelpunkt. Bald nimmt er dabei Züge von Hans Henny Jahnn an, bald wird er eher zu einer positiven Gegenfigur Jahnns. Testanière und Jahnn verbinden zum einen eine pazifistische Grundeinstellung, zum anderen sind sie beide Geschichtenerzähler mit einem ausgeprägten Sinn für Mystik.
Eines Tages, als sie wieder einmal zusammensitzen, stoßen sie in der archaischen und von langen Zeitrhythmen geprägten Landschaft in den Bergen über Montlaux auf eine Spur des letzten Krieges, dessen Ende 1953 noch nicht einmal zehn Jahre zurückliegt. *Mitten im weichen Grund steht aufrecht eine kleine Fliegerbombe, – rostüberzogen*, heißt es fast lapidar, dafür aber umso schockhafter, woraufhin Testanière zu einem langen pazifistischen Bekenntnis ausholt. Daraus spricht jedoch anders als bei Hans Henny Jahnn eine bäuerliche, an der Praxis orientierte Lebensklugheit, die ihn in ein klares Gegenbild zu ihm verwandelt. Testanière erscheint so als eine andere, ungebrochen positiv besetzte Vaterfigur, die mit der Landschaft der Provence verbunden ist und in den folgenden Jahren immer wieder die Sehnsucht wachrufen wird, dorthin zurückzukehren. An die Stelle des Gartens des Großvaters, der im Krieg verwüstet worden ist, ist nun die Provence mit dem alten Schäfer Testanière getreten.
Versucht man, den Erfahrungshorizont Fichtes von 1953, wie er sich den *Aufzeichnungen* ablesen lässt, zusammenzufassen, so beschreibt Fichte eine von harter Arbeit bestimmte, entbehrungsreiche, oftmals einsame Zeit in einer kargen, ursprünglichen und zugleich von Zeichen des Verfalls markierten Landschaft. Die Deutungsfolie, die er in seinem Text

anwendet, ist dabei – zu erkennen an der Wortwahl – noch deutlich von christlichen Mustern bestimmt: Askese und Einfachheit, körperliche Züchtigung, die meditative Erfahrungsform der Landschaft und schließlich Testanière als guter, väterlicher Hirte, der an Weihnachten für ihn kocht und das Mahl mit ihm teilt. Die *Aufzeichnungen* enden mit dem Satz: *Ich lösche die Kerzen, und in meiner Hirtenklause breitet sich jener Duft nachglimmender Dochte aus, der unverbrüchlich mit dem Weihnachten der Kinder verbunden ist ...* (Aufzeichnungen, S. 105)

Dieses Deutungsmuster ist 20 Jahre später im *Versuch über die Pubertät* der anderen Folie der afro-amerikanischen Religionen gewichen. Außer den Vorstellungen und rituellen Praktiken, die der Initiation und der Trance zugrunde liegen, benutzt Fichte auch die Figur der so genannten *rites des passage*, individueller oder auch kollektiver Übergangsriten – nach denen auch Initiationsriten ablaufen. Der schottische Ethnologe Victor Turner hat sich in seinen Arbeiten in den 1960er und 1970er Jahren eingehend mit dieser Art von Ritualen befasst und dafür ein, auf früheren Forschungen Arnold van Genneps basierendes, einfaches Grundmuster in drei Phasen entwickelt: (1) Trennung, (2) Schwelle bzw. Umwandlung und (3) Angliederung. In der ersten Phase wird ein besonderer ritueller Bereich geschaffen, ein vom Alltag abgegrenzter Raum, in dem sich auch die Qualität der Zeit ändert. Oftmals werden dabei alltägliche Verhaltensweisen ›verlernt‹, um die Loslösung der rituellen Subjekte von ihrem früheren sozialen Status zum Ausdruck zu bringen. Der zweiten Phase schreibt Turner einen liminalen Charakter – einen Schwellencharakter – zu, um damit ihr kreatives, auf Veränderung zielendes Potenzial herauszustellen. Denn die mittlere Phase eines Rituals schafft einen Zwischenraum, in dem die Beziehungen zwischen den Dingen und Verhaltensweisen auf der einen Seite und ihren kulturellen Bedeutungen und symbolischen Besetzungen auf der anderen Seite gelockert sind und neu zur Disposition stehen. Die liminale Phase stellt ein Intervall dar, in dem, wie Turner selbst schreibt, »die Vergangenheit für kurze Zeit negiert, aufgehoben oder beseitigt ist, die Zukunft aber noch nicht begonnen hat – einen Augenblick reiner Potentialität, in dem gleichsam alles im Gleichgewicht zittert«. In der dritten Phase schließlich werden die Novizen oder Initianten wieder in die Gesellschaft eingegliedert, indem sie an ihre neue Position gesetzt werden. Dabei müssen sie oftmals die alltäglichen Verrichtungen von neuem lernen.

Auch wenn mit den *rites de passage* vor allem Übergänge im Leben eines Menschen assoziiert werden, die einen Statuswechsel nach sich ziehen, z. B. die Aufnahme in den Kreis der Erwachsenen, die Heirat oder die Initiation in einen religiösen Bund, fallen darunter auch Übergänge, die für die gesamte Gesellschaft von Bedeutung sind, z. B. die Übergänge im Zyklus der Jahreszeiten, oder damit verbunden der Zustand vor und nach der Ernte, aber auch unregelmäßige Übergänge wie der zwischen Krieg und Frieden. Kollektive Übergangsrituale tendieren, wie Turner festgestellt hat, dazu, die Beteiligten zu erhöhen, ihnen Rechte wie die des Scherzens und des Spotts einzuräumen, die sie sonst nicht besitzen, indem sich die gewohnten Machtverhältnisse verkehren und die alltäglichen Regeln des Zusammenlebens außer Kraft treten. Hingegen neigen individuelle Übergangsriten dazu, den Einzelnen zu erniedrigen, zu degradieren und in einen Zustand temporärer Verwilderung zu versetzen. Die Novizen büßen ihren sozialen Status ein, sie verlieren ihren Namen, gelten als ›schwarz‹ und mithin als unsichtbar und müssen sich, wie in bestimmten afrikanischen Gruppen, mit Erde beschmieren, um von Tieren nicht mehr unterscheidbar zu sein. Oftmals werden sie für eine Zeit der Wildnis ausgesetzt, müssen sich dort ernähren und ohne soziale Kontakte ausharren. Somit werden die vertrauten, kulturellen Zuschreibungen in einem Zustand der Ambiguität zwischen Wildnis und Kultur, Leben und Tod, Mensch und Geist, mitunter auch zwischen Mann und Frau aufgehoben. Das ebnet den Weg, um, angeleitet von den Ältesten, in Riten, Mythen, Gesängen, in Tanz, Masken und Erzählungen unterwiesen zu werden.

Genau dieses rituelle Muster macht sich Fichte im Roman *Versuch über die Pubertät* zu Eigen. Die Arbeit in der Landwirtschaft, vor allem aber als Schäfer auf der Alm erzeugen einen deutlich abgetrennten und weltabgewandten Raum mit einem eigenen Zeitmaß, das sich deutlich von jenem unterscheidet, mit dem alltägliche Routinen gemessen werden. Das bis dahin Selbstverständliche rückt in die Ferne, bis es aussetzt und neue Eigenschaften annimmt:
Mit der Entfernung nehmen auch die Zeitabstände zu. Pozzi, Alex, Trygve, Gerd, Horst liegen Hunderte von Kilometern und Jahren zurück. […]
Und so nehmen die Landschaft und die Betätigungen selbst eine stärkere sinnliche Qualität an, wie vordem das Reisen.
Wacholder, Thymian, Pfefferkraut, die Halden, Schaf, Ziege, Hund, Suppe, Tau, Feuer werden meine Liebhaber und Geliebten, und in der spröden Luft verwandelt sich der nüchterne Ritus des Knechtlebens in ein verdrehtes pubertäres Fest. (Pubertät, S. 287)

Testanière erscheint darüber im Licht jener Ältesten, die schon lange eingeweiht sind und ihr Wissen an die Novizen weitergeben. Die erste Begegnung fällt denn im Roman auch sichtlich anders aus. Aus dem fürsorglichen Hirten, der die Erfahrung der alten Lebensweise der Schäfer bewahrt, ist eine androgyne Gestalt unbestimmten Alters geworden, ein Zwischenwesen, das sich jeder Einordnung entzieht:
Es kommt auf mich zu keine Frau, kein Mann, kein Greis, kein Jüngling, kein Bauer, kein Städter, kein Bürgermeister, kein Dieb. Er hat Baudelaires Augen und Lyndon B. Johnsons Gesichtsschnitt. Er sagt:
– Guten Abend, ich bin Testanière, Aimé! (Pubertät, S. 283)

Der brasilianische Candomblé, den Fichte zur Zeit der Abfassung des Romans *Versuch über die Pubertät* studierte, zählt zu den wenigen Religionen weltweit, die unbestritten in den Händen der Frauen liegen. Viel mehr Frauen als Männer sind in die Religion initiiert, und ihnen obliegen auch die gehobenen, prestigeträchtigen Ämter. Dies liegt allerdings nicht daran, dass die Religionen, auf denen der Candomblé beruht – also vor allem die afrikanische Religion der Yoruba und der Bantu sowie das katholische Christentum spanischer und portugiesischer Prägung –, als matriarchal angesehen werden könnten. Vielmehr ist der Grund in den Bedingungen der Sklaverei zu suchen, die den für die harten Arbeiten eingesetzten Männern eine geringere Überlebenschance boten. Die Gründerinnen und alten Priesterinnen des Candomblé stellen also eine Art ›religiöser Trümmerfrauen‹ dar, die sich aus den Ruinen ihrer traditionellen Lebenswelt nach dem Ende der Sklaverei erhoben haben. Allerdings fielen Fichtes Forschungen in Salvador da Bahia in eine Zeit, in der eine wachsende Zahl von Männern sich sowohl initiieren ließ als auch in die gehobene Position eines Kultleiters aufgestiegen ist. Gerade weiblich wirkende, effeminierte Männer, denen man ein homosexuelles Verhalten nachsagte, galten dabei als spirituell begabt. Einer von ihnen, Joãozinho da Gomeia, war einer der ›Stars‹ des Candomblé, als Leonore Mau und Hubert Fichte sich 1971 für fast ein Jahr in Salvador aufhielten. Er starb im April des Jahres, und die beiden nahmen an einem der Totenrituale für ihn teil. Es mag nun diese Erfahrung gewesen sein, die Fichte dazu veranlasst hat, im Roman *Versuch über die Pubertät* Testanière als einen solchen androgynen Typ darzustellen. Im Hintergrund – wohl auch für Fichtes Sichtweise auf den Candomblé – wirkte aber sicherlich auch Hans Henny Jahnn und dessen Idealisierung des Androgynen zum künstlerisch Schöpferischen.

Gegenüber den *Aufzeichnungen* ist Testanière im Roman noch mit weiteren Attributen des eingeweihten Lehrers ausgestattet. Zunächst disponiert ihn dazu sein Talent als Geschichtenerzähler, der eine Vielzahl provenzalischer Legenden und Mythen weitergibt. Im Text sind sie in knapper Weise festgehalten. Ferner zeigt sich Testanières spirituelle Begabung darin, dass er sich in den Sankt-Veits-Tanz drehen kann, in eine Trance, in der er von dem mittelalterlichen Heiligen Sankt

Veit besessen ist. In diesem anderen Bewusstseinszustand ist er zur Wahrsagerei und Prophetie in der Lage. Am Ende seiner Einweisungen entwirft Testanière für seinen Novizen ein neues Profil, eine neue Rolle, die er in Zukunft ausfüllen soll – zunächst noch in Form einer gemeinsamen, geteilten Vision:

Ich werde uns Stiefel zusammensparen und Rucksäcke und Gummischuhe und ein Zelt und einen Spirituskocher und im Frühjahr ziehen wir zusammen los. Aber wir bleiben an keinem Ort länger als zwei Tage! (Pubertät, S. 290)

Doch bald sieht Testanière ein, dass sie dieses Vorhaben nicht zusammen werden ausführen können:

– Ich bin zu alt! Ich bin zu alt! Du mußt alleine auf die Weltreise gehen. (Pubertät, S. 295)

Im Roman *Versuch über die Pubertät* wird die Deutung der Zeit 1953/54 in der Provence als Übergangsritual verbunden mit einer Klärung der künstlerischen Ambitionen. Auf andere Weise setzt damit auch der Roman um, was bereits in den *Aufzeichnungen* mit der Entdeckung der Farben und dem Besuch bei Chagall inszeniert worden ist: die Entdeckung und Entfaltung des schriftstellerischen Ausdrucksvermögens.

Die Bewegungen und Gesten verändern sich im freien Feld.
Auch Sprachgesten.
Ich würde jetzt ein anderer Schauspieler sein.
Und vor dem großen Alpentheater sage ich beim Schafehüten den König Eduard auf, König Ödipus und Hänschen Rilow.
Auch meine literarischen Ergüsse und Vivisektionen wirbeln durcheinander.
Ich sehe von einem erhöhten Standpunkt auf Satzreihen und Wortgruppen.
Allmählich entwickelt sich in mir die Freiheit, das Diskrepante zu schreiben, das ich früher in der Lokstedter Einheitlichkeit sorgsam wegstrich; meine Niederlagen fixieren, Sprünge, Widersprüche, das Unzusammenhängende nicht kitten, sondern Teile unverbunden nebeneinander bestehen lassen, mit zwei

falschen, übertriebenen Aussagen die Tatsachen anpeilen. (Pubertät, S. 294)

Dabei tauchen auch – in veränderter Gestalt – die drei »Wesensglieder des Künstlerischen« von Chagall wieder auf: Sinnlichkeit, Phantasie und Intellekt. Diesmal steht jedoch nicht Chagall Pate, sondern der schwierige Ezra Pound und seine ästhetischen Kategorien *Phaenopoeia* (Beobachtungsschärfe), *Melopoeia* (das Freisetzen von Emotionen) und *Logopoeia* (genaue formale Ausführung):
Und schließlich frage ich mich, ob ich nicht ein lyrischer Reporter werde, der die Methoden der ethologischen [Ethologie: Verhaltensforschung] *und ethnologischen* [Ethnologie: Völkerkunde] *Feldstudien auf das Lokstedter Innenleben anwendet und Melopoeia, Phaenopoeia, Logopoeia auf Yoruba, Ewe und Fon.* (Pubertät, S. 294)

Auch die Gedanken zur eigenen Programmatik fallen nicht in den Erlebenshorizont von 1953/54, sondern werden aus der Zeit der Entstehung des Romans *Versuch über die Pubertät* auf den zweiten Aufenthalt in der Provence zurückprojiziert. Denn die Texte, die in dieser Zeit entstanden sind, wie die *Aufzeichnungen*, entsprechen noch ganz dem, was Fichte im Roman als ›Lokstedter Einheitlichkeit‹ bezeichnet. Die Freiheit für das Diskrepante hingegen wird Fichte sich erst in den 1960er Jahren erarbeiten und einen wichtigen Schub dazu während seiner Zeit am Literarischen Colloquium in Berlin 1963/64 erhalten.

Provence, 1959–1961

Die Freiheit, offen über schwule Sexualität zu schreiben und damit umzusetzen, was er bereits während seiner ersten Frankreichreise an den Büchern von Jean Genet bewundert hat, wird Fichte erst noch später erreichen – in seinem großen Projekt der *Geschichte der Empfindlichkeit*.

Zwar gibt es Hinweise auf erste vage Ideen zu diesem Projekt bereits Ende der 1960er Jahre, doch setzt die konkrete Arbeit daran frühestens zehn Jahre später, Ende der 1970er Jahre ein. Bis dahin hatte sich nicht nur die rechtliche Situation der Schwulen mit der Revision des §175, der den sexuellen Verkehr zwischen Männern unter Strafe gestellt hatte, grundlegend geändert; auch die kulturelle Identität der *gay community* war durch die Emanzipationsbewegungen der 1970er Jahre stark gewachsen, und sie hatte sich aus einer verborgenen, bespitzelten Subkultur zu einer offensiv und demonstrativ sich zeigenden Szene gewandelt. Das bildete die Grundlage dafür, dass die Schilderung schwuler Sexualität und – allgemeiner: einer schwulen Weltsicht – zum inhaltlichen Schwerpunkt der *Geschichte der Empfindlichkeit* werden konnte.

So kommt denn auch erst in *Hotel Garni*, dem eröffnenden Roman dieses Großprojekts, der zeitlich an den *Versuch über die Pubertät* anschließt und unter anderem einen dritten Aufenthalt in der Provence vom Herbst 1959 bis zum Sommer 1961 beschreibt, in direkter Weise zum Ausdruck, was mit dieser Landschaft neben der Befreiung aus den beengenden Beziehungen zur Mutter und zu Hans Henny Jahnn sowie der Entdeckung der Malerei und einer sich daran orientierenden Schreibweise immer auch verbunden war: die Entfaltung der eigenen Sexualität. Fichtes Programm einer offenen, unverstellten Thematisierung schwuler Sexualität tritt in der folgenden Passage aus dem Roman *Hotel Garni*, die in einem anthroposophischen Heim in Schweden spielt, eindrücklich hervor:

Rüdiger blieb öfter mit mir nach den Proben allein.
Eines Nachts zog er sich aus.
Wir standen nackt aneinander.
Es war gut geheizt in der Arbeitsschule.
Die Haut an seinem Arsch kräuselte sich.
Das Kerzenlicht softete seine blonden Härchen.
Ich steckte ihm meinen Oymel ganz rein.
– Wo kommt das Wort Oymel her?

– Aus der »Palette«.
Es tat ihm nicht weh.
Ich hatte es noch nie bis zuende gemacht.
Ich empfand es als schrill.
Eng.
Aber verboten.
Es ist schwierig darüber zu sprechen.
Aber wenn ich nicht alles ausspreche, habe ich schon das Gefühl zu lügen. (Garni, S. 90)

Hubert Fichte kehrte im Oktober 1959, erschöpft aus Schweden kommend, in die Provence zurück, nachdem er – um die wichtigsten Stationen nach dem Winter 1954 zu nennen – in einer karitativen Selbsthilfeorganisation für Obdachlose, in der *Glaubensgemeinschaft Emmaus* des Abbé Pierre gearbeitet, danach eine landwirtschaftliche Lehre in Dithmarschen absolviert und schließlich ein Jahr in einer anthroposophischen Einrichtung in Järna, Schweden, verbracht hatte, wo er ebenfalls für die Landwirtschaft zuständig war. In der Provence blieb er zunächst einige Zeit bei Testanière und zog dann weiter nach Montjustin. Dort lebten die Brüder Aldo und Serge Fiorio, die in den 1940er Jahren Jean Giono in das Luregebirge gefolgt waren, in einer Dorfkommune. Mit Serge, einem in jener Zeit in Frankreich erfolgreichen Maler des Naiven, verband Fichte für ein gutes Jahr eine – jedoch vor den anderen verborgene – schwule Lebensgemeinschaft. Sie musste seinem Ideal einer Verbindung von künstlerischem Schaffen, intensiven Gesprächen und intimer Sexualität sehr nahe gekommen sein. Allerdings war das menschliche Gefüge in dieser Gruppe französischer Aussteiger von Geheimhaltung und Eifersucht geprägt – die Mutter der beiden Brüder, Serges Freundin und Aldos Familie lebten dort –, und Fichte verstrickte sich darin.

Bei der Schilderung der erneuten Begegnung mit Testanière in *Hotel Garni* fallen einige Unstimmigkeiten auf. Denn Ereignisse, die im *Versuch über die Pubertät* bereits in die Zeit von 1953/54 fallen, tauchen hier noch einmal für die Zeit von

1959 auf. Auch finden sich ganze Passagen aus dem früheren Roman wörtlich wieder. Dies ist wohl als Versuch von Seiten Fichtes zu interpretieren, die frühen Romane und das Projekt der *Geschichte der Empfindlichkeit*, trotz ihrer unterschiedlichen Programmatik, miteinander zu verfugen. Die Gelenkstelle dabei bildet die Figur Testanière. Im Hinblick auf die Sexualität wird nun jedoch nachgetragen:
Er sagte mir, er wußte damals, daß ich schwul sei.
Aber er wollte nicht mit mir schlafen, weil er fürchtete, seine Kräfte einzubüßen:
Jetzt bin ich zu alt.
Wir werden nicht mehr zusammen losfahren, sagte Testanière.
(Garni, S. 104)

Die Begegnung mit Serge, der im Roman *Hotel Garni* in italienischer Form als Sergio auftaucht, wird schließlich als die Begegnung beschrieben, in der alle Motive, die je für Fichte mit der Provence verbunden waren, kulminieren: die Landschaft, die Malerei, die eigene Kunst und die Sexualität. Die Begegnung mit Sergio wird so zum Zielpunkt der immer wieder eingeschlagenen Fluchtrouten an die Sehnsuchtsorte in der Provence:
Eines Abends, nachdem wir in Reillane das Brot und Le Monde gekauft hatten, fuhr Sergio einen Umweg.
Sergio führte mich im Dunkeln in eines der steinzeitlichen Kuppelhäuschen, die auf den Feldern in der Gegend von Forcalquier aus Steinen zusammengeschichtet wurden.
Da drinnen überraschte er mich mit einem gewaltigen piemontesischen Straßenarbeiterschwanz und einem glatten Renaissancearsch.
Das war sehr lustig und ich dachte mir nichts weiter dabei.
Aber für Sergio hing das ganze Leben daran.
Ich bin jetzt fünfzig, sagte Sergio.
Ich habe nie mit einem Mann geschlafen.
Ich habe mein ganzes Leben darauf gewartet. […]
Wenn ich mit meiner Freundin am Sonnabend ins Bett gehe, denke ich dabei an dich.

Sergio war ein schöner Mann. Ich hätte mir keinen schöneren malen können.
Er hatte den Kopf des Königs David, feuriges Auge, gewachsen wie nur Italiener schön gewachsen sein können.
Sergio überrumpelte mich mit seiner Schönheit.
Er ließ nicht mehr locker. (Garni, S. 112/113)

In jenem Jahr mit Sergio schrieb Hubert Fichte vor allem Theaterstücke – und knüpfte damit an seine Karriere als Kinderdarsteller an. Insgesamt haben sich sechs Theaterstücke erhalten, die zum Teil auf den Erzählungen von Testanière beruhen. Hubert Fichte hat sie jedoch später verworfen und wollte sie, ebenso wie die frühen Reiseberichte, nicht zu seinem Werk gezählt wissen. Ein Stück aus jener Zeit allerdings, *Ödipus auf Håknäss*, ist posthum veröffentlicht worden und gibt einen Einblick in diese Arbeiten.

Doch schrieb Fichte wohl nicht nur Theaterstücke. In *Hotel Garni* ist immer wieder von einem Entwicklungsroman die Rede, an dem Jäcki schreibt und dessen Titel auf seine erste Frankreichreise zurückgeht – eine Widmung in einem Buch über romanische Kuppelbauten: *Pour écrire le livre de la beauté de l'homme.* Im *Versuch über die Pubertät* schwankt die Übersetzung noch zwischen: *Um das Buch von der Schönheit des Menschen zu schreiben* und: *Um das Buch von der Schönheit des Mannes zu schreiben.* (Pubertät, S. 220) In *Hotel Garni* ist es entschieden: *Meine Utopie war das Buch von der Schönheit der Menschen.* (Garni, S. 21) An einer Stelle gibt Jäcki preis, wie dieser Entwicklungsroman verfasst gewesen sein muss:

Schreiben wie man spricht.
Eine Art Tagebuch – zehn Jahre nach den Daten.
Ein Interview mit mir selbst.
Kunstfertig das Spontane.
Nur keine Kunst.
Oberflächlich.
Keine psychologische Stimmigkeit.
Keine Entsprechungen.

Keine ästhetischen Fallen.
Chronik. (Garni, S. 93/94)

Jäcki beschließt, diesen frühen Versuch seines Schreibens abzubrechen und wegzuschmeißen. Aber die Form des Schreibens hat sich bewahrt in der Weise, wie *Hotel Garni* geschrieben ist. Damit ist ein zweites grundlegendes Merkmal benannt, das *Die Geschichte der Empfindlichkeit* charakterisiert – diesmal in formaler Hinsicht. Mit der Geschichte der Sexualität des Protagonisten Jäcki wird immer auch sein Weg als Schriftsteller miterzählt – und zwar im Rückgriff auf jeweils diejenige Art des Schreibens, die für die erzählte Zeit prägend gewesen ist. Fichte erzählt also auch über die Form – und er kommentiert diese Form jeweils in eingestreuten reflexiven Passagen.

Insofern bewahrt der Roman *Hotel Garni* beide Formen des frühen Schreibens von Hubert Fichte. In seiner Anlage ist der Roman theaterhaft – eine Art ›Vorspiel‹: Zwei Figuren – die Protagonisten des Zyklus – halten jeweils einen langen Monolog, in dem sie der jeweils anderen Figur aus ihrem Leben erzählen. In der Ausführung der Monologe hingegen folgt der Roman den Kriterien des frühen Entwicklungsromans: eine an der Mündlichkeit ausgerichtete *Chronik ohne ästhetische Raffinessen*. In dieser doppelten Konzeption indes liegt die hohe Raffinesse des Romans.

Obwohl Hubert Fichte in der Selbsteinschätzung seines Werks sowohl die frühen Reiseberichte als auch die Theaterstücke und schließlich den Entwicklungsroman nicht gelten lassen wollte, haben sich in ebenjenen Texten, soweit sie noch zugänglich und mithin einzubeziehen sind, die Grundlagen seines Schreibens herausgebildet. In späteren Texten sind die erzählten Erlebnisse mitunter so verknappt, dass sie nur mit Hilfe der frühen Texte überhaupt verständlich sind. Der Grund für den Ausschluss ist wohl im weiteren Werdegang von Hubert Fichte zu suchen. Denn nachdem er Anfang der 1960er Jahre nach Hamburg zurückgekehrt war, um als freier Schriftsteller zu leben, wurde sein Schreiben von den avantgardistischen Strömungen der Zeit ergriffen. Sie stellten für die deutschsprachige Literatur eine nachgeholte ›zweite Moderne‹ dar. Das Zentrum dieser Bewegung war Berlin.

Kapitel 4
Berlin – Prosaschreiben und die Kunst des Interviews

Das Literarische Colloquium

Das Literarische Colloquium Berlin, kurz LCB genannt, prägte in den 1960er Jahren die deutschsprachige Literatur nachhaltig. Auf Initiative von Walter Höllerer, seit 1959 Professor für Germanistik an der Technischen Universität Berlin, und Walter Hasenclever, ein aus Berlin stammender, in die USA emigrierter und zurückgekehrter Autor, wurde eine Institution geschaffen, die dafür sorgte, dass die aktuellen zeitgenössischen Strömungen – wie der *Nouveau Roman* in Frankreich oder die *Beat*-Literatur in den USA – in Deutschland zur Kenntnis genommen werden konnten. Mit seinen Veranstaltungen, die zum Teil *live* im Fernsehen übertragen wurden, entfaltete das LCB eine breite kulturelle Wirkung und stillte den großen Nachholbedarf, der im Nachkriegs- und Wirtschaftswunder-Deutschland im Hinblick auf moderne Kunst und aktuelle Kunsttheorien herrschte. Zudem widmete es sich der Förderung junger, heranwachsender Künstler, vergab Stipendien, organisierte *workshops*, ermöglichte Veröffentlichungen und formte so eine junge, modernistisch eingestellte Generation von Schriftstellern.
Walter Höllerer konnte beim Aufbau des LCB auf Erfahrungen und Kontakte zurückgreifen, die er als Organisator der internationalen Lesereihe *Literatur im technischen Zeitalter* an der TU Berlin Anfang der 1960er Jahre gesammelt hatte. Als Finanzier für das LCB stand die *Ford Foundation* bereit, die es sich zur Aufgabe gemacht hatte, Berlin nach dem Mauerbau kulturell attraktiv zu gestalten und der an der Frontlinie des Kalten Krieges gelegenen Stadt, deren Wirtschaft mehr und mehr abwanderte, den Rücken zu stärken. Sie investierte viel. Denn das LCB verfügte immerhin über drei Häuser, ein Stadthaus in der Carmerstraße 4 und jeweils ein Haus am

Wannsee und im Grunewald, die sowohl als Veranstaltungsort als auch als Gästehaus für Autoren eingesetzt wurden; es gab mehrere feste Stellen für Redakteure und künstlerische Leiter, eine eigene Zeitschriften- und Buchreihe. Ferner gehörte es von Anfang an zum Profil des LCB, die Grenzen zu anderen Künsten und anderen Medien zu überschreiten: zum Theater und zur Musik, vor allem aber zu den technischen Medien Fotografie und Film. Deshalb verfügte das LCB auch über ein eigenes Fotostudio und eine Filmausrüstung, mit der eine ganze Reihe von experimentell ausgerichteten Filmen realisiert werden konnte.

Eines der ersten Projekte des LCB bestand in einer mehrmonatigen Werkstatt für junge Autoren, die unter dem Titel *Prosaschreiben* von November 1963 bis Februar 1964 im Haus Carmerstraße 4 stattfand. 16 angehende Schriftsteller, die durch erste Publikationen bereits auf sich aufmerksam gemacht hatten, wurden dazu von Walter Höllerer und Walter Hasenclever ausgewählt. Sie erhielten ein monatliches Stipendium von 800 DM. Unter der Leitung von Hans Werner Richter, dem Initiator und Organisator der Gruppe 47, den Schriftstellern Peter Weiss, Günter Grass und Peter Rühmkorf sowie Walter Höllerer bekamen die Teilnehmerinnen und Teilnehmer verschiedene thematische Aufgaben gestellt, die sie in kürzere Prosatexte umzusetzen hatten. Danach wurden die Arbeiten gemeinsam diskutiert. Ziel der Veranstaltung war es, handwerkliche Aspekte des Schreibens zu vermitteln und gleichzeitig in der gemeinsamen Diskussion neue, zeitgemäße Möglichkeiten des Romans auszuloten. Zudem galt es, die Kriterien der Beurteilung von Literatur zu schärfen und mithin die Grenze zwischen Literatur und Kritik durchlässiger zu machen. Zu der Veranstaltung gehörte auch eine Vortragsreihe, die sich von Januar bis Juli 1964 erstreckte und in der namhafte Autoren und Intellektuelle unterschiedliche Aspekte des Prosaschreibens thematisierten – darunter waren Hans Mayer, Uwe Johnson, Ernst Bloch, Michel Butor, Ernesto Grassi, John Steinbeck, Witold Gombrowicz und Alfred Andersch.

Unter den eingeladenen Teilnehmern befand sich auch Hubert Fichte. Mit dem Erzählungsband *Der Aufbruch nach Turku*, für den ihm ein Julius-Campe-Stipendium zuerkannt worden war, hatte er ein erstes Buch vorgelegt, das ihm nicht nur die Einladung nach Berlin einbrachte, sondern für dasselbe Jahr auch die Einladung zur Tagung der Gruppe 47, die kurz vor Beginn des *workshops* im schwäbischen Städtchen Saulgau stattfand. Fichte las auf dieser Tagung den Anfang seines damals im Entstehen begriffenen Romans *Das Waisenhaus*. Aber auch die Liste der übrigen Teilnehmer am *Prosaschreiben* beweist, dass die Auswahl nicht schlecht getroffen war. Neben Hubert Fichte nahmen Peter Bichsel, Nicolas Born, Hans Christoph Buch, Elfriede Gerstl, Hermann Peter Piwitt, Klaus Stiller und für kurze Zeit auch Ror Wolf teil – die alle ihren Weg als Schriftsteller gemacht haben. Ferner waren Martin Doehlemann, Peter Heyer, Jan Huber, Daniel Lustig, Joachim Neugröschel, Wolf Dieter Rogosky, Wolf Simmeret und Corinna Schnabel mit dabei.

Alle Diskussionen des *workshops* wurden auf Tonband aufgezeichnet, und 1964 erschien, herausgegeben von Walter Hasenclever, ein Dokumentationsband, der eine Auswahl der geschriebenen Texte und Passagen aus den Diskussionen darüber enthält. Ferner hatte Walter Höllerer in dem von ihm betreuten Zeitabschnitt einen Gemeinschaftsroman angeregt, der 1965 in der Buchreihe des LCB unter dem Titel *Das Gästehaus* veröffentlicht worden ist. Von Fichte stammt Kapitel V des Romans, das mit *Die Geschichte eines Traums im Gästehaus* überschrieben ist – einen Text, den er unter dem Titel *Der Tiefstall* auch auf der Tagung der Gruppe 47 im September 1964 in Sigtuna, Schweden, vorgetragen hat.

Die Frage, in welchem Maß das Schreiben Hubert Fichtes durch die Zeit am Literarischen Colloquium in Berlin geformt worden ist, lässt sich nicht beantworten. Das zeigt sich bereits daran, wie zwei ehemalige Teilnehmer, Hans Christoph Buch und Hermann Peter Piwitt – die beide Fichte in jener Zeit relativ nahe gestanden sind –, diese Frage im Rückblick von heute aus einschätzen. So attestiert Buch Fichte eine »gewisse Perfektion«, die er bereits vor der Zeit in Berlin erreicht habe, der sich in einem »sehr ausgeprägten Sinn für Form und Stil« und einem »Talent für Dramaturgie und Komposition« zeigte und in der Gruppe zu seinem Markenzeichen wurde: »Gleichzeitig eine tänzerische, manchmal so hüpfende, sprunghafte Erzählweise, die von einem Punkt zu anderen sich fortbewegte.« Piwitt hingegen meint: »Ich wage sogar zu behaupten, Fichte hat da [am LCB] gelernt, besser zu schreiben. Er hat dann in Schweden gelesen, den *Tiefstall*, das war schon sehr gekonnt. Vorher schrieb er doch, wenn er nicht lakonisch schrieb, recht unbeholfen. Er hat etwas gelernt.«

Statt eine Antwort zu geben, kann man sich also nur auf eine Suche zu jener Frage begeben. Fest steht zunächst, dass sich die Abfassung des Romans *Das Waisenhaus* zu einem guten Teil mit dem Aufenthalt in Berlin deckt – das früheste Manuskript datiert die Niederschrift auf den Zeitraum zwischen April 1963 und April 1964 –, und dass sich in diesem Roman zum ersten Mal das Aufbrechen der geschlossenen Erzählform und andere avantgardistische Stilelemente finden. Im Vergleich zu den frühen Texten vollzieht sich geradezu ein Moderne-Sprung.

Dazu finden sich in dem Dokumentationsband einige konkrete Spuren. So lautet das erste, von Hans Werner Richter gestellte Thema *Jemand entfernt sich in starker Beleuchtung*. Daraus sind Prosatexte entstanden, die nicht nur zu einem hohen Maß auf visueller Wahrnehmung beruhen, sondern diese zugleich auch reflektieren und mithin das Beobachten beobachten. Ror Wolf beispielsweise hat zu diesem Thema einen Text vorgelegt, in dem die beobachteten Momente einer Situation von den inneren Vorstellungsbildern des Beobachters abweichen und auseinander driften und dies in einem reihenden, parataktischen Stil beschreiben, der Ähnlichkeiten mit dem von Hubert Fichte aufweist. In der Diskussion gesteht Fichte dem Text denn auch eine große Eleganz und hohe Intellektualität zu, meint jedoch, der Text scheitere an dem Versuch, einen direkten Bezug zu den Dingen herzustel-

len. Eben jenes Spannungsverhältnis zwischen einem direkten Bezug und der Beschreibung der Wahrnehmungs- und Erinnerungsprozesse prägt, wie wir gesehen haben, den Roman *Das Waisenhaus.*
Eine ähnliche Spannung taucht im zweiten Teil auf, der von Peter Weiss betreut worden ist. In dem Dokumentationsband ist die lange Diskussion um die Themenfindung abgedruckt. Ein erster Vorschlag betrifft das Thema Sterben, das letztlich auch gewählt wird. Fichte beharrt in der Diskussion zweimal auf der Erfahrung und fragt, wer von den Teilnehmenden bereits das Sterben eines Menschen erlebt habe. Peter Weiss pflichtet ihm bei und meint, »ein Stil ohne Aussage ist ja gar nichts wert«, möchte diesen Satz aber nicht in einem pathetischen Sinn verstanden wissen, sondern »Aussage nur in dem Sinne, daß man ein Material hat«. Andere Vorschläge zielen eher auf eine formale Aufgabe, beispielsweise das Kleine und das Große – was Fichte begrüßt, denn, so sein Argument, dafür müsse eine stilistische Entsprechung gefunden werden, die bis in den Satzbau hineinreicht. Fichte fragt denn auch an einer Stelle: *Warum wird nicht einmal ein rein kompositionelles Thema gestellt – etwa angeleitet von Alain Robbe-Grillet, der in seinem Roman* Der Voyeur *ein großes schwarzes Loch entstehen lassen wollte?* Dem Beharren auf Erfahrung, auf Material, wie es Peter Weiss ausdrückt, steht also, darauf weisen Fichtes Diskussionsbeiträge hin, ebenbürtig das Bewusstsein der sprachlichen und kompositorischen Formgebung gegenüber. Davon ist allerdings in Fichtes Beitrag zu dem am Ende gewählten Thema Sterben nicht viel zu spüren. Er besteht in einem äußerst knappen und schlichten Text, in dem er beschreibt, wie ein ›Ich‹ zum ersten Mal ein Huhn schlachtet.
Im Teil von Peter Rühmkorf schließlich – um noch ein drittes Beispiel zu nennen – besteht die Aufgabe darin, ein Kapitel aus Gottfried Kellers *Der grüne Heinrich* zu variieren. Fichte ergreift in der Diskussion heftig für einen Text von Corinna Schnabel Partei, in der eine junge Ich-Erzählerin nur den vagen Plan hat, schreiben zu wollen – ihn gegen-

über ihrer Deutsch-Lehrerin, gegenüber ihren Eltern und der Großmutter aber nicht recht vertreten kann. Entgegen dem Rat anderer, die Autorin solle einen distanzierten Erzähler einsetzen, um so den Konflikt der Unentschlossenheit des jungen Mädchens und der Erwachsenen besser zum Ausdruck bringen zu können, ermutigt Fichte sie, die Ich-Perspektive beizubehalten und ihre Aussage stattdessen noch mehr durch die *Sprachschicht der Ich-Erzählerin* zu intensivieren, d. h. durch Wortwahl und Satzbau formal eine Aussage zu treffen.
Drei Beobachtungen aus dem Dokumentationsband, der wiederum nur Ausschnitte aus der gesamten Veranstaltung enthält, die sich sicherlich nicht zu einem kohärenten Bild zusammenschließen. Dennoch spiegeln sie eine wachsende Aufmerksamkeit und Bewusstheit gegenüber inneren Prozessen wider, von der Wahrnehmung bis zu psychischen Erregungen und der Frage, wie sie sprachlich dargestellt werden können – eine Tendenz, die sich deutlich auch in Fichtes Beitrag zu dem Gemeinschaftsroman *Das Gästehaus* zeigt. Hierin greift Fichte wiederum auf seine Erfahrung der Landwirtschaft zurück, diesmal aus seiner Lehrzeit in Schleswig-Holstein. Es geht um die ökologisch sinnvolle Erneuerung des Tiefstalls, der den Tieren mehr Bewegungsfreiheit bietet, dafür allerdings einer größeren Menge Stroh bedarf. Der Ich-Erzähler liegt in seinem Zimmer in jenem ominösen Gästehaus, in das er, wie einige andere auch, von der ebenso ominösen Figur Elmshäuser eingeladen worden ist. Er will über ein ungelöstes Problem aus seiner Lehrzeit im Hinblick auf den Tiefstall nachdenken, wird aber immer wieder durch seine aktuelle Umgebung davon abgelenkt, bis er in einen Traum fällt. Die Erzählerstimme bleibt davon jedoch völlig unberührt und gibt die Prozesse im Traum auf dieselbe Weise wieder wie zuvor die Prozesse des Nachdenkens und Erinnerns an seine landwirtschaftliche Lehrzeit. Im Traum nun verwischen Vergangenheit und Gegenwart, die anderen Gäste im Haus verwandeln sich in Kühe, auch Elmshäuser ist plötzlich eine Kuh, die noch besamt werden

muss, aber der träumende Ich-Erzähler kennt sich mit Hormonen nicht gründlich genug aus. Immer wieder wird in der Erzählung die Aufmerksamkeit von der Handlungs- auf die Sprachebene verlagert, sodass die Wörter nicht nur als Mittel des Erzählens eingesetzt werden, sondern selbst zum Gegenstand des Erzählens werden. So heißt es gleich zu Beginn:

Beim Düngerstreuen oder beim Traktorfahren, während die Kälte bis zu den Knien heraufkroch, habe ich gelernt, langsam ein Problem von vorne bis hinten durchzudenken, nicht abzuschweifen, nichts zu übereilen, Sätze zu denken mit Subjekt und Prädikat – keine vorüberzuckenden Substantive oder Verben ohne grammatisches Gefüge. [...] Das war nicht immer so gewesen. Zwar hörte ich schon als kleines Kind meine Gedanken deutlich als Worte, aber während ich dachte, geschahen Zusammenstöße von Klängen, Bilder überschnitten sich und die Sätze oder Wörter meiner Gedanken wurden von pollenartigen Kugeln durchstoßen, die lange Gedankenketten verkürzt und ineinandergepreßt enthielten. (Gästehaus, S. 48/49)

Das andere Erzählen Hubert Fichtes

Was sich hier konturiert, zeichnet sich, wie wir gesehen haben, noch deutlicher im Roman *Das Waisenhaus* ab. Aber auch in den Romanen, die Fichte in den darauf folgenden Jahren schreiben wird, in *Die Palette*, in *Detlevs Imitationen »Grünspan«* und im *Versuch über die Pubertät*, wird nicht nur die offene, fragmentarische Form des Erzählens beibehalten, es finden sich auch immer häufiger reflexive Passagen eingestreut, in denen Sprache und Erzählen ausdrücklich thematisiert werden. Darin verdichtet sich, dass Fichte die Sprache niemals nur als Mittel oder Instrument begreift, mit dem er eine Geschichte erzählen kann. Die Sprache ist für ihn vielmehr ein Material, mit dem er die erzählte Welt immer erst erschafft. In der *Palette* macht sich Fichte an einer Stelle über die Standardfrage bei Lesungen nach dem autobiographischen Anteil an den Romanen lustig und antwortet: *Meine Fiction ist nicht ganz ohne Non-Fiction.* (Palette, S. 334) Das ist freilich gelinde untertrieben. Dennoch erwecken seine Romane niemals den Eindruck, dass die Non-Fiction bereits als gemachte Erfahrung dem Erzählen vorausliegt; im Gegenteil: Erst in und durch die Sprache, erst im und durch das Erzählen – und nur so – entsteht, worüber erzählt wird. *Zu Anfang nur der Ton* (Pubertät, S. 11) – so lautet der erste Satz im *Versuch über die Pubertät*. Damit ist nicht auf einen Ton verwiesen, der innerhalb der erzählten Welt des Romans zu vernehmen ist. Denn um welchen Ton es sich handelt und wer oder was ihn verursacht, bleibt offen. Es handelt sich also vielmehr um einen Ton, der ganz zu Anfang durch die ersten Wörter angeschlagen wird – ein Sprachklang, der bei der Lektüre im Inneren der Leser widerhallt und der alles Folgende aus sich hervorbringt.

Der Materialcharakter der Sprache kommt bei Hubert Fichte umso deutlicher heraus, je mehr er sich vom traditionellen Erzählen einer Geschichte entfernt. Die seit dem Realismus des 19. Jahrhunderts vertrauten Elemente – ein klares, auf Konflikte zugespitztes Handlungsgefüge, psychologisch konturierte Figuren, ein nachvollziehbares Zeitmaß, übersichtliche Schauplätze etc. – dünnen bei Fichte mehr und mehr aus. In der *Palette* wird im letzten, sehr reflexiv angelegten Kapitel mit dem Titel *Nachwörter* ein Ideal entworfen, das Fichtes Konzeption des Schreibens zugrunde liegt:

Einen Roman, der die Dinge nicht benennt und die Vorkommnisse, sondern ersetzt:
Heidi und Barbara als Wörter selbst.
Nichts über Halleluja und Barbara berichten. Sie nachmachen in Wörtern. (Palette, S. 331)

Es ist ein Ideal, das dem traditionellen Erzählen zu entkommen versucht. ›Benennen‹ und ›berichten‹ stehen in dieser Passage für jenes Erzählen, das Vorkommnisse, Ereignisse in eine nachvollziehbare und überschaubare narrative Ordnung bringt und sie in eine Welt setzt, die der alltäglich erlebten ähnlich ist. Der Leser wird so in eine Position des Beobachters gebracht, der auf diese Welt blickt. Anders bei Fichte: Hier sollen die Wörter an die Stelle der Vorkommnisse und Ereignisse treten und sie im Leser evozieren. *Wörter. Namen. Fantasien – die Fantasien auslösen*, heißt es dazu in der *Palette*. (Palette, S. 334) Eben darauf, auf die inneren Vorstellungsbilder, die Wörter oder Namen in den Lesern auslösen und in ihrer Imagination entstehen lassen, zielt Fichte. *Fantasien* wiederum heißt nicht, dass diese imaginativen Bilder phantastisch seien – im Gegenteil sind sie von der Welterfahrung der Leser durchtränkt. Schreiben – und Lesen – sind für Fichte also durch den Rhythmus der Sprache erzeugte Vorstellungsbilder, die das Erzählte noch einmal neu erschaffen. Die Welt soll in Worten nachge*macht* – nicht in realistischer Manier nachge*ahmt* werden. Und er versucht, den Spielraum dafür möglichst offen zu halten, indem er wenige Vorgaben macht: keine ausführlichen Beschreibungen, keine psychologischen Erklärungen, wenig Adjektive, knappe Sätze.

Das Ideal eines anderen Erzählens erklärt auch Fichtes tiefe Skepsis gegen den Gebrauch des Ich. Zu dominant, zu herrisch bündelt es die Vorstellungsbilder der Leser auf den Autor und leistet einer oft gemachten Verwechslung von Erzähler bzw. Erzählinstanz und Autor Vorschub. Der Wechsel in die dritte Person, und der Einsatz literarischer Doubles wie Detlev oder Jäcki, rückt die Figuren nicht nur in eine gewisse Distanz, er ermöglicht auch den Figuren ein stärkeres literarisches Eigenleben in der Imagination der Leser.

Eine Passage aus *Detlevs Imitationen »Grünspan«*:
Ich.
Wer ich?
Ich?
Du?
Sie?
Wenn ich »ich« schreibe, denken Sie an sich oder an mich?
Jäcki?
Detlev? […]

– Finden Sie nicht auch, daß Jäcki und Detlev viele gemeinsame Züge haben?
Ich?
Sie und ich und Detlev und Jäcki und Jäckis Ich und Detlevs Ich und mein Ich und Ihr Ich. (Grünspan, S. 69)

Das Erzählen in der ersten Person lässt zudem den Erzähler und die Hauptfigur zusammenfallen. Damit wird die zeitliche und die örtliche Kluft eingerissen, die zwischen dem Erleben und dem Schreiben liegt. Indem Fichte jedoch – in der Regel – diese Instanzen trennt, splittert er sie zugleich in verschiedene Zeitschichten auf. Detlev steht für die Zeit der Kindheit und frühen Jugend, Jäcki für die Zeit ab der Pubertät. Diese literarischen Doubles stehen noch einmal zur jeweiligen narrativen Instanz in Beziehung, die von Detlev oder Jäcki erzählt. Diese narrative Instanz ist schwer zu fassen. Sie ist nicht durch eine eigenständige Erzählersprache, die auffällig von Detlevs oder Jäckis ›Sprachschicht‹ abweicht, kenntlich gemacht. Auch bindet sie sich im Hinblick auf die Erzählperspektive an Detlev bzw. Jäcki; sie sind jeweils eindeutig die Figuren, aus deren Perspektive das Geschehen wahrgenommen wird. Die Erzählinstanz gibt sich nur manchmal durch einen zeitlichen Vorsprung zu erkennen, indem sie Entwicklungen vorwegnimmt, die den Figuren Detlev oder Jäcki noch bevorstehen. Damit wird schließlich immer der Abstand zwischen der erzählten Zeit und dem Zeitpunkt des Erzählens bewusst gehalten. Auf diese Weise bilden die Romane ein jeweils relationales Zeitgefüge, sodass sie, alle hintereinander gestellt, die immer weiter schreitende Arbeit der Neu- und Umdeutung der eigenen Lebenserfahrungen vorführen – letztlich die Arbeit des Gedächtnisses.

Beide grundlegenden Erzähltechniken – der Einsatz literarischer Doubles und eine auf Evokation zielende Sprache – stoßen eine Bewegung an, in der die Texte ihren literarischen Eigensinn gewinnen. Das ist bei einem Erzählen wie dem von Hubert Fichte, das sich eng an das eigene Leben hält, umso wichtiger. Denn so löst sich das erzählte Geschehen vom Leben des Autors ab und wehrt sich dagegen, als direkte Projektion darauf gelesen zu werden. Es schafft sich – um auf eine Formulierung des israelischen Schriftstellers Amos Oz zurückzugreifen – eine eigene Realität und eröffnet dem Leser die Möglichkeit, nicht mit voyeuristischer Neugier nach der biographischen Geschichte hinter der Geschichte zu fragen und damit das Erzählte im Raum zwischen Text und Autor zu belassen, sondern sich einen neuen Raum zu erschließen – den zwischen dem Text und ihm selbst.

Das andere Erzählen Fichtes hat sich sicherlich nicht allein in Berlin und durch das LCB herausgebildet. Aber es hat dort wichtige Anregungen erfahren. Auszugehen ist dabei jedoch nicht nur von einer positiven Form der Anregung, sondern ebenso von einer negativen Form der Absetzung. Denn das andere Erzählen Fichtes probiert Wege des Erzählens aus, die durch das dominante Erzählmodell der Gruppe 47 und einiger Lehrer am LCB nicht abgedeckt sind. Dieses ist weitgehend dem Realismus des 19. Jahrhunderts verpflichtet gewesen. Anregungen für neue Wege indes, die mit dem Realismus Hans Werner Richters oder auch mit dem phantastischen Realismus Günter Grass' gebrochen haben, dürfte Hubert Fichte vor allem von Peter Weiss und Walter Höllerer erhalten haben.

Die Zweite Schuld

Die Zweite Schuld ist der Zählung nach Band III der *Geschichte der Empfindlichkeit* und damit der erste Band innerhalb des Zyklus, der die Gattungs-Bezeichnung Glossen trägt. Das Buch führt auch einen Untertitel: *Abbitte an Joachim Neugröschel*. Mit dem Namen eines der Teilnehmer am Projekt *Prosaschreiben* verweist der Titel also unmittelbar auf die Zeit am LCB. Im Vordergrund steht eine kritische Rekonstruktion des Literarischen Colloquiums in Berlin anhand ausführlicher Interviews mit einigen Beteiligten des Projekts, die zwi-

schen 1978 und 1983 – also mit einem deutlichen zeitlichen Abstand zu den Jahren 1963/64 – geführt worden sind. Das längste Interview – 165 von knapp 360 Seiten –, und damit das Kernstück des Bandes, bildet das Gespräch mit dem ehemaligen Initiator des LCB, mit Walter Höllerer. Im September 1982, einige Monate vor Höllerers 60. Geburtstag, haben sich Fichte und er fünf Tage hintereinander getroffen und jeweils zwei Stunden miteinander gesprochen. Daneben finden sich Interviews mit vier ehemaligen Stipendiaten. Im September 1978 hat Fichte mit Joachim Neugröschel in New York ein Gespräch geführt, im Februar 1979 mit Elfriede Gerstl in Wien und 1983 schließlich mit Hermann Peter Piwitt und Klaus Stiller, ebenfalls in Berlin.
Offensichtlich hat Fichte – nach der wohl fiktiven Vorbemerkung – bei den letzten beiden Interviews dieselben Tonbänder benutzt, sodass sie teilweise übersprochen sind und sich jeweils nur aus dem Zusammenhang gerissene Passagen der beiden Gespräche erhalten haben. Ihre Wiedergabe im Buch ist deshalb fragmentarisch und zu einem gleichsam doppelt belichteten Gespräch gestaltet. Es kreist eng um den *workshop Prosaschreiben*, um die damals vorherrschenden Ansichten der Teilnehmer und, im Fall von Piwitt, auch um dessen Tätigkeit als Lektor im Rowohlt Verlag. Die anderen drei Interviews hingegen besitzen einen viel weiteren Horizont, der die gesamte Biographie der Gesprächspartner umfasst. Fichte zeigt hier – wie in seinen großen Gesprächen mit Hans Eppendorfer oder Wolli Köhler in *Der Ledermann spricht mit Hubert Fichte* und *Wolli Indienfahrer* – seine hohe Kunst des Interviewens. Somit gewinnen diese drei Gespräche eine Eigendynamik, die immer wieder weit über die enge Welt des LCB und des Literaturbetriebs hinausführt. Ferner waren noch zwei weitere Interviews mit H.C. Artmann und Oswald Wiener für den Band vorgesehen, von denen sich als Hinweis auf ihr Fehlen nur die jeweilige Deckseite im Buch findet. Sie sollten wohl der im Interview mit Elfriede Gerstl geäußerten Auffassung Fichtes Rechnung tragen, dass die Gruppe 47 als Taktgeber der literarischen Ästhetik Mitte der 1960er Jahre

von der Wiener Gruppe und den Wiener Phantasten abgelöst worden ist.
Die Interviews in *Die Zweite Schuld* werden durch kürzere Passagen unterbrochen, die sich größtenteils auf die Zeit in Berlin und das Projekt *Prosaschreiben* konzentrieren, gegen Ende des Buchs aber darüber hinausgehen und verschiedene Lesungen der Gruppe 47, 1964 in Sigtuna, 1965 in Berlin, miteinbeziehen sowie einige Splitter aus den Jahren 1966 und 1967, darunter etliche Begegnungen mit Oswald Wiener. Diese Textskizzen sind in der ersten Person gehalten, wie auch Leonore Mau direkt bei ihrem Namen genannt wird. Oftmals greifen sie in geraffter Form Aspekte auf, die man – bei chronologischer Lektüre – zuvor bereits in den Interviews gelesen hat, dort freilich aus der Sicht der Gesprächspartner Fichtes.
Liest man nun diese Passagen in *Die Zweite Schuld*, die sich direkt auf den Kurs *Prosaschreiben* beziehen, so zeichnet sich von den Teilnehmern das Bild einer bereits sehr selbstbewussten Clique – vor allem Bichsel, Born, Buch und Piwitt werden genannt –, die dem Unternehmen einer Schreibschule und der Autorität der Älteren skeptisch bis ablehnend gegenübersteht. Von dem Projekt *Prosaschreiben* heißt es:
Der erste Kursus wurde von Hans Werner Richter geleitet.
Wir sollten ja schreiben lernen.
Keiner von uns glaubte, daß man schreiben lernen könnte.
Beschreiben vielleicht.
Vielleicht ein paar Tricks.
Tricks kamen uns verächtlich vor.
Und Beschreiben wollten wir nicht. (Schuld, S. 264)

Unter den Lehrern und den etablierten Autoren kommt nur Walter Höllerer gut weg. Die erste Vorstellungsrunde beschreibt Fichte so:
Walter Höllerer lachte.
Er wurde mit einem Kauz verglichen.
Er hatte ein Gesicht, das hielt man für urwüchsig und graue

Augen, die trotz des vielen und lauten Lachens als traurig beschrieben werden konnten.
Walter Höllerer wirkte sympathisch. (Schuld, S. 264)

Von den Vortragenden tauchen Witold Gombrowicz, Werner Weber, John Steinbeck, Alfred Andersch und Hans Mayer auf:
Auch Alfred Andersch kam nicht gut an.
Er hatte auf einer schwarzen Tafel mit Kreide die Möglichkeiten der Prosa aufgezeichnet.
Ich lernte was dabei.
Aber Alfred Andersch fiel durch.
Andersch – out.
Opa.
Weg vom Fenster. (Schuld, S. 269)

Mitunter wirkt es, als seien die Rollen vertauscht. Nun stehen nicht die Teilnehmer und ihre Texte im Sperrfeuer der Kritik, sondern ihre Lehrer – späte Rache. Daneben: das Leben um das LCB herum, die Feste, die Abendunterhaltungen, kleine Intrigen, Privates, Affären, Sex. Viele der Notate scheinen auf den ersten Blick flüchtig hingeworfen zu sein und erweisen sich dann doch als sehr präzise Skizzen, die auf engstem Raum den Eindruck einer Person entstehen lassen und darüber Redewendungen, Einstellungen und Verhaltensweisen bewahren:
Doehlemann fand ich geil.
Der lachte bayrisch und wirkte wie ein Naturbursche.
Er studierte Soziologie und wußte eigentlich garnicht, wie er an die Dichter gekommen war.
Nein, nimm es mir nicht übel, ein Warmer bin ich nicht.
Ich habe nichts dagegen.
Sollen sie sich von hinten ficken.
Es sind auch Menschen.
Aber am Arsch bleibe ich Jungfrau. (Schuld, S. 274)

Etwas größeren Raum nimmt Johannes Bobrowski ein, der in Ostberlin lebte und mit seinen Geschichten großen Anklang fand – bei den Alten und bei den Jungen:
Johannes Bobrowski kam zu einer Lesung nach Westberlin.
Er machte es blendend.
Er hatte den Charme eines Arbeiters, er war der Mann von der Straße, dazu Hans Henny Jahnn und Hagedorn und Buxtehude.
Und seine gefühlvollen kalkulierten Geschichten.
Jeder stand auf ihn. (Schuld, S. 290)

Zwischen Bobrowski und Fichte entspinnt sich ein sexuelles Verhältnis – *zwei bisexuelle Literaten im geteilten Deutschland.* (Schuld, S. 294) Immer wieder fährt Fichte nach Ostberlin und notiert dabei seine Eindrücke:
Mich haben die S-Bahn, der Übergang Friedrichstraße, der Alexanderplatz nicht beeindruckt, die Ödfelder, der Stacheldraht, die kleine Mauer.
Ich erwartete nichts andres von der Staatsmacht.
Ich war kein politischer Mensch.
Ich hatte vom Staat nur Entrechtung erfahren.
Die Drohung mit dem KZ bis zum zehnten Lebensjahr, weil ich Halbjude war.
Die Drohung mit dem Zuchthaus, weil ich schwul war.
Staat, das konnten nur Mauern, Maschinengewehre, Stacheldraht und Formulare sein.
Was mich beeindruckte in Ost-Berlin waren die Straßen ohne Verkehr.
Als sei ich aus dem Technischen Zeitalter Walter Höllerers mit der S-Bahn über eine Mauer in das siebzehnte Jahrhundert von Andreas Gryphius gefahren. (Schuld, S. 291)

Einige Stellen thematisieren Fragen der Akzeptanz und Zugehörigkeit zur Gruppe. Es handelt sich um sehr emotionale Passagen. Einmal spricht Fichte im Interview Höllerer direkt darauf an, und man spürt die Verletztheit, die immer noch nachwirkt:

F: Ich hatte immer den Eindruck, daß Sie meine Literatur nicht schätzen. Höllerer bemüht sich daraufhin, diesen Eindruck zu korrigieren:
H: [...] Ich würde Ihnen jetzt sofort sagen: Fichte, Sie haben vollkommen recht. Ich habe das gelesen. Ich wollte damit nichts zu tun haben, aus den und den Gründen. Genauso sage ich Ihnen. Da ist kein Jota davon richtig, daß ich irgendwann eine Abneigung dagegen gehabt hätte, was ich von Ihnen gelesen habe. (Schuld, S. 238)

Eine andere, sehr emotionale Passage findet sich im Gespräch mit Joachim Neugröschel und betrifft eine Schuld, für die Fichte mit dem Buch, so der Untertitel, Abbitte leisten will. Joachim Neugröschel, Sohn österreichischer Juden, die vor den Nazis über Brasilien in die USA emigriert sind, ist der einzige Teilnehmer gewesen, für den Deutsch nicht die vertraute Muttersprache ist. Während des *Prosaschreibens* wurde einer der Texte Neugröschels von Günter Grass verrissen. Fichte spricht ihn im Interview auf diese Situation an und fragt, ob sie ihn verletzt habe. Neugröschel winkt ab, und Fichte fährt fort:
F: Ich habe damals in die gleiche Kerbe gehauen und das bereue ich heute..
N: Ich erinnere mich überhaupt nicht daran.
Wie lange ist das her. 15 Jahre.
F: Ich fand den Text redundant. Aber ich finde es heute nicht mehr richtig, daß man als Zweiter eine emotionale Kritik dann sachlich zu unterstützen versucht. (Schuld, S. 36)

In den Textskizzen ist diese Szene sehr ausführlich beschrieben. Neben einer Parodie auf Gombrowicz, die Neugröschel in dem Interview erwähnt hat, sollen – laut Fichte – in dem Text von Neugröschel Aspekte schwuler Sexualität verhandelt worden sein.
Neugröschels Text wurde von Grass verrissen.
Heftiger als Grass mit den Texten seiner Lieblinge Born und Bichsel verfuhr.

Grass nahm nicht mal den ganzen Text durch.
Mit einer verächtlichen Geste warf er mir den Rest zu.
Der Text sei so schlecht, ich solle weitermachen, den Rest geben.
Ich hätte mich weigern können.
Ich hätte sagen können, Sie haben als Lehrer, als Wirtschaftswundergoethe eine Verantwortung, stehen Sie bitte Ihren Verriß durch bis zum Ende;
Ich hätte zum Schein auf Günter Grass' Gesten eingehen können und den Verriß übertreiben, um die guten Passagen hervorzuheben;
Ich hätte sachlich kritisieren können.
Auch ich stürzte mich, wie in der Meute, wenn sie einmal lançiert ist, auf die Fehler,
Neugröschel konnte einen schon nerven.
Kaum hatte ich zwei Sätze in Grass' Richtung geäußert und kaum konnte Grass notieren, daß selbst ich ihm Recht gab, brach er die Stunde ab.
Der Text hat mit dem, was wir hier versuchen, garnichts zu tun.
Neugröschel hat noch nicht das Niveau erreicht, um hier kritisiert zu werden.
Als Grass draußen war, erst als Grass draußen war, sagte Hans Christoph Buch:
– Das war ein Judenmord.
– Das war ein Schwulenmord, merkte ich an. (Schuld, S. 272/73)

Im direkten Vergleich zwischen Interview und Schilderung werden die kleinen Unterschiede deutlich, die Aspekte, die nicht ganz zusammenpassen, und in diesem Fall auch die Ausschmückung, die dramatisierende Zuspitzung bis hin zur Auflösung. Und so weist diese Szene über das Moment der persönlichen Schuld hinaus auf die grundlegende Thematik, um die es Fichte in seiner historischen Rekonstruktion geht. Denn mit Elfriede Gerstl und Joachim Neugröschel kommen zwei Außenseiter zu Wort, die beide eine strukturell ähnliche Position eingenommen haben wie Fichte selbst: Elfriede Gerstl als Jüdin, die in Wien ein ähnliches Schicksal wie Anne Frank in Amsterdam durchlitten hat und deshalb in jener Zeit in Berlin noch mit erheblichen Kontaktschwierigkeiten zu kämpfen hatte, und Joachim Neugröschel als Homosexueller und Jude.

Daraus ergibt sich – sieht man von den Interviews mit Piwitt und Stiller sowie den fehlenden mit Beyer und Wiener ab – eine den Band *Die Zweite Schuld* prägende Konstellation: Der Blick zweier – mit Fichte eingeschlossen: dreier – Außenseiter soll mit dem Blick des Organisators konfrontiert werden. Daraus ergibt sich der Fokus für die historische Rekonstruktion. Es geht in erster Linie um die Machtstrukturen, die sich vor allem zwischen den Lehrern und den Schülern am LCB entwickelt haben, und um die Frage, ob die Einzelnen diese Macht, die ihnen durch ihre Funktion innerhalb der Institution zugekommen ist, ausgekostet und zementiert oder ihr entgegengearbeitet haben. Es geht ferner um die Ausgrenzungsmechanismen, die während des *Prosaschreibens* über die Argumente und Kriterien in den Diskussionen wirksam gewesen sind, vor allem gegen Schwule und Juden, also die Frage nach einem latenten Antisemitismus und einer verborgenen Phobie vor den Homosexuellen, und es geht schließlich um die Frage, ob das LCB über seinen Geldgeber, die *Ford Foundation*, mit dem CIA verwickelt gewesen ist, ob es Kontaktversuche von Seiten des CIA wegen Spitzelberichten gegeben habe und ob die Tonbandmitschnitte der Diskussionen jemals abgehört worden sind. Immer, wenn Fichte auf Letzteres zu sprechen kommt, verneinen die Gesprächspartner seine Fragen, und so erhalten sie einen gewissen fiebrigen, leicht paranoiden Beigeschmack. Die kritische Wachsamkeit gegenüber Machtstrukturen und Ausgrenzungsmechanismen hingegen gehört zu Fichtes ›Ausstattung‹ als politischer Schriftsteller und zieht sich durch sehr viele seiner Texte.

Walter Höllerer

Ich entdecke in diesem Gespräch einen ganz anderen Walter Höllerer, sagt Fichte gegen Ende ihrer vierten Interview-Sitzung. (Schuld, S. 228) In der Tat gibt sich Höllerer gegenüber Hubert Fichte nicht als renommierter Wissenschaftler und erfolgreicher Initiator, der den Literaturbetrieb der 1960er und 1970er Jahre als eine seiner Schlüsselfiguren mitprägte und also Anlass genug hätte, zufrieden und gelassen auf das Erreichte zurückzublicken. Dem Leser begegnet vielmehr ein bescheiden auftretender, offen und ehrlich antwortender, äußerst selbstkritisch eingestellter Mann, der sich vorbehaltlos auf das Gespräch mit Hubert Fichte einlässt und auf dessen Fragen und Themen eingeht. Es wirkt, als habe Höllerer das Interview mit Fichte als eine Möglichkeit begriffen, eine kritische Bestandsaufnahme seines Lebens zu vollziehen, ohne darauf achten zu müssen, als Träger verschiedener Funktionen ein bestimmtes Bild in der Öffentlichkeit zu erfüllen.

Das ist sicherlich auch ein Verdienst von Hubert Fichtes Weise, ein Interview zu führen. Seit Ende der 1960er Jahre hat er sie ausgebildet und sie mehr und mehr zu einer eigenen Kunstform erhoben. In jener Zeit haben nicht nur die Historiker die ›Geschichte von unten‹ und die *oral history* für sich entdeckt, auch Dokumentarfilmer und Schriftsteller griffen auf die Form des langen Interviews zurück. Die *Bottropper Protokolle* von Erika Runge aus dem Jahr 1968 sind dafür ein Beispiel. Es ging darum, die Literatur als ›Dokumentarliteratur‹ zu erweitern: inhaltlich, indem sie sich jenen zuwandte, die von dem bürgerlichen Medium der Literatur ausgeschlossen waren, und formal, indem sie ihnen durch Interviews selber eine Stimme und zugleich Gehör verlieh. Die meisten Schriftsteller fanden die ›Ausgeschlossenen‹ im Zuge ihres politischen Engagements in der Arbeiterklasse; Fichte indes wandte sich zunächst einer ganz anderen Randgruppe zu, den Prostituierten, Strichern und Zuhältern auf Sankt Pauli. Dank Klaus Sander, der einen kleinen Verlag führt, sind die originalen Tondokumente dieser Sankt-Pauli-Interviews in Auszügen auf einer CD zugänglich. Somit liegen sie nun in zwei medialen Zuständen vor; einmal akustisch und einmal ins Medium der Schrift übersetzt, als fixierter – und das heißt immer auch bearbeiteter Text, der den ursprünglich mündlichen Charakter nur mehr fingiert. Ein Text tendiert immer dazu, den Prozess des Aussagens hin zur Aussage zu verschieben. Im Akustischen zeigen sich nun noch deutlicher als in der schriftlichen Fassung die Qualitäten der Gesprächskunst Fichtes. Zu hören ist eine weiche Stimme, die »in geradezu sanftestem Tonfall die schärfsten Fragen stellt« – nicht zuletzt zur Sexualität –, wie es die Schriftstellerin Kathrin Röggla beschreibt, die sich in jüngster Zeit mehrfach mit den Interviews von Hubert Fichte auseinander gesetzt hat. Gerade darin sieht sie seine Methode, an die Gesprächspartner heranzukommen. Beim Zuhören spürt man eine hohe Präsenz von Seiten Fichtes, die ein glaubwürdiges Interesse an seinem Gegenüber vermittelt. Auch wirkt er vorbereitet, mit einem bestimmten Katalog von Fragen im Kopf, die er präzise formuliert, und erweist sich zugleich im Fluss der Antworten agil und anschmiegsam, nimmt Aspekte auf, fragt nach und will es oft noch genauer wissen.

Zwar hat Hubert Fichte auch im Rahmen seiner journalistischen Tätigkeit Interviews geführt, nicht zuletzt weil er damit seine Reisen finanzierte. Er wusste auch zu unterscheiden, ob er mit einem Politiker sprach, der sich in seiner Funktion als Repräsentant einer Institution äußert – oder mit einer Prostituierten. Doch gerade seine langen Interviews sind biographisch orientiert und geben seinen Gesprächspartnern Raum, ihre Sprache und ihren Ton zu finden. Auch unterbricht er den Gesprächsfluss hin und wieder mit reflektierenden Fragen und thematisiert heikle Aspekte wie die Nähe zu Verhör und Beichte, die das Interview mit sich bringt.

Ein Thema, das im Gespräch zwischen Walter Höllerer und Hubert Fichte in Abwandlungen immer wiederkehrt, betrifft das Verhältnis zwischen Kunst und Wissenschaft, in das beide, Fichte und Höllerer, in unterschiedlicher Weise verstrickt sind. Breiten Raum nimmt nämlich, neben den wissenschaftlichen Tätigkeiten, das literarische Schreiben Höllerers ein, vor allem seine Lyrik, aber auch sein Roman *Die Elephantenuhr* und seine Komödie *Alle Vögel alle*. Der Versuch, sich in beiden Bereichen zu bewegen, aber auch dazwischen zerrieben zu werden, verbindet die beiden Gesprächspartner, und so ergeben sich eine ganze Reihe von Berührungspunkten zwischen ihren literarischen Arbeiten.

Eine Gemeinsamkeit besteht in der Abkehr von einem literarischen Realismus und einer Hinwendung zur Sprache als Material. Höllerer erzählt, er habe als Soldat im Zweiten Weltkrieg immer einen Band mit Gedichten von Sappho mit sich getragen, und das laute Lesen ihrer Gedichte sei ihm wie eine Befreiung aus den militärischen Zwängen und den Verkrustungen des Dritten Reichs vorgekommen. Nach dem Krieg dann habe er sich an ihrem Versmaß, das sich durch Leichtigkeit und Beweglichkeit auszeichne, orientiert. Jede Form von traditionellem Erzählen, die Geschichte oder die Anekdote, sei für ihn nicht adäquat gewesen, die Erfahrungen zu verarbeiten, da er zu viele Anekdoten und zu viele Geschichten während der Kriegsjahre gehört habe. Bei Sappho habe er anknüpfen können, um in seinem Schreiben etwas Neues zu schaffen. *Der Anfang meines Schreibens ging davon aus*, sagt Höllerer. (Schuld, S. 200) Das Neue wiederum habe für ihn darin bestanden, in seiner Lyrik jedes Festhalten bloßer impressionistischer Augenblicksbilder sowie jede Art der Fabel zu vermeiden und stattdessen *mit einer Redeweise, das zu signalisieren, was mich betrifft.* (Schuld, S. 182) Es gibt Passagen im Interview, in denen unterhalten sich die beiden Gesprächspartner intensiv über einzelne Gedichte Höllerers. Manchmal übt Fichte Kritik, in anderen Fällen jedoch äußert er sich zustimmend, beispielsweise über das Gedicht *Wie die hohe Mauer auch heißt*: *Es wirkt sehr behutsam, sehr geglückt, fast zärtlich und betroffen wirkt, nicht entsetzt, betroffen. […] Sie waren für mich immer im Colloquium der Mann, der dieses Gedicht geschrieben hat.* (Schuld, S. 188/190)

Ein weiterer Berührungspunkt ergibt sich aus der Tatsache, dass Walter Höllerer mit einer Fotografin, Renate von Mangold, verheiratet ist. Sie hatte bereits die Porträts zum Dokumentationsband *Prosaschreiben* beigesteuert und trat damit in eine Konkurrenz zu Leonore Mau, die zur selben Zeit Porträts für einen Katalog anfertigte, der zur umstrittenen Tagung der Gruppe 47 in Sigtuna, Schweden, erschienen war. Nun spricht Höllerer über die Zusammenarbeit und das Zusammenleben mit Renate von Mangold – und vieles davon könnte auch auf Leonore Mau und Hubert Fichte übertragen werden: *Meine Art des Schreibens wird durch ihre Art gefördert durch ihre Art des Fotographierens, des Sehens. Des Sehens von Landschaften. Das ist für mich ungeheuer wichtig ... Da liegen für mich viel mehr noch die Obsessionen. Wie ein Mensch etwas sieht, in Ausschnitten sieht, was ich übersehen habe. [...] Ich könnte mir nicht vorstellen, daß ich mit jemandem zusammenlebe, wo das nicht passiert.* (Schuld, S. 112) Fichte fragt daraufhin nach, ob es nicht auch Momente der Konkurrenz gebe, in denen sich Höllerer den Ausdrucksmöglichkeiten seiner Frau unterlegen fühle. Höllerer verneint dies und fragt seinerseits zurück: *Haben Sie ein Verhältnis der Eifersucht auf Ihre Frau?* Und Fichte antwortet: *Ich bin mir da nicht sicher.* (Schuld, S. 114)

Beweglichkeit als ästhetisches und erkenntniskritisches Kriterium bildet endlich einen dritten Berührungspunkt, der sich durch das gesamte Gespräch zieht. Für Fichte ist dieses Kriterium durch Höllerers Arbeit an der Universität, aber auch durch seine Aktivitäten in anderen Institutionen auf eine harte Probe gestellt. Institutionen verfestigen sich – für Fichte – durch das notwendige Ausbilden von Strukturen und Machtverhältnissen; das wissenschaftliche Denken wiederum führt zu Begriffsbildung und Systemzwang und engt das sprachliche Ausdrucksvermögen ein. Fichte findet dafür an einer Stelle ein eindrückliches Bild: *Begriffe sind für den Poeten [...] etwas wie ein Algenwald über den das Wasser hingeht. [...] Diese Beweglichkeit des Denkens und der Wörter wird durch wissenschaftliche Begriffsbildung doch gerade zerstört.* (Schuld, S. 134) Deshalb fragt er sein Gegenüber auch ganz

direkt: *Wie retten Sie sich aus dieser fast mörderischen Wissenschaftlichkeit.* (Schuld, S. 135)
Höllerer lässt sich auf diese Kritik ein, stimmt Fichte bis zu einem bestimmten Grad zu, wehrt sich aber auch gegen allzu pauschale Ansichten und hält seinen Weg dagegen. Während des gesamten Gesprächs wird immer wieder deutlich, dass die Erfahrung des Dritten Reichs und des Krieges Höllerer tief geprägt haben. Daraus sei sein fester Wille nach Veränderung, nach etwas Neuem erwachsen, und er habe versucht, seine Möglichkeiten zu nutzen, um immer wieder neue Unternehmen anzustoßen. Zu viele vielleicht, wie er selbstkritisch anmerkt, sodass ihm zu wenig Zeit für sein Schreiben geblieben sei. Auf der anderen Seite habe er immer versucht, Wissenschaft auf eine persönliche und auf eine nicht erstarrte Weise zu betreiben:
Ich habe da keinen anderen Ansatzpunkt gefunden, als von mir selber auszugehen. ... Von meinem Verhältnis zur Sprache, von meinem Verhältnis zur Welt und dafür, ähnlich wie wenn ich Fiction schreibe, auch im Lehren mich so auszudrücken, daß ich jede Art von drübergelegter Systematik oder ideologisch geprägter Sprachapparatur (Sprach..e..aparatur) vermeide.
(Schuld, S. 135) Und etwas weiter: *Es ist ja nicht von Anfang an, daß alles, was mit Wissenserweiterung zusammenhängt, was schließlich Wissenschaft bedeutet, so hoffnungslos vernagelt sein muß. Ich würde mich nicht von vorneherein gegen Wissenschaft oder wissenschaftliche Betätigung aussprechen wollen ... Bloß man muß suchen, wie man darin heutzutage nicht die Betonierung weitertreibt sondern eben die Offenheit.*
(Schuld, S. 136/37)

Als Fichte in diesem Zusammenhang auf Herodot zu sprechen kommt, der für ihn einen dritten Weg eröffnet, kommt es zwischen den beiden Gesprächspartnern zu einem Augenblick großer Intensität, in dem sich beider Gedanken in einem schwebenden Gleichklang befinden – ein Augenblick, der zudem sehr viel über das aussagt, was Hubert Fichte in seinem Schreiben zu verwirklichen versucht hat und in dem, ohne dass es ausdrücklich angesprochen wird, auch die wichtige Bedeutung der literarischen Epiphanie anklingt:

F: Wir haben grob gesprochen den Gegensatz von Idealismus und Analyse bei Platon und Aristoteles. Mir scheint, daß es einen dritten Weg gegeben hatte: Bei Herodot. Den einer zärtlichen Auseinandersetzung mit der Welt.

H: Die einerseits pragmatisch ist und andrerseits phantasievoll.

F: Empirisch genau, das heißt, daß die Empirie nicht das System bestätigt, sondern daß sich ein Buch, Poesie, aus der Welt ergibt, die angeschaut wird.

H: Das ist wirklich ein Schlüsselwort dessen, was man als Fiction bezeichnet und dessen, was man als Non-Fiction bezeichnet. (Schuld, S. 136)

Epilog

Einen Widerhall hat das große Interview zwischen Walter Höllerer und Hubert Fichte aus dem Jahre 1982 in einem Text von Walter Höllerer erfahren, der sechs Jahre später entstanden ist: *Die Gruppe 47, gesehen im Jahr 88.* Darin wirft Höllerer der ›beweglichen Gruppe 47‹ vor, ein zu unbewegliches Verhältnis zu politischen und poetologischen Gesprächen gehabt zu haben. Deshalb seien eine Reihe von Autoren ausgeschlossen geblieben und hätten keinen Eingang in den Konsens der Gruppe gefunden – darunter Hubert Fichte. Höllerer verbindet Fichte dabei mit einer der vergessenen Gründerinnen der Gruppe 47, mit Ilse Schneider-Lengyel, und beschreibt ihre Lyrik so: »Sie hat ihren eigenen Zugang zu den Gegenständen und Worten geschaffen, sie fand zu ihnen durch die Meditation über Masken und präkolumbianische Indianergesichter, durch Hinschauen auf die Leute um sich herum, durch Überlegungen zu Gruppenriten; sie nahm in ihre Verse Ausdrucksmöglichkeiten von Tänzen auf.« Die Lyrik von Ilse Schneider-Lengyel und die Arbeiten von Hubert Fichte schließen sich für Höllerer zusammen: »Gegen Ende der Gruppe 47-Zusammenkünfte fand Hubert Fichte mit seinen Fahrten zwischen jetzt und dort in *Xango* und in *Petersilie* und in der *Geschichte der Empfindlichkeit* die Berührung mit Ilse Schneider-Lengyels Anfangsspur. Die ›fremden‹ Regionen, uns in der Nähe: wir verletzen uns selber, wenn wir die ›Unverständlichen‹ unseren eigenen Zentralmaschinen ausliefern.«

Kapitel 5
Sesimbra – am Rand von Europa

Die Palette

Am Ende des Romans *Die Palette*, der 1968 zum ersten Mal veröffentlicht worden ist, stößt man auf eine merkwürdige Aufzählung:
Die Fische, die neben dem maurischen Fort verkauft werden, heißen: Toninha, Espada, Chaputa, Enchova, Tamburil, Cabação, Taraco, Tramelga, Choupa, Sargo, Pampos, Pargo, Busso, Tintureira, Pragado, Burreilho, Massacotte, Peixão, Anequim, Gurvina, Lulas, Espardarte, Reia, Polvo. (Palette, S. 344)
Wie kommt es, dass eine Liste von portugiesischen Fischnamen einen Roman ausklingen lässt, der von einer Hamburger Kellerkneipe handelt? Was haben die genannten Fische mit jenen Unangepassten und Ausreißern, Jungintellektuellen und Träumern jeglicher Couleur zu tun, die in den späten 1950er und frühen 1960er Jahren jenen Ort zu ihrem Treffpunkt machten, sich der amerikanischen *Beatnik*-Bewegung anschlossen und gegen den bundesrepublikanischen Bürgermief aufbegehrten?
In einer geschickten PR-Aktion hatten Hubert Fichte und sein damaliger Lektor im Rowohlt Verlag, Fritz J. Raddatz, 1966 eine Lesung aus dem damals noch unfertigen Roman im *Star-Club* auf Sankt Pauli organisiert – an jenem Ort also, der durch einen Auftritt der *Beatles* bekannt geworden ist. Die *Beatles* wiederum gehörten mit anderen zu den Musikgruppen, die mit durchschlagender Kraft die Jugend der 1960er Jahre zu den ersten Protestschreien gegen das erdrückende, spießige und ungeheuer satte Wirtschaftswunder-Deutschland hinrissen. *Die Palette* hält in präziser Weise die Atmosphäre jener ersten Zeit der Popkultur fest, als Pop noch ein Aufschrei war und mithin ein Zeichen für Auflehnung und Widerstand. Konzentriert auf einen Ort, das unscheinbare, etwas herun-

tergekommene Kellerlokal, das weit über die Stadt Hamburg hinaus bekannt war und im November 1964 endgültig schließen musste, porträtiert der Roman einige ›Palettianer‹, folgt ihren schwierigen, konfliktträchtigen Lebensläufen, hält ihre Einstellungen und Haltungen fest, notiert ihre Sprache, ihren Jargon und ihre Zeichen und legt so – wie in einem Schnitt durch eine Mentalität – das Aufmüpfige jener Zeit frei. *Die Palette* avancierte nach ihrem Erscheinen denn auch schnell zu einem Kultbuch und schaffte sogar den Sprung in die Bestsellerliste des *Spiegel*.

Die Fische am Ende des Romans stehen mit einem anderen Ort in Verbindung, der innerhalb des Werks von Hubert Fichte in der *Palette* zum ersten Mal erscheint: Sesimbra in Portugal – ein Fischerdorf, das etwa eine Autostunde südlich von Lissabon an der Baía de Setúbal liegt. Innerhalb des Romans *Die Palette* taucht Sesimbra als der Ort auf, an dem der Text entsteht. Allerdings schmückt Fichte die Ebene des inszenierten Erzählens nicht zu einem eigenen Handlungsstrang aus; sie wird nur zu Beginn kurz angedeutet:

Ich sitze in Sesimbra auf den spitzen Felsen.
Ich beobachte, was auf den Strand gespült wird.
Nachts gehen die Fischer zu Taschenlampennuttchen.
Ich nehme Korkstückchen und rundgespülte Fliesen mit aufs Zimmer. Ich fange an zu schreiben, verändre die Namen der Palettianer, tausche Namen aus, denke mir Personen aus zu den Namen.
Ich denke – während ein einzelner Fischer im Ruderboot mit gleichmäßigen Schlägen parallel zur Strandlinie entlangtreibt – an die Palette, sehe die Palette in Beziehung zu den Fischern am Strand, zu dem kindsgroßen schwarzen Fisch mit dem türkisfarbenen Glasauge am Strand.
Es ergeben sich Überschneidungen. (Palette, S. 10)

Die Andeutungen, die in den ersten Sätzen gemacht werden, erschließen sich erst in dem Roman *Eine Glückliche Liebe*. In der *Palette* bleibt Sesimbra nur angerissen, ein vager Hintergrund, der sich gegenüber dem erzählten Geschehen in Ham-

burg abhebt. Auch im weiteren Verlauf des Romans taucht Sesimbra immer nur blitzartig auf. Gegen Ende werden die Verweise wieder etwas dichter, und an einer Stelle heißt es knapp: *Die Palette ist alles: Sesimbra und die Palette.* (Palette, S. 343) Da Sesimbra vor allem am Anfang und am Ende erscheint, rahmt dieser andere Ort den Roman. Tatsächlich haben sich Leonore Mau und Hubert Fichte im Jahr 1964 jedoch nur knapp drei Monate in Sesimbra aufgehalten – und damit genau in jener Zeit, als das Lokal endgültig geschlossen wurde. Fichte hat in dieser Zeit – neben der Korrektur der Druckfahnen des *Waisenhauses* und der Lektüre von Marcel Prousts *Auf der Suche nach der verlorenen Zeit* – auch erste Entwürfe für seinen Roman angefertigt, die Ausarbeitung zog sich dann jedoch noch drei weitere Jahre hin. Dennoch entsteht im Roman die Illusion, der gesamte Text sei in Sesimbra entstanden. Es handelt sich also lediglich um einen fingierten Rahmen, was dessen Funktion jedoch nicht schmälert.
Durch diesen Rahmen entsteht ein Beziehungsgefüge zwischen der Kneipe in Hamburg und dem Fischerdorf in Portugal. Orte sind, so lässt sich die Funktion des Rahmens beschreiben, immer verbunden mit anderen Orten – durch denjenigen, der sie erlebt und der über sie schreibt. Die Überschneidungen, die sich ergeben, finden im Kopf des Erlebenden und Schreibenden statt: einerseits die Erinnerung an die Palette, das Nachdenken darüber und die Suche nach einer Form der sprachlichen Darstellung und andererseits die aktuellen Wahrnehmungen in dem Fischerdorf, das Beobachten der Fischer und ihrer Arbeit – zwei Ebenen, zwei Zeiten, die sich überlagern, bedingt durch die Ungleichzeitigkeit von Leben und Schreiben, in das sich immer neues Leben drängt und das Schreiben beeinflusst. Orte, so ergibt sich daraus, sind nicht als in sich abgeschlossene Gebilde zu begreifen, sondern immer offen, eingebunden in ein Netz mit anderen Orten. So ist es auch Sesimbra und der Erlebnishorizont von Portugal – und ausdrücklich nicht der von Hamburg –, der eine poetologische Metapher für den Roman liefert:
Meine Palette soll nicht die Form eines Palais haben. Auf mei-

ner Palette werden nicht die Farben um das Daumenloch angeordnet. [Über dem Eingang des Kellerlokals hing eine Mal-Palette als Emblem.]
Verschieden sorgfältige Mischungen. Orange kleckert aus. Blaue Streifen.
Meine Palette soll die Form eines Tintenfisches haben. [...] *Vorne ein gleichmäßiger Körper, an dem sich Fangarme entwickeln, die nach hinten ausfächern.* (Palette, S. 343)

Eine Glückliche Liebe

Was sich hinter den knappen Andeutungen auf Sesimbra in der *Palette* verbirgt, wird erst in dem Roman *Eine Glückliche Liebe* deutlich. In diesem, der Zählung nach vierten Band aus der *Geschichte der Empfindlichkeit*, den Hubert Fichte 1984 abgeschlossen hat, wählt er für das Fischerdorf die ältere Schreibweise *Cezimbra*. Bereits im ersten Kapitel werden die spitzen Felsen, die Beobachtungen dessen, was an den Strand gespült wird, und die Taschenlampennuttchen näher ausgeführt.
Lava.
Feuerfontainen.
Raus aus spellenden Schlacken, Tausenden von Graden, kilometertief, hellflüssig in die Kälte des Anfangs, dachte Jäcki.
(Liebe, S. 7)

So lauten die ersten Sätze, die sich wie der Beginn einer Naturgeschichte lesen. Die Landschaft, die das Fischerdorf umgibt, lässt Jäcki an einen Vulkanausbruch denken und erscheint mithin als eine aktive, kraftvolle Natur, in der die Spuren ihrer eruptiven, vulkanischen Entstehung erstarrt sind. Von kantigen Felsen, schroffen Kliffs und Spalten ist auch auf den folgenden Seiten mehrfach die Rede. Die Landschaft erhält so Züge einer Urlandschaft, in der das Element des Steinernen überwiegt, ohne Bäume, Sträucher oder Wiesen, und der einzig das Meer gegenüberliegt. Ein Fels, der die Form einer

auf dem Kopf stehenden Pyramide besitzt, dient Jäcki als Ort, von dem aus er das Meer, den Strand und in der Ferne das Fischerdorf beobachten kann.
Jäcki hangelte sich auf die Plattform und sah übers Meer.
Jeden Tag andre Anschwemmsel unten.
Gestern Teufelsrocheneier.
Oder barocke, winzige Muscheln. […]
Eine Flaschenpost.
Graugewaschene Kisten, graue Eierhölzer, grauer Kork.
Der zerrissene Bug eines Fischerbootes. (Liebe, S. 7)

Es ist eine zufällige, immer wieder überraschende Ordnung, die sich am Strand ergibt, wo sich Meer und Land berühren, die in immer wieder neuen Mustern eine Ästhetik des Meeressaumes ausbilden. Natur und Kultur stellen keinen Kontrast dar, sondern gehen eine Symbiose ein, in der alles möglich ist. In der Dämmerung wird Jäcki schließlich Zeuge eines merkwürdigen Vorkommnisses am Strand – eine wiederum geradezu archaisch anmutende Szene kollektiver Sexualität. Lichtzeichen einer Taschenlampe bestimmen den Rhythmus. In einer Felsspalte hat eine Prostituierte ihr Lager aufgeschlagen. Die Fischer aus Sesimbra stehen Schlange:
Drinnen im Kliff lag die dicke Frau in den Tüchern auf dem Rücken.
Jäcki sah zwei helle Schenkel, und rechts und links hingen die Brüste unter dem hochgerissenen Pullover heraus.
Der nächste Fischer rückte vor.
Die dicke Frau knipste die Taschenlampe aus.
Sie knipste die Taschenlampe wieder an.
Sie hob den Kopf.
Der Fischer stand auf und warf ein Stück Zeitungspapier weg.
Der nächste Fischer fiel herunter, reichte etwas ins Licht der Taschenlampe.
Die Frau ergriff den Geldschein.
Ihr Kopf sank zurück.
Sie hielt sich das Geld vor die Augen und knipste die Taschenlampe aus. (Liebe, S. 10)

Die Taschenlampennuttchen aus der *Palette* haben sich zu einer einzigen, dicken Frau verdichtet, die im schummrigen Licht der Dämmerung ganz mit der urtümlichen Landschaft verschmilzt. Sie geht geradezu in den sandigen Erdboden ein, während die schroffen Klippen ihr Geschlecht ins Überdimensionale steigern. So verwandelt sie sich in eine ›Urmutter‹ nach dem Vorbild der afro-brasilianischen Göttin Nanã. Ihr stehen die Fischer gegenüber, die als Individuen vollständig in der Schlange der Vorrückenden aufgehen, die als Bild unweigerlich an einen riesigen Phallus erinnert, der Stück für Stück in die Spalte zwischen den Felsen eindringt. Erneut gewinnt die bizarre Szene den Charakter eines Ursprungsszenarios, hier in Form eines rituell inszenierten Schöpfungsmythos.

Von fern erinnert diese rituelle Anordnung an eine kleine Serie von Fotografien, die sich am Ende des Foto-Text-Bandes *Psyche. Annäherung an die Geisteskranken in Afrika* findet. Sie trägt den Titel: *Der seltsame Ritus in Atakpamé*. Ein Mann sitzt auf einem Schemel inmitten eines auf den Boden gemalten Kreidezeichens; daraufhin setzt sich ihm ein Mann auf den Schoß, daraufhin noch einer und noch einer, bald auch einmal eine Frau – bis sie eine lange Reihe von 30 bis 40 Menschen bilden. Der Ritus ist – der knappen Beschreibung am Ende des Buches nach – sexuell aufgeladen und von allerlei anzüglichen Gesten begleitet. Wiederum kann man in der Schlange einen riesigen Phallus sehen.

Was Jäcki am Strand von Sesimbra beobachtet, weckt in ihm die Phantasie: *Einmal Nutte in Cezimbra sein!* Als Jäcki sie Irma gegenüber äußert, kontert diese nur äußerst knapp: *Ich denke, du läßt dich nicht.* (Liebe, S. 11) Damit wird der Roman *Eine Glückliche Liebe* auf sein Ende bezogen, als sich Jäckis Phantasie einlöst. Dazwischen liegt die langsame Entwicklung der ›Entjungferung‹ Jäckis am Arsch – oder, wie es in Portugal hieße, sein Weg von einem *Activo* zu einem *Passivo*. *Eine Glückliche Liebe* endet in Paris, in einer Schwulen-Sauna in der Rue de Penthièvre. Irma und Jäcki befinden sich auf der Rückreise nach Hamburg. Die Adresse der Sauna stammt

von einem Freund aus der Palette. Jäcki sucht die Sauna auf. Er trifft dort vor allem auf alte Franzosen und junge Araber. Hier nun passiert es. Ein junger Araber macht sich an Jäcki, der sich anfangs noch wehrt, heran:
Der Araber drängelte, biß, spuckte, kitzelte mit dem Finger, hängte seinen Umhang über den Steifen und schob Jäckis Umhang hoch.
Jäcki schrie.
Jäcki hatte die Vorstellung, er sollte ausgeweidet werden.

Zugleich mischt sich einer der älteren Franzosen ein und beginnt, an Jäckis Glied zu lutschen. Jäcki erlebt in dieser Doppelstellung ein neues erotisches Gefühl und entdeckt eine neue Lustzone seines Körpers:
Jäcki merkte, wie seine Empfindungen von einem Ort zu einem anderen geschwemmt wurden, sosehr der geschulte Mund des greisen Schauspielers an ihm auch saugte.
Jäcki hatte das Gefühl, doppelt zu existieren.
Jäcki kam sich wie eine Hohlform vor, die ihn selbst noch einmal wahrnahm.
Als er merkte, daß der dürre Araber in ihm zu zucken begann, zuckte er auch auf im Mund des Théâtre Molière. (Liebe, S. 107)

Anders als in *Hotel Garni*, als Jäcki das erste Mal in einen Mann eindringt, wird hier nicht einfach die entsprechende inverse Erfahrung geschildert. Bezeichnend ist vielmehr, dass zwei sexuelle Praktiken zugleich stattfinden, die Jäcki das Gefühl geben, doppelt zu existieren. Nicht: das eine oder das andere, sondern: sowohl … als auch …; beides gleichzeitig. Sich nicht entscheiden zu müssen, keinem den Vorrang einzuräumen, sich nicht festzulegen – stattdessen die Bewegung des Hin und Her, das Oszillieren zwischen den Polen: Das ist Fichtes sanftes Gesetz – das ist, was er über die herkömmliche Bedeutung hinaus als Bisexualität bezeichnet. In aller Offenheit ist es hier an sexuelle Praktiken, an den Körper und die Lust gebunden – und die Dreierkonstellation in der

Sauna verdichtet sich einmal mehr zu einem Bild, das über die unmittelbar beschriebene Szene hinausdrängt.
Zugleich besitzt der Begriff der Bisexualität bei Hubert Fichte immer auch den Charakter einer grundlegenden, transgressiven Denkfigur. Dies erweist sich, wenn man eine zunächst unscheinbar wirkende Passage aus dem zweiten Kapitel des Romans genauer betrachtet. Irma und Jäcki sitzen im Restaurant Ribamar. Der Kellner versucht ihnen mit Handzeichen zu erklären, was sich hinter dem Gericht *Carne Alentejana* verbirgt:
Der Fischer machte mit der Hand die Geste: Weder Fisch noch Fleisch.
Jäcki verstand genau, es sollte nicht bedeuten: Das taugt heute nichts.
Vielleicht hieß es auch: Fisch und Fleisch.
– Carne Alentejana, sagte Jäcki. (Liebe, S. 12/13)

Die Verbindung zur Bisexualität als Denkfigur stiftet Jäcki kurze Zeit später, als das Gericht serviert ist und er es ausdrücklich *ein bisexuelles Gericht* nennt. (Liebe, S. 14) Alltagssprachlich wird die Wendung ›weder Fisch noch Fleisch‹ abwertend gebraucht, um etwas zu bezeichnen, das nichts taugt. Gerade dieses Verständnis wird von Jäcki jedoch sofort zurückgewiesen. Aber auch ein ganz wörtliches Verständnis in dem Sinn, dass es sich um ein vegetarisches Gericht handelt, wird sogleich durch Jäckis weitere Überlegung ausgeschlossen. Vielleicht heißt es ja auch, denkt er, Fisch und Fleisch. Obwohl damit jede Klarheit beseitigt ist, bestellt Jäcki ohne weitere Rückfragen das Essen und bejaht damit das Konzept, um das es hier geht. Seine paradoxale Struktur lässt sich exakt aus Jäckis Entzifferungsversuchen der Handzeichen des Kellners gewinnen. Sie ist zu beschreiben als: weder … noch …, und zugleich als: sowohl … als auch … – beides zugleich. Konkret zurückbezogen auf die Sexualität Jäckis bedeutet dies gemäß unserer kulturell normativen Dichotomie von ›heterosexuell‹ und ›homosexuell‹: Jäcki ist weder homosexuell noch heterosexuell, und er ist zugleich homosexuell und heterosexuell. Sieht man von diesem konkreten sexuellen Bezug ab, gewinnt man daraus aber auch die allgemeine Struktur des ›Bi‹ bei Hubert Fichte – sein Ort dazwischen. Dann wird daraus eine Haltung, ein Konzept, eine Weise des Denkens und Darstellens, die sich von der sexuellen Praxis ablöst und von ihr nur noch die dazu notwendige ›Empfindlichkeit‹ einbehält.

Der Ort ›dazwischen‹ wird im Roman *Eine Glückliche Liebe* noch einmal geographisch gespiegelt. Jäckis Entdeckung seiner vollen sexuellen Möglichkeiten steht im Erfahrungshorizont von Portugal. Das Land, am Rand von Europa gelegen, habe sich nie zwischen Afrika und Europa entscheiden können und sei in hohem Maß durch seine Bikontinentalität geprägt – das behauptet der brasilianische Soziologe Gilberto Freyre in seiner großen, in den 1920er Jahren entstandenen Studie *Herrenhaus und Sklavenhütte*, in der er für Brasilien eine auf der Vielfalt und Vermischung der Kulturen basierende eigene Identität entworfen hat. In diesen Entwurf passt es gut, dass selbst die ehemalige Kolonialmacht Portugal eine synkretistische Kultur bildet. Freyre geht sogar so weit, aus der bikontinentalen geographischen Lage Portugals eine bisexuelle Veranlagung der Portugiesen abzuleiten. Diese Idee hat Hubert Fichte aufgegriffen – allerdings erst zu einem späteren Zeitpunkt in Zusammenhang mit seiner intensiven Beschäftigung mit Brasilien. Die Verankerung der Idee einer Entsprechung von Bikontinentalität und Bisexualität in *Eine Glückliche Liebe* stammt also wiederum aus der Zeit der Niederschrift des Romans und ist eine spätere Zuschreibung. Fichtes Fassung des Begriffs Bisexualität jedenfalls geht über die Bezeichnung einer offenen sexuellen Orientierung hinaus; sie ist ebenso eine Chiffre, eine Denkfigur für einen Raum dazwischen, eine bewegliche Sphäre des Dritten. In diesem Raum hat Fichte auch, wie wir im nächsten Kapitel sehen werden, seine Darstellung der afro-amerikanischen Religionen angesiedelt.

Unmittelbar nach der neuen Erfahrung in der Pariser Sauna muss Jäcki an den Anfang der Reise nach Portugal denken, an seine Beobachtungen am Strand, seine Nutten-Phantasie, an Irma – und damit schließt sich der Kreis:
– *Ich denke, du läßt dich nicht, hatte Irma angemerkt.*
– *Jetzt lasse ich mich.*
Es schien Jäcki die einzige Veränderung zu sein, außer der Geburt, welche die Natur hergab.
Das war das ganz Andre.
Jetzt wußte Jäcki, daß er enden würde wie ein Schmerzensgreis der Witwe Rosa mit oblatenfarbenem Fleisch.
Jäcki verwandelte sich noch einmal. (Liebe, S. 108)

Nicht nur Irmas Reaktion, auch das Motiv der Geburt führen zurück an den Anfang des Romans – in jene ursprüngliche Landschaft. Es sind vor allem Bilder aus der Erdgeschichte, die Fichte hierfür bemüht. Sie stehen für eine Zeit und einen Zustand vor aller kulturellen Ordnung. Denn Kulturen haben sich die Natur nicht nur in materieller Hinsicht untertan gemacht, sondern auch in begrifflicher. Sie bedienen sich oftmals der Kategorie der Natürlichkeit, um ihre Normen durchzusetzen. Schwule Sexualität, beschrieben als *das ganz Andre* der kulturellen Ordnung, verkehrt und unterläuft diese Ordnungen und die vermeintlich ›natürliche‹ Heterosexualität. Sie reicht in jene ältesten Schichten vor aller Kultur zurück. Diese pathetische und zugleich selbstbewusst-trotzige Auflagung der Homosexualität und ihre die kulturellen Normen umkehrende Zuschreibung als etwas ›Natürliches‹ und ›Ursprüngliches‹ findet in vielen der späten Bücher von Hubert Fichte statt. Sie ist in dem Roman *Der Platz der Gehenkten* enthalten, in dem Fichte gegen die homosexuellenfeindliche Tradition des Islam anschreibt. In *Explosion* wird es am Ende sogar heißen: *Das Iris* – gemeint ist damit ein schwules Kino in Brasilien, das zugleich für alle Spielarten des homosexuellen Begehrens steht – *war älter als Ebbe und Flut.* (Explosion, S. 847)
Eine Glückliche Liebe jedoch erschöpft sich nicht in einer lite-

rarischen Gestaltung der Sexualität Jäckis. Zugleich erkundet er auch die Situation der Homosexuellen in Portugal unter dem Diktator António de Oliveira Salazar und stellt so auch eine Art politischer Dokumentation dar. Das betrifft die Subkultur der Schwulen in Lissabon, wohin Jäcki gelegentlich Ausflüge unternimmt, ebenso wie die Situation auf dem Land, in Sesimbra und in anderen Dörfern und kleinen Städten. Überall lauern Spitzel, besteht die Gefahr, entdeckt und der Polizei ausgeliefert zu werden. Besonders drastisch jedoch ist das Schicksal Joãos, das der Roman festhält.

– Zwei Männer hatten jahrelang in Povoa de Varzim was miteinander.
– Eines Tages – vor einer Woche etwa – beobachtete der Onkel des Passivo, des Negativo, wie sie sagen, als der Activo und der Passivo es im Walde trieben.
– Im Städtchen, am Nachmittag beim Markt, nimmt der Onkel den Neffen, den Passivo, beiseite.
– Sechs Männer fesseln den jungen Mann.
– Er wird zum Aufblasen getragen. [...]
– Das ganze Dorf hinterher, João wird zum Aufblasen getragen, weil er Marica ist. [...]
– João wird zum Aufblasen in die Tankstelle getragen, weil er Marica ist.
– Der Onkel steckt dem gefesselten João selbst den Preßluftschlauch hinten rein, und João wird aufgeblasen, weil er Marica ist, bis er verblutete. (Liebe, S. 60)

Irma und ihre Kunst

Während Jäckis sexuelle Streifzüge und der Weg zu seiner vollen Sexualität im Roman *Eine Glückliche Liebe* breit geschildert werden, bleiben die Reaktionen seiner Partnerin Irma weitgehend ausgespart. Der Roman verhält sich ihr gegenüber sehr diskret, zeichnet aber in den wenigen geschilderten Situationen ein durchaus starkes Bild von ihr. Als sie wieder einmal beim Essen im Restaurant Ribamar sitzen und

Jäcki ihr von einer sexuellen Begegnung mit einem Fischer erzählt, für die er, wie meistens, gezahlt hat, antwortet sie:
– *Ich muß ja nicht alles verstehen, sagte Irma.*
– *Das ist ein Vorwurf.*
– *Nein. Ich kann nicht verstehen, daß man dafür Geld will. Ich kann nicht verstehen, daß man von einem zum anderen wechselt.* (Liebe, S. 36/37)

Als Jäcki ihr ein anderes Mal gesteht, dass er einen Freund habe, Mario, versucht er ihr eine Reaktion zu entlocken:
– *Warum redest du nicht?*
– *Warum sagst du nicht: Es dauert ja doch nicht lange?*
– *Warum sagst du nicht: Nach einem Monat langweilt es dich doch sowieso?*
– *Warum sagst du nicht: Dann sitzt du allein im Ribamar und ißt deine Fischaugen?*
– *Der einzelne ältere Herr, der was vom Essen versteht?*
– *Mit Strichjungen geht man nicht ins Ribamar?*
– *Warum sagst du das nicht?* (Liebe, S. 93)

Jäcki redet auf Irma ein, aber sie lässt sich nicht provozieren, bleibt ruhig, schweigt. Was Jäckis Redeschwall nur noch steigert, bis er ihr sogar *Tyrannei der Sanftmut* vorwirft. Aber Irma, so scheint es, akzeptiert Jäcki, so wie er ist. Sie zeigt sich nicht verletzt oder gekränkt, geht frei damit um, stellt keine Besitzansprüche. Erstaunlich, wenn man bedenkt, dass der Roman im Jahr 1964 spielt – als Homosexualität in Deutschland noch strafrechtlich verfolgt wurde und in Portugal sogar Gefängnis und Folter drohte. Auch stellt Irma es im weiteren Fortgang ihres Gesprächs Jäcki frei, mit Mario essen zu gehen. Ja sie macht sogar den Vorschlag, er solle Mario mit nach Hamburg nehmen. Aber das geht ihm dann doch zu weit. Und Irma beendet das Gespräch: *Ich bin nicht so schwach, wie du denkst, sagte Irma.* (Liebe, S. 95)
So behutsam der Roman also die unmittelbare Auseinandersetzung um die Sexualität zeichnet, umso heftiger und polemischer fallen dagegen die Gespräche und Reflexionen

zwischen Irma und Jäcki aus, die um ihre jeweiligen Künste kreisen. Manchmal entsteht der Eindruck, als würden auf dieser Ebene stellvertretend jene Emotionen wach, die beim Thema Sexualität unterdrückt werden. Darüber hinaus stoßen zwei ganz unterschiedliche Arten der Wahrnehmung des Fischerdorfes aufeinander. Jäcki sieht in Sesimbra und seiner Umgebung eine Urlandschaft, die für ihn homosexuell aufgeladen ist. Als er jedoch zusammen mit Irma zu einem gemeinsamen Spaziergang durch das Fischerdorf aufbricht – wieder bedient sich Fichte des narrativen Musters einer gemeinsamen Besichtigung des Ortes – und dabei durch einen Weitwinkelsucher blickt, sieht er für einen Moment mit dem Auge der Kamera und erfährt so die Wahrnehmung der Fotografie: das abbildgenaue Registrieren dessen, was sichtbar ist:
Jäcki setzte den Weitwinkelsucher ans Auge.
In ein Bild von der Ausdehnung einer Erinnerungsbriefmarke kippte jetzt alles herein:
Der Lavahügel, die Spitzel, das Hotel, die Fische in Mustern, mit allen ihren Namen, die Flotte, der Schuhputzerthron, die schwarzen flatternden Tücher, die Spalten des Kliffs und Phyllis Smith und hinten in der Mitte sogar noch ganz scharf die Werften, die Betonkuben des Hotelneubaus, die Schiffsruine, der Depp mit dem Fisch.
– Da hast du jetzt alles auf einen Dudd. Ohne syntaktische Schwierigkeiten und ohne Spondeus und ohne Adjektive und V-Effekt. Cezimbra wie es ist. Ganz. Klick. Fertig. Die ganze Geschichte in einer tausendstel Sekunde. Die Welt als reines Bild. Das ist die wahre Kunst. Nichts weiter mehr als ein Apparat.
(Liebe, S. 28)

Die Weise, wie der Blick und die Reaktion Jäckis beschrieben sind, drückt die visuelle Evidenz einer Fotografie aus. Simultan ist alles erfasst – ganz Sesimbra –, was sprachlich nur sukzessiv wiedergegeben werden kann. Vor allem aber ist das Dorf unverfälscht eingefangen, ganz so, wie es sich in seiner Sichtbarkeit zeigt. *Die Welt als reines Bild. Das ist die wahre Kunst* – dieser Satz, so ernüchternd er innerhalb des

Dialogs von Jäcki gemeint sein mag, enthält auch eine Kehrseite. Er drückt eine ideale dokumentarische Darstellung aus, in der die jeweiligen Eigenheiten und Grenzen des Mediums überwunden sind. Für Jäcki erfüllt die mechanische Apparatur der Kamera genau dieses Ideal, indem sie zum Medium einer ›reinen‹ Weltwahrnehmung wird – ein Ideal, das er insgeheim auch durch seine Kunst, das Schreiben, zu erreichen versucht: ein punktuelles, augenblickliches Erfassen – mit wenigen Worten ein Ereignis, eine Szene, eine Welt in inneren Vorstellungsbildern entstehen zu lassen.
Doch Irma hält dagegen:
– Dann könnte ich ja alle meine Objektive ins Wasser schmeißen.
– Das kannst du auch. Eine Kamera soll in einem Augenblick ein scharfes Bild herstellen. Es ist Kunst, weil es überhaupt keine Kunst ist, weil es immer in jedem Augenblick Kunst ist. Meine Wörter – die kannst du vergessen. […]
– Deine Fischer, dein Berg, deine Spalte, verloren, wie Brösel in einem großen beliebigen Salat. Nur wenn ich in diesem Augenblick dies eine Tele nehme, wird es ein Foto. Ich löse mir das Foto raus.
– Es ist schon vorbei, weil du das falsche Objektiv in der Kamera hattest. Rauslösen kannst du es auch in Hamburg.
– Eben nicht. Ich mache das Foto, wenn ich es mache. Was soll ich mit den ganzen Abständen. Mit dem Tele klebe ich das Schiff an den Berg, den Deppen an das Schiff und den Fisch an den Deppen.
– Das glaub ich nicht.
– Das ist mein Cezimbra. Wie ich es sehe. Das kannst du mir glauben.
– Mit dem Tele. Das heißt ja dann doch wieder Auffassung, Verwandlung. Synthese. Proust. Die eleganten Flocken von Professor Höllerers Frau, Frau von Mangold. Die Kunst ist die Welt. Nicht: Die Welt ist gleich das Bild, ist gleich dem Bild. Ausschnitte, das kann ich auch. Ranholen. Ich werde nie Fotograf.
(Liebe, S. 28/29)

Sieht Jäcki in der Apparatur der Kamera, die im Augenblick der Aufnahme rein mechanisch funktioniert, ohne dass der Fotograf eingreifen könnte, den Garanten für eine Kunst, die sich der Welt unterordnet und sie zur Erscheinung bringt, so hebt Irma auf all jene Prozesse ab, die dem Moment des Auslösens vorangehen und ihn zu einem bewussten Akt machen: die gerichtete Wahrnehmung, bestimmt von der Suche nach möglichen Motiven, dann, wenn sich Elemente zusammenfügen, ein mentales Bild, das sich zuerst einstellt, und schließlich die technische Umsetzung durch die Wahl des richtigen Objektivs und des entscheidenden Augenblicks auf der Grundlage handwerklichen Geschicks. Für Irma ist die Kamera lediglich ein Hilfsmittel, dessen sie sich bedient – wie die Schreibmaschine für Jäcki. Die Fotografien, die am Ende eines langen Prozesses stehen, zeigen für Irma nicht Sesimbra, wie es ist, sondern ihr Sesimbra, wie sie es gesehen hat. Damit jedoch schiebt sich für Jäcki wieder die Kunst mit ihren je eigenen, medialen Gesetzmäßigkeiten vor die Welt: *Die Kunst ist die Welt*, resümiert er fast resigniert. An dieser Stelle fallen die Namen von Renate von Mangold und Walter Höllerer – ein Hinweis auf das Interview in *Die Zweite Schuld* und besonders auf die Fragen nach dem Verhältnis von Zusammenarbeit und Konkurrenz.

Bei aller vordergründigen Polemik, die den Disput bestimmt, besitzt Irmas Kunst für den Schriftsteller Jäcki etwas zutiefst Unheimliches, das ihn zugleich bedroht und fasziniert. Es manifestiert sich in jenen unsichtbaren, sich entziehenden Prozessen, die nach dem Betätigen des Auslösers in der Apparatur ablaufen, ohne dass die menschliche Hand noch eingreift, und die – in seinen Augen – als Ergebnis zu einer ›reinen‹ Weltwahrnehmung führen. Bedrohlich und faszinierend wirken sie, weil sie seinem eigenen künstlerischen Ideal nahe rücken und noch offen bleibt, ob er dem anderen Medium vielleicht sogar unterlegen ist. Irma fühlt sich durch diese Besetzung ihres Mediums in die Defensive gedrängt und sowohl in ihrer Kreativität als auch in ihrem handwerklichen Können missachtet. Selbstbewusst setzt sie ihre künstlerische

Subjektivität dagegen. Die Spannung, die daraus resultiert, löst sich nur für Augenblicke. Ein solcher Augenblick bildet den versöhnlichen Abschluss ihres gemeinsamen Spaziergangs durch Sesimbra:

Dann der Augenblick, wo Jäcki Irma nicht mehr anstieß.
Irma ihm gleich das kleine Tele herüberreichte und er ohne zu zögern den kleinen Weitwinkel herausgab.
Irmas Auge starr, wie der Glaskörper des Weitwinkelsuchers.
Metallrosetten zucken auf, schließen sich genau nach dem Bruchteil einer Sekunde.
Die drei weißen Nonnen vor der gekalkten Wand mit silbrigen Schellfischen auf dem Kopf waren schon vorüber. (Liebe, S. 29)

Kein Disput mehr, stattdessen ein stilles Einverständnis. Jäcki assistiert reibungslos. Irma arbeitet konzentriert und entscheidet schnell. Ihr Auge und der Sucher der Kamera gleichen sich einander an. Sie übersetzt ihre Wahrnehmung in die Präzision der Kamera. Als der Auslöser betätigt, der Film belichtet ist und Irma die Kamera wieder absetzt, existiert das Motiv schon nicht mehr – es wäre nicht zu wiederholen.

Die blaue Tür

Der Roman *Eine Glückliche Liebe* schildert nicht zuletzt die Schwierigkeiten des Anfangs der gemeinsamen Arbeit zwischen Irma und Jäcki. Den geglückten Momenten, in denen sie sich gegenseitig zur Hand gehen, stehen jene gegenüber, in denen Jäcki seinen eigenen sprachlichen Zugriff zu verlieren droht – ein konfliktreicher Lernprozess und eine nicht immer einfache, gegenseitige Annäherung. Auf einer Wanderung in der Umgebung von Sesimbra stoßen Irma und Jäcki auf einen Geräteschuppen mit einer blauen Tür. Für Jäcki ist es ein zufälliger Fund – ein *objet trouvé* –, wie die ganz verschiedenen Dinge, die jeden Tag an den Strand gespült werden. Auf die Tür sind Stücke von Korkeichenrinde genagelt;

der Türrahmen ist weiß gekalkt, die Tür selbst blau bemalt. Kein Kunstwerk, aber Ausdruck des ästhetischen Empfindens eines portugiesischen Fischers:
Sie wußten nicht, was sie sahen.
Jäcki fing an, mit Irmas Objektiven zu sehen.
Er suchte schon in der Fototasche herum, ehe er wahrgenommen hatte, was sich da vor ihm befand.
Abgeblättert.
Gestrichen.
Verwittert.
Abgewaschen.
Überstrichen.
Verblichen.
Wirr.
Blaue Adern.
Der Fischer hatte Korkstücke unregelmäßig auf die blaue Tür der Remise genagelt.
Handtellergroße Korkstücke.
Rinde.
Groß wie ein Gesicht.
Arme, Schenkel.
Die rissige Haut der Korkeichen.
Im Blauen.
– Yves Klein.
– Action Painting. (Liebe, S. 82/83)

Vorauseilend bewegt sich Jäcki in der Wahrnehmung der Fotografie, noch bevor er selbst wahrgenommen hat. Im Text wird diese tastende Wahrnehmung nachgeholt. Eine Reihe von Adjektiven evoziert das Aussehen der Tür. Als Irma die Tür fotografieren will, mischt sich Jäcki erneut ein:
– Kleiner Weitwinkel, würde ich sagen, sagte Jäcki.
– Großes Teleobjektiv, sagte Irma:
– Sonst muß ich zu nahe ran und die Linien kippen und alles läuft auseinander.
Jäcki verstand das nicht:
– Ich sehe nicht ein, warum man ein Gesicht aus der Nähe mit

dem kleinen Weitwinkel fotografieren kann und keine Korkeichen wie ein Gesicht.
– Man muß es ausprobieren, wenn man darüber reden will.
– Ich will es nicht ausprobieren.
– Warum nicht?
– Ich will nicht fotografieren. Ich bin total unbegabt. Ich würde das Schreiben an den Nagel hängen. (Liebe, S. 83)

Das menschliche Auge und das Auge der Kamera werden von unterschiedlichen Gesetzmäßigkeiten dirigiert. Diese Einsicht hat Jäcki bereits gewonnen. Doch der Erfahrung Irmas ist Jäcki nicht gewachsen, die Feinheiten sind ihm – noch – verborgen. Irma weiß, welches Objektiv sie wählen muss, um optische Verzerrungen wie fallende Linien zu vermeiden. Aber auch sie stößt an ihre Grenzen, scheitert an der Schnelligkeit, die notwendig ist, oder an der immer wieder mangelhaften Ausrüstung:
– Außerdem hab ich keinen Farbfilm drin, sagte Irma.
– O, sagte Jäcki:
– Es scheint das Wesen eines Lichtbildners auszumachen, wenn er das richtige Objektiv drin hat, hat er den falschen Film.
– Lichtbildner! sagte Irma:
– Bei der schlechten Beleuchtung hat Farbe sowieso keinen Sinn.
– Schlechte Beleuchtung – strahlendes Wetter.
– Alles kriegt einen blauen Stich, und deine Wundertür sieht aus wie ein Frottierhandtuch. (Liebe, S. 83/84)

Zwischen die wahrgenommene Tür und ihre Darstellung schieben sich die Gesetze des Mediums, seien es die der Fotografie oder die des Schreibens. Beide bleiben hinter der sinnlichen Wahrnehmung zurück – auch das fotografische Abbild in seiner Genauigkeit. Das ist die Lektion der blauen Tür. Denn ihr Blau, Auslöser der überwältigenden, ästhetischen Erfahrung, ist auf dem Schwarz-Weiß-Bild verschwunden. Weder die Fotografie noch das Schreiben können die Präsenz der Farbe in ihrer unmittelbaren Wirkung wiedergeben. Beide können sich ihr nur nach ihren je eigenen Möglichkeiten annähern: der Text, indem er die tastende Wahrnehmung Jäckis und dessen Assoziationen im Kopf festhält, und die Fotografie, indem sie durch die Abstufung der Grauwerte das Blau erahnen lässt.

Der Fischmarkt und die Fische

Innerhalb der *Geschichte der Empfindlichkeit* markiert die blaue Tür in der Nähe von Sesimbra den Ausgangspunkt des gemeinsamen Projekts der Fotografin Irma und des Schriftstellers Jäcki. Hier, am Rand von Europa, vor der Tür eines Fischers, beginnt ihre ›große Fahrt‹, die sie bald über den Atlantik in die Neue Welt treiben wird. Sie wird ihren Niederschlag in weiteren Bänden aus der *Geschichte der Empfindlichkeit* finden, allen voran in dem Band *Explosion. Roman der Ethnologie*. Ein stetes Widerlager indes zu der in den Romanen und Glossenbänden erzählten Geschichte einer Beziehung und zweier Künste geben die realisierten, gemeinsamen Arbeiten von Leonore Mau und Hubert Fichte ab. In dieser Hinsicht bietet der Aufenthalt in Portugal in den letzten Monaten des Jahres 1964 die Gelegenheit, auf eine heute fast vergessene und schwer zugängliche Form ihrer Zusammenarbeit zu verweisen, die maßgeblich durch das experimentelle und anderen Medien gegenüber offene Klima am Literarischen Colloquium in Berlin beeinflusst worden ist.

Zwischen 1966 und 1971 realisierten Leonore Mau und Hubert Fichte vier Fotofilme: *Der Tag eines unständigen Hafenarbeiters* (WDR, 1966), *Der Fischmarkt und die Fische* (NDR, 1968), *Die Spanische Treppe* (WDR, 1970) und *Zwei mal 45 Bilder/Sätze aus Agadir* (SWF, 1971). Ihre Länge schwankt zwischen zehn und zwölf Minuten. Entstanden sind sie als Beiträge für Kulturmagazine, wie beispielsweise *Studio III* im NDR, das über bildende Kunst und Theater berichtete. Die Fotofilme galten als Beitrag zum Thema Fotografie. Die

Bildebene dieser Filme besteht aus Schwarzweiß-Fotografien, die jeweils drei oder vier Sekunden zu sehen sind. Die meisten sind starr, mit einer unveränderten Kameraeinstellung am Tricktisch abgefilmt. Bei einigen wenigen ist eine Bewegung zu beobachten, schwenkt die Kamera von einer Seite auf die andere oder fährt auf das Bild zu. Auch gibt es einige Auf- und Abblenden, doch in der Regel sind die Fotografien hart aneinander geschnitten. Der Kommentar ist von Fichte selbst gesprochen. In den Passagen ohne Kommentar ertönt ein Triangel, der im Rhythmus der Bilder angeschlagen wird und so ihr Erscheinen akzentuiert. In *Alte Welt* gibt es einen knappen, tagebuchartigen Eintrag zu dieser Produktion:

26. September 1967
Ich schneide den ganzen Tag in Lokstedt [im Sendegebäude des NDR] *mit Irma zusammen den Fotofilm über die Fischerstadt in Portugal.*
Wie präzise die Cutterin arbeitet.
Was für eine Sauarbeit. (Alte Welt, S. 194)

Die erste Fotografie, die den Film *Der Fischmarkt und die Fische* eröffnet, formuliert zugleich sein Programm. Zu sehen ist zunächst ein Konvexspiegel, der an einer unübersichtlichen Straßenecke angebracht ist. In ihm spiegelt sich, durch die Wölbung verzerrt, eine Häuserfront, vor der ein paar Menschen vorbeigehen. Daraufhin schwenkt der Film auf der Fotografie nach unten. Ein Mann kommt ins Blickfeld, der an der Befestigungsstange des Spiegels lehnt und aus dem Bild in die Ferne sieht. Dann blendet der Film ab, und für einen Augenblick ist nur Schwarzfilm zu sehen. Die Eröffnung des Films thematisiert also den Vorgang der Wahrnehmung. Der Blick, den der Mann auf das Dorf richtet, und das verzerrte Bild im Spiegel korrelieren miteinander – der Akt des Wahrnehmens und das Wahrgenommene. Der Spiegel erlaubt, so lässt sich die Fotografie interpretieren, einen Blick in den Kopf des Mannes, als bilde die Halterungsstange die überproportionale Nervenbahn zwischen Augen und Sehzentrum. Ferner weist der Spiegel auf eines der zentralen bildlichen Motive der Fotografien im Film voraus: auf die Augen der Fische. Denn die Weise, wie die Häuserfront im Spiegel erscheint, entspricht der Aufnahme mit einem Weitwinkelobjektiv, das unter Fotografen manchmal auch ›Fischauge‹ genannt wird. Bereits im Fotofilm von 1968 finden sich also jene fotografischen Mittel eingesetzt, an denen sich der Disput zwischen Irma und Jäcki in *Eine Glückliche Liebe* immer wieder entzündet.

Nach dem Schwarzfilm folgt eine kurze Ouvertüre aus acht Fotografien, die den Fischmarkt am Strand von Sesimbra zeigen. Die Fische liegen in geometrischen Mustern ausgebreitet und werden von vielen Menschen begutachtet. Danach beginnt die erste von insgesamt fünf thematischen Sequenzen. Sie bietet erste Eindrücke des Dorfes: Häuser, Straßen, Cafés, Menschen, Autos, Busse und immer wieder Polizisten und Militärs. In Portugal herrschte in jenen Jahren immer noch die Diktatur Antonio Salazars, die eine der längsten in Europa war und erst zehn Jahre später, 1974, mit der Nelkenrevolution enden sollte. Der Kommentar setzt dazu aus vielen Namen und recherchierten Partikeln, aus unterschiedlichen, konträren, sogar widersprüchlichen Einzelheiten, die hypothetische Gestalt eines portugiesischen Fischers zusammen, die an eine kubistische Figur denken lässt:

Du heißt João, Antonio, Joāquim oder João-Antonio.
Wenn du Manuel heißt, rufen sie dich Manell.
Du wohnst bei deinen Eltern.
Sie besitzen ein kleines Haus oder sie wohnen zur Miete bei der Stadt.
Du hast ein Zimmer für dich allein, weil du der Älteste bist.
Deine Geschwister schlafen zusammen; deine Eltern schlafen in der Küche.
Oder ihr wohnt alle zusammen in einem großen Raum auf dem Dachboden, und wenn man euch besuchen will, muss man eine Leiter hochsteigen. […]

In dieser Art ist der gesamte Kommentar gehalten. – Eine zweite Sequenz zeigt die Arbeit der Fischer an Land. Der Kommentar führt dazu aus, dass sich die Fischer von Sesimbra zu Genossenschaften zusammengeschlossen haben, die sich jeweils aufteilen und im Wechsel einmal an Land, einmal auf See arbeiten. Auf den Fotografien werden Netze eingeholt, Fische gesäubert und ausgenommen, leere Netze entwirrt, geflickt und für den nächsten Fang vorbereitet. Die darauf folgende Einstellung gibt eine Kinderzeichnung wieder, auf der ein Fischerboot auf hoher See mit ausgeworfenen Netzen gemalt ist. Dieses Zwischenbild wird vom Kommentar aufgegriffen, der über die Bedingungen der Arbeit auf See handelt, während die dritte Sequenz aus Fotografien besteht, auf denen ausschließlich gefangene, tote Fische zu sehen sind. Sie beginnt mit einigen Totalen, die teils zu Haufen gestapelte, teils in Kästen sortierte Fische wiedergeben. Die Ausschnitte der Fotografien werden immer enger gezogen. Zunächst sind noch einzelne Fische zu sehen – darunter auch wie zu einem Spinnennetz aufgespannte Tintenfische –, bis schließlich nur noch Details übrig bleiben, die manchmal ganz unwirklich anmuten: abgerissene, am Strand liegen gebliebene Fischköpfe, aufgesperrte Mäuler, feingliedrige Zähne, Fischaugen. Im harten Kontrast wendet sich die vierte Sequenz noch einmal den Menschen und dem Dorf zu, zeigt Bilder des Straßenlebens und religiöser Prozessionen. Der Kommentar beleuchtet dazu das Privatleben und kommt auch auf die Prostituierten am Strand zu sprechen, über die man hier im Film eine neue, in den gedruckten Texten vorenthaltene Information erhält:

Du bist verlobt.
Oder du hast eine Freundin.
Oder du gehst am Wochenende zu den Nutten, die aus Lissabon oder Setúbal kommen und im Dunkeln am Strand sitzen und warten mit einer Taschenlampe.
Das ist jetzt auch verboten.
Die Krankheiten nehmen jetzt zu. […]

Die fünfte Sequenz schließlich ist wiederum menschenleer. Sie reiht die Arbeitsgeräte der Fischer auf: Netze, Käscher, Reusen, Schwimmkörper, Seile, Anker, Kisten – sowie Fischerboote, ihre Namen und ihre Bemalungen. In dem Maß, in dem die Bilder entleert werden, lösen sich die abgebildeten Gegenstände und Geräte in formale Strukturen auf. Und dazu ertönt im Kommentar einzig eine Auflistung portugiesischer Fischnamen – insgesamt 42; darunter auch diejenigen, die den Roman *Die Palette* ausklingen lassen.

Inhaltlich zeigt der Fotofilm Arbeit und Leben in einem Fischerdorf und schließt damit an ein gerade im italienischen Neorealismus der 1950er Jahre bevorzugtes Thema an: die Fischer, die unter den Bedingungen des Kapitalismus und des einsetzenden Tourismus ihre Tradition und ihre Lebenswelt verlieren. *La terra trema – Die Erde bebt –* von Luchino Visconti steht dafür als eine Art Leitfilm. Formal hingegen lassen sich in dem Fotofilm bereits grundlegende Prinzipen erkennen, die auf den Foto-Text-Zyklus *Xango, Petersilie* und *Psyche* vorausweisen. Die Fotografien und der Kommentar behaupten sich als zwei selbständige und ebenbürtige Zugänge zu derselben portugiesischen Lebenswelt. Sie greifen dieselben Themen auf, die sich allerdings nur an wenigen Stellen unmittelbar berühren. Meistens werden sie verschoben, zu unterschiedlichen Zeitpunkten aufgegriffen. Bilder und Kommentar klaffen auseinander. Von ihren traditionellen Funktionen befreit, müssen weder die Fotografien den Kommentar bebildern, noch muss der Kommentar die Bilder erklären. Das eröffnet für beide Medien Spielräume, innerhalb deren sie ihren eigenen Weg der Darstellung einschlagen können. Dadurch ergeben sich für die Rezeption Brüche und Verschiebungen, die eine gewohnte Wahrnehmung als Dokumentation unterlaufen und den Fotofilm als eine Konstruktion von Bildern und Tönen ausstellen. So hält der Fotofilm bei den Zuschauern das Bewusstsein wach, dass er die Lebenswelt, die er dokumentiert, zugleich erschafft – als ein poetisches Gebilde.

Kapitel 6
Salvador da Bahia – auf der Suche nach einer Ethnologie der Empfindlichkeit

Das Erlebnis Brasiliens, das mit einer ersten dreimonatigen Reise nach Rio de Janeiro im Jahr 1969 ein- und sich in einem fast einjährigen Aufenthalt in Salvador da Bahia im Jahr 1971 fortgesetzt hat, bedeutet für das Werk von Hubert Fichte einen entscheidenden Einschnitt. Denn hier kamen Leonore Mau und Hubert Fichte zum ersten Mal mit den afro-amerikanischen Mischreligionen in Kontakt – eine für sie überwältigende Erfahrung, wie Fichte in mehreren Interviews betont hat –, und hier reifte auch der Entschluss, sich intensiv mit diesem kulturellen Phänomen auseinander zu setzen. Er zog ausgedehnte Forschungsreisen nach sich, deren erste der Aufenthalt in Salvador da Bahia darstellte. Damit legten sie den Grundstein ihrer Forschungen. Daran schloss sich 1972/73 ein halbjähriger Aufenthalt in Haiti an, der die Erfahrungen in Brasilien vertiefte. Viele weitere Reisen mit längeren und kürzeren Aufenthalten folgten, von denen hier nur die wichtigsten genannt seien. 1974 hielten sich Leonore Mau und Hubert Fichte zunächst zwei Monate in der Dominikanischen Republik auf und anschließend sechs Monate auf Trinidad. 1977 folgten vier Monate Venezuela und mehrere Monate Miami in Florida/USA. 1978 und 1979 reisten sie jeweils für drei Monate nach Grenada. In derselben Zeit, einschließlich des Jahres 1980, zog es sie jeweils im Winter nach New York. Schließlich begaben sie sich in den Jahren 1981/82 noch einmal auf eine Reise nach Brasilien, die sie erneut für fast ein Jahr zunächst den Amazonas entlang bis zur Küste und dann in die südöstlich des Mündungsdeltas gelegene Stadt São Luís do Maranhão führte. Auch wenn sich daran noch weitere Reisen anschlossen, so noch einmal ein Aufenthalt auf Grenada im Jahre 1984, blieb die Reise nach Brasilien doch ihre letzte explizite Forschungsreise, mit der sie ihre Erkundung der afro-amerikanischen Religionen beendeten.

Mit den Reisen verband sich für Hubert Fichte auch eine intensive Lektüre der ethnologischen Fachliteratur zu den afro-amerikanischen Religionen. Er las Raymundo Nina Rodrigues, einen Gerichtsmediziner und anthropologischen Autodidakt aus Salvador, der im Jahr 1900 mit *O animismo fetichista dos negros bahianos* das Gründungsbuch der afrobrasilianischen Religionsforschung veröffentlicht hatte. Er studierte die Klassiker wie Roger Bastide und Alfred Métraux, Lydia Cabrera und Ruth Landes. Nicht zuletzt interessierte er sich für die ethnologischen Außenseiter wie Maya Deren, die, vom Tanz und dem experimentellen Film herkommend, sich zwischen 1947 und 1951 intensiv mit dem Vaudou beschäftigt und nach einem abgebrochenen Dokumentarfilmprojekt das Buch *Divine horsemen. The living gods of Haiti* geschrieben hatte. Außerdem fand Hubert Fichte in dem interdisziplinären Arbeitskreis ›Ethnomedizin‹, der von dem philosophisch geschulten Ethnologen Joachim Sterly geleitet wurde und sich im Hamburger Völkerkundemuseum traf, ein kritisches Forum, in dem sowohl die Geschichte der wissenschaftlichen Disziplin Ethnologie als auch Fragen der wissenschaftlichen Darstellungsmöglichkeiten diskutiert wurden. Seine aus diesem Kreis inspirierten Reflexionen gipfelten in den *Ketzerischen Bemerkungen für eine neue Wissenschaft vom Menschen*, die Fichte im Januar 1977 im Frankfurter Frobenius-Institut vorstellte und danach in der Zeitschrift des Arbeitskreises erstmals veröffentlicht hat.

Man kann also mit Recht von einem Einschnitt in das Werk Fichtes sprechen. Mit den beiden Reisen nach Brasilien und der Erfahrung der afro-brasilianischen Religionen ist das Schreiben von Hubert Fichte auf neue Bahnen gelenkt worden. Es überspringt zum ersten Mal den Kreis der ›Alten Welt‹ und landet in der ›Neuen Welt‹. Von nun an wird es sich ›dazwischen‹ bewegen und ein transatlantisches Netz an Beziehungen knüpfen – zwischen Brasilien und der Karibik auf der einen Seite und den Ländern Westafrikas, vor allem dem Senegal, aber auch Gambia, Togo und Benin, auf der anderen. Zudem schaffen die Erlebnisse und Kenntnisse über die

rituellen Praktiken der afro-amerikanischen Religionen eine neue Weltsicht, die sich, wie wir bereits in Kapitel 3 gesehen haben, in einem *rituellen Verstehen der Welt* ausdrückt. So kommt es, dass Fichte sein ethnographisches Wissen als verfremdende Deutungsfolie für die literarische Darstellung seines eigenen Lebens einsetzt.
Der Einschnitt zieht jedoch keinen vollkommenen Bruch nach sich. Gewisse prägende Erfahrungen und daraus entsprungene Haltungen, aber auch im früheren Werk eingeführte Arbeitstechniken und Schreibweisen zeigen sich ebenfalls in den Texten, die danach entstanden sind. Die auffälligste Kontinuität besteht wohl in der Haltung gegenüber dem religiösen Verhalten. In all den verschiedenen Abhandlungen, die Fichte über die afro-amerikanischen Religionen verfasst hat, finden sich nur spärliche Aufschlüsse über die reichen mythologischen Erzählungen, die von den verehrten Hauptgöttern – den *orixás* – kursieren. Die Lücke der religiösen Inhalte resultiert aus der Lektion, die Fichte im katholischen Waisenhaus in Schrobenhausen gelernt hat: Die Religion, so hat ihn der Katholizismus gelehrt, bringt durch ihre theatralischen Aufführungen und Riten erst hervor, woran ihre Anhänger glauben. Eine derartige Schule begründet geradezu einen religionswissenschaftlichen Blick, der sein Augenmerk nicht auf die heiligen Erzählungen richtet, und die Rituale als deren Aufführung versteht, sondern auf das rituelle Verhalten selbst und dessen Auswirkungen. In seinem ethnographischen Essay *Der Zauberberg ist leer* über die Maria-Lionza-Religion in Venezuela aus dem Jahr 1979 hat Fichte diese Haltung präzise zusammengefasst. In Betracht eines bestimmten Ritus, der *Velacion,* fragt er, ob wir den Ritus vielleicht besser verstehen, *wenn wir ihn als Schichtwerk von Prozessen auffassen, nicht als Spiegelwerk von Ideen, zufälligen, sinnlosen Prozessen, als Ablagerung, Überlagerung von rituellen Fragmenten, die aus der Geschichte der Karibik, der Neuen Welt, Afrikas und Europas belegt werden könnten.* (Lazarus, S. 327)
Auch die Pflanzen, die für Fichte durch seinen Großvater und

dessen Garten wichtig geworden sind, stellen ein verbindendes Element dar. Denn in Brasilien entdeckt er bald, dass Pflanzen innerhalb der afro-amerikanischen Religionen eine wichtige Rolle spielen. In vielfacher Weise werden Pflanzen in kultische Zeremonien eingebunden oder auch als Arzneimittel verabreicht. So nimmt er diesen Faden auf und wird sich bis zum Ende der Forschungen intensiv mit der kultischen Botanik beschäftigen. Den Pflanzen schreibt Fichte einen entscheidenden Einfluss auf den psychischen Umbau vor allem während der verschiedenen Phasen der Initiation zu. Auch diesen Aspekt hat Fichte in einem seiner spätesten ethnographischen Essays, in *Über Jahr und Tag. Der Einweihungsweg des Haitianers* aus dem Jahr 1984, auf knappe Weise ausgedrückt: *Die Kräuter, die Blätter haben in allen afroamerikanischen Religionen eine große Bedeutung. Es wirkt, als würde das ganze Universum noch einmal in den Pflanzen zusammengefaßt. Die Pflanzenrezepte gehören zum Geheimnisvollsten in der Religion.* (Lazarus, S. 231)
Weitere frühere Spuren klingen in den Sätzen an. Sie wirken wie ein Echo auf Hans Henny Jahnn und dessen geheimnisumrankte, alt-ägyptisch inspirierte Hormonforschungen. Aber auch Aimé Testanière und die Provence schwingen darin mit. Ihn hat Fichte zudem schon einmal in einem Zustand erlebt, dem er in anderer Gestalt in Brasilien wiederbegegnet: der Trance. Im *Versuch über die Pubertät* findet sich nur eine knappe Andeutung, die eine christliche Interpretation der Trance – als Sankt-Veits-Tanz – auf der Grundlage der katholischen Erfahrungen liefert:
Testanière bekommt den Veitstanz und sagt wahr:
– Das ist das Tier. Das hilft dir weiter. Es gibt dir sein Blut, wenn du es in Spucke setzt.
Testanière sagt:
– Schräg zurück durch dein Blut. (Pubertät, S. 293)

Im Erscheinungsjahr des Romans, 1974, wird Hubert Fichte jedoch auch seine bis dahin gesammelten Erfahrungen mit den afro-amerikanischen Religionen in Brasilien und Haiti in

einem Funkfeature mit dem Titel *Pferde der Götter. Die Trance in den afroamerikanischen Mischreligionen* zusammentragen. Dort breitet er das Erlebnis mit Testanière weiter aus:
Sprecher E: *1954 wurde ich zum ersten Mal Zeuge einer Verzückung. Ich war als Landarbeiter bei dem vielleicht sechzigjährigen Bauern Aimé Testanière angestellt.*
Sprecher A: *Testanière und ich befanden uns in der Ruine eines Bauernhofs, der ihm gehörte. Plötzlich fing er an zu zittern, zu stammeln, die Arme herumzuwerfen. Er wirkte starr. Seine Bewegungen waren steif und hervorschnellend. Er schrie einzelne Sätze, wies auf einen kleinen schwarzen Käfer, sagte, daß ich dem vertrauen sollte, der würde mir immer mit seinem Blut helfen. Später zeigte mir der Bauer, daß, wenn man den Käfer in etwas Speichel auf die Hand setzt, eine blutig aussehende Flüssigkeit erscheint.* (Trance-Manuskript, S. 8)

All diese Anknüpfungspunkte wirken wie Scharniere, die es Fichte ermöglicht haben, die neuen Erfahrungen in Brasilien und anderen Ländern Süd- und Mittelamerikas sowie Afrikas mit den bis dahin gemachten Erfahrungen in seinen Texten zu verbinden und so einen Transfer zwischen Ethnologie und Literatur in Gang zu setzen. In den Texten, die aus den Forschungsreisen hervorgegangen sind und sich vor allem mit den afro-amerikanischen Religionen befassen, lässt sich nun die Kehrseite des Transfers zwischen Ethnologie und Literatur beobachten. Denn in diesen ethnologisch ausgerichteten Texten wendet Fichte eine Vielzahl literarischer Mittel an, um seinen Gegenstand darzustellen. Allen voran setzt er dabei auf die Collage, die er sich in seinen ersten Romanen und durch seine Arbeit für das Radio zunehmend erschrieben hat. Sie erscheint ihm offen genug für eine Darstellung, die einerseits den Verlauf der Forschung, die Wege und Umwege, die sie ausgemacht haben, die widersprüchlichen Ansichten der unterschiedlichen ›Informanten‹ und die Mittel und Tricks, die eingesetzt wurden, mit einbezieht, andererseits aber auch die Entwicklung des Forschers, den Prozess des Verstehens, den er im Lauf der Forschung durchgemacht

hat, und die Erwartungen und Enttäuschungen, die sie begleitet haben.
Im doppelten Transfer zwischen Ethnologie und Literatur besteht denn auch der Kern seiner *Ketzerischen Bemerkungen* – und mithin seines Programms, das er selbstbewusst gegen die etablierten wissenschaftlichen Darstellungsweisen setzt. Dort heißt es: *Es gibt nicht nur eine mögliche Erweiterung der Wissenschaft durch poetische Kategorien – es gibt eine Fundierung des Poetischen durch empirisches und logisches Vorgehen verschiedenen Typus'.* (Petersilie, S. 365)
In einem Interview hat Hubert Fichte diese zweifache Bewegung verdeutlicht:
Ich möchte die Härten der frühen griechischen Poetologie auf die Wissenschaften angewendet wissen, und ich möchte die Härten des naturwissenschaftlichen Empirismus auf Poesie angewendet wissen. Und nur in der doppelten Rigorosität kann etwas Neues entstehen. Nicht in einem doppelten Zusammenbrechen der Kriterien, sondern in einer doppelten Verantwortlichkeit den Kriterien gegenüber. (Text und Kritik 72, S. 80/81)

In Fichtes Entwurf verschränken sich also wissenschaftliche und ästhetische Kategorien, wie er es schon einmal – sehr früh – in der abendländischen Kulturgeschichte erfüllt sieht, und zwar von den antiken, vorsokratischen Natur- und Weltforschern, allen voran von Herodot. *Ihren Zauber, ihre Disziplin, ihre Leichtigkeit, ihre Fantasie, ihre Freiheit, ihre Knäppe, kurz: ihre Schönheit* setzt er gegen die öde, trockene, von Fachtermini durchsetzte Wissenschaftssprache (Petersilie, S. 360). Fichtes anderes Wissen von den Kulturen und den Menschen ist bei aller Genauigkeit in der Erhebung der ethnographischen Daten von der Sprache und ihren poetischen Möglichkeiten nicht zu trennen. Es konfiguriert sich in der Sprache, durch Sprache – und schlägt sich nicht in einer Summe von Aussagen über einen Gegenstand nieder. So fragt Fichte in seinen *Ketzerischen Bemerkungen* polemisch: *Warum dürfen die Wissenschaften vom Menschen gerade das vernachlässigen, was den Menschen — wenn man vom Feuermachen absieht — vom Tier unterscheidet: die poetisch komponierte Aussage.* Um sodann eine lange Reihe von Möglichkeiten aufzuzählen, die dafür zur Verfügung stehen: *Fantasie / Concetti / Raffung / Timbre / Schärfe / Rhythmus / Fragment / Collage / Interview und Feature.* Dahinter verbirgt sich Fichtes ›Credo‹, sein kategorischer Imperativ ethnographischen Schreibens: *Jede menschliche Tatsache lässt sich so formulieren, dass sie der gutwillig Interessierte nachvollziehen kann.* (Petersilie, S. 363)

Hierin liegt das Spezifische der Texte Hubert Fichtes über die afro-amerikanischen Religionen – gerade im Vergleich zur ethnologischen Fachliteratur. Es besteht in der Aufmerksamkeit, die er den formalen Aspekten der Darstellung entgegenbringt. Bei Fichte enthalten die gewählten sprachlichen und poetischen Mittel der Darstellung immer auch Aussagen über den Gegenstand. Sie stellen eine Übersetzung der beschriebenen Kultur in sprachliche Formen dar, die ihren Gegenstand nicht im engeren Sinne beschreiben, sondern sprachlich hervorbringen. Das Wissen wird so letztlich zu einer ästhetischen Kategorie. Dazu passt ein einprägsamer Satz der aus Vietnam stammenden Theoretikerin und Filmemacherin Trinh T. Minh-ha, der im Kommentar ihres ersten Films *Reassemblage* – eine Reise durch den Senegal und zugleich eine Reflexion ethnographischer Darstellungen – aus dem Jahr 1982 fällt und inzwischen zu einem Topos der postkolonialen Theorie geworden ist: *I do not intend to speak about, just speak nearby.* Das gilt auch für Hubert Fichte.

Annäherungen an den Candomblé

Wie immer bei Hubert Fichte, so ist man im Fall des einjährigen Aufenthalts in Salvador da Bahia sogar in besonderem Maß mit einer Fülle ganz unterschiedlicher Texte konfrontiert. Dies sind: eine lange Reportage, die 1972 in Heft 5 und 6 des *Spiegel* abgedruckt worden ist, eine weitere Reportage, die das *Zeit-Magazin* im selben Jahr unter dem Titel *Die Blut-*

taufe veröffentlicht hat, ein wissenschaftlicher Beitrag mit dem Titel *Abó. Anmerkungen zu den rituellen Pflanzen der afrobrasilianischen Religionsgruppe*, der erstmals 1973 in der Zeitschrift des Arbeitskreises ›Ethnomedizin‹ erschienen ist, ferner ein Funkfeature, das unter dem Titel *Bahianisches Tagebuch* in vier Teilen sowohl im NDR als auch im SWF im Verlauf des Jahres 1972 gesendet worden ist, und das zugleich die Grundlage bildet für das Brasilien-Kapitel in dem Textband *Xango*, der zusammen mit dem gleich lautenden Fotoband von Leonore Mau 1976 herausgekommen ist. In dem Fotoband wiederum findet sich ein kurzer Begleittext zu den Fotografien aus Brasilien mit dem Titel *Die Rasierklinge und der Hermaphrodit*, in dem Fichte seine zentralen Gedanken zur sexuellen Identität im Candomblé zusammenfasst. Schließlich ist noch ein weiteres Funkfeature mit dem Titel *Die Trance* aus dem Jahr 1974 zu nennen, eine Produktion des SWF, in der Fichte unter anderem auf Material aus Brasilien 1971 zurückgreift.

Zu all diesen journalistisch oder ethnographisch ausgerichteten Arbeiten kommt schließlich noch als großes narratives Gegenstück der umfangreichste Band der *Geschichte der Empfindlichkeit* hinzu, der *Roman der Ethnologie* mit dem Obertitel *Explosion*. Er erzählt, aufgeteilt in drei Teile, alle drei Reisen nach Brasilien, in denen sich, wie in einem Brennspiegel, die ganze Geschichte der von Leonore Mau und Hubert Fichte unternommenen Erforschung der afroamerikanischen Welt, ihrer Kultur und ihrer Religionen verdichtet. Für das Jahr 1971 ist also der zweite Teil des Romans hinzuzunehmen. Alle diese Texte bündeln sich in der Stadt Salvador da Bahia. Dabei errichten sie jedoch weniger ein homogenes Gesamtgefüge, sondern bilden eher ein spannungsreiches Kräftefeld aus, das seine Leser bald dahin, bald dorthin zieht.

Fragt man danach, welche Aspekte der afro-amerikanischen Religionen in den Arbeiten von Leonore Mau und Hubert Fichte besonders hervortreten, stößt man auf eine eigenartige Ambivalenz. Einerseits erscheinen Candomblé,

Umbanda oder der Vaudou auf Haiti als eine faszinierende Gegenkultur zum Kolonialismus, ein *patchwork*, das sich mit hohem improvisatorischen Geschick und zugleich feinem ästhetischen Gespür die verschiedensten kulturellen und religiösen Versatzstücke angeeignet hat. Andererseits verfügen sie – auf eine geradezu unheimliche, angstbesetzte Weise – über ein genaues Wissen um die pharmakologische Wirkung von Pflanzen und zudem über kulturelle Techniken, mit deren Hilfe sie unmittelbar auf die psychische Konstitution der Menschen einwirken und diese sogar verändern können.

Der Charakter einer Gegenkultur resultiert aus den Entstehungsbedingungen der afro-amerikanischen Religionen, die im Candomblé ihre älteste, am stärksten afrikanisch geprägte Gestalt bewahrt haben. So gilt Salvador da Bahia, die alte Hauptstadt Brasiliens, als die Wiege der afro-amerikanischen Religionen, denn hier trafen von der ersten Hälfte des 16. bis zur zweiten Hälfte des 19. Jahrhunderts die meisten der aus Afrika nach Brasilien verschleppten Sklavinnen und Sklaven ein – vier bis fünf Millionen, wie man heute schätzt, und damit etwa 40 % des gesamten Menschenhandels in die Neue Welt. Es waren vor allem zwei Regionen Afrikas, aus denen die Arbeitskräfte für die Kaffee-, Tabak- und Zuckerrohrplantagen, aber auch für Bergwerke und Minen geholt worden sind: die Länder der westafrikanischen Küste, Senegal, Gambia, Ghana und das heutige Benin sowie das zentralafrikanische Kongobecken. Aus der ersten Region stammen die zu einer Sprachfamilie zusammengeschlossenen Bevölkerungsgruppen der Yoruba, Ewe und Fon, aus der zweiten Region die verschiedenen Bantu-Gruppen. Sie alle brachten, sofern sie die widrige Überfahrt in den völlig überfüllten Schiffen überlebten, ihre Kultur und Religion mit, ihre Götter, ihre heiligen Erzählungen, ihre Tänze und ihre Musik.

Doch in der Neuen Welt gab es unter den Bedingungen harter Fronarbeit nur wenige und sehr kleine Nischen, in denen sich die zersplitterten Bevölkerungsgruppen sozial und religiös reorganisieren konnten. Auf den Plantagen formte der Katholizismus der weißen Herren das Leben. An Sonntagen und an den katholischen Feiertagen ruhte die Arbeit. Zu solchen Anlässen wurde es den Sklaven erlaubt, nachdem sie die katholische Messe in der Plantagenkirche besucht hatten, sich zu treffen, zu musizieren und zu tanzen. Ihre weißen Herren sahen darin vor allem eine Art Freizeitbeschäftigung, doch wurde sie von den Sklaven vielmehr dazu benutzt, in Kontakt mit den alten Göttern in Afrika zu bleiben. Da sie jedoch oftmals nicht die Sprache des Anderen verstanden, mussten die rituellen Formen neu ausgehandelt und aus den verschiedenen Bruchstücken zusammengesetzt werden. Die Bantu-Kulturen haben sich dabei offensichtlich als flexibler erwiesen, denn sowohl die Sammelbezeichnung für alle Gottheiten – *orixá* – als auch die Namen der wichtigsten Götter *Olorún, Oxalá, Nanã, Iemanjá, Omolu, Xangô, Iansã, Obá Oxum und Exu* stammen von den Yoruba. Das ausgeprägte Heilwesen hingegen, das den Candomblé bis heute charakterisiert, geht viel stärker auf die Religion der Bantu zurück.

Fand auf den Plantagen zweifellos bereits ein Austausch religiöser Vorstellungen statt, der wohl auch christliche Elemente mit einschloss, so intensivierte sich dieser Prozess in den großen Küstenstädten. Denn dort besaßen die so genannten ›Verdienstsklaven‹, die in den Haushalten der reichen Händler und ihrer Familien oder im Hafen arbeiteten, mehr Freiräume. Manchen gelang es sogar, sich nach einigen Jahren freizukaufen. Ferner kannte der iberische Katholizismus die Einrichtung von Laienbruderschaften, die jeweils unter dem Schutz eines katholischen Heiligen standen. Ihre Mitglieder widmeten sich in besonderer Weise ihrem Heiligen, trafen sich regelmäßig zu Gebeten und bereiteten für dessen Jahrestag eine Prozession oder Wallfahrt vor. Auch die afrikanischen Sklaven konnten bzw. mussten sich in den Städten in solchen Bruderschaften zusammenschließen. Sie standen unter der Aufsicht eines Priesters, der die Sklaven im katholischen Glauben unterwies, denn die afrikanischen Bru-

derschaften boten für die katholische Amtskirche ein gutes Mittel für ihre Missionsbemühungen. Zugleich besaßen die Bruderschaften aber auch eine relative Freiheit. So konnten die Mitglieder beispielsweise ihren Vorsteher selber wählen, der dadurch in die Position eines spirituellen Leiters kam. In diesen Bruderschaften vollzog sich also mehr noch als auf den Plantagen die Vermischung religiöser Vorstellungen aus Afrika mit jenen aus Europa.
Dafür bot der iberische Katholizismus mit seinen vielen Heiligen und seiner ausgeprägten Wallfahrtskultur eine Reihe von Anknüpfungspunkten. Sowohl die Yoruba- als auch die Bantu-Gruppen kennen einen höchsten, aber fernen Schöpfergott – *Olorún* –, dem andere Gottheiten unterstellt sind, die wiederum im Verkehr mit den Menschen stehen. Diese Gottheiten gelten entweder als *Olorúns* Kinder oder als mächtige, einflussreiche Vorfahren, die sich in einen Gott verwandelt haben. Der wichtigste und älteste unter ihnen ist *Oxalá*, der mit *Nanã* und *Iemanjá* alle anderen *orixás* gezeugt hat. Schon diese Grundkonstellation legt gewisse Parallelen nahe. So werden *Olorún* und sein Sohn *Oxalá* oft mit Gott und Jesus gleichgesetzt. *Nanã* und *Iemanjá* stellen indes beide mütterliche Gottheiten dar. Doch während *Nanã* eine alte und eher archaische Gottheit verkörpert, die auch als Wächterin des Totenreichs gilt, ist die Meeresgöttin *Iemanjá*, die meistens in Gestalt einer Meerjungfrau abgebildet wird, zugleich jung und sinnlich, weshalb sie öfters mit Maria, der Mutter Jesu, parallelisiert wird. Ebenso wie *Iemanjá* zählt auch *Xangô* zu den beliebtesten Göttern im Candomblé. Er ist der temperamentvolle und gerechtigkeitsliebende Gebieter über Blitz und Donner, der als Zeichen seiner Macht eine Doppelaxt trägt. Von daher wird *Xangô* oftmals mit dem heiligen Georg in Verbindung gebracht, der traditionell in Rüstung und mit einer Lanze in der Hand dargestellt wird. Manchmal jedoch rückt er auch in die Nähe des heiligen Hieronymus. Denn der Löwe ist das emblematische Tier dieses Heiligen und zugleich auch das Symbol der Könige der Yoruba, zu denen *Xangô* gerechnet wird. Es sind also oft nur

äußerliche Ähnlichkeiten, die eine Verbindung zwischen den afrikanischen Göttern und den katholischen Heiligen stiften. Deshalb darf man wohl nicht davon ausgehen, dass sie sich im Synkretismus tatsächlich vermischt, sondern sich eher zu Paaren zusammengefunden haben, deren Zusammengehörigkeit die Sklaven aus den bildlichen Darstellungen in den Kirchen und den damit verknüpften Erzählungen erschlossen haben.

Lange Zeit jedoch ist dieser parallelisierende Transfer religiöser Symbole gerade als Beleg für die intellektuelle Unterlegenheit der Schwarzen ausgelegt worden, die angeblich nicht in der Lage seien, die verschiedenen Religionen auseinander zu halten. Erst allmählich, als man in Europa damit begonnen hat, die Kultur der Unterlegenen und der Minderheiten ernst zu nehmen – und Leonore Mau und Hubert Fichte zählten zu den Ersten, die dies taten –, erkannte man den ingeniösen und sehr zeitgemäßen Zug dieser *patchwork*-Religionen, denen niemals das gesellschaftliche Machtgefüge einer Hochkultur zur Verfügung stand. Auch gibt es keine zentrale Instanz, die über die Reinheit der Religion wacht. Nicht zuletzt war und ist der Candomblé gezwungen, mit dem Abfall und den übrig gebliebenen Resten der dominanten Kultur umzugehen, diese aufzunehmen und zu verwandeln. Der Candomblé gleicht demnach den Favelas, in denen er zu Hause ist: kein stadtplanerisch geordneter, euklidischer Raum mit zentralperspektivischen Fluchten, sondern ein kubistisch erschütterter Raum, in dem die Elemente in alle Richtungen drängen und sich dorthin ausbreiten, wo sie Platz finden.

Der andere Pol des spezifischen Wissensinteresses von Leonore Mau und Hubert Fichte kreist um den Zustand der Trance. Sie bildet die zentrale religiöse Erfahrungsform im Candomblé. Die afro-amerikanischen Religionen gehören zu den zahlreichen Religionen, die andere Bewusstseinszustände wie die Trance oder die Ekstase religiös überformen und als Verbindung mit der immateriellen Welt der Götter gestalten. In der Trance, so sagen die Gläubigen, steigen die

Götter herab in den Kopf eines Menschen. Denn der Kopf gilt als der Sitz der Götter im menschlichen Körper, und jener Gott, dem sich ein Gläubiger in besonderer Weise verbunden fühlt, wird als *dono de cabeça* – als Herr über den Kopf – bezeichnet. Eine andere Redewendung, die denselben Vorgang ausdrückt, lautet: Der Gott reitet den Gläubigen als sein Pferd. Für die Zeit dieses besonderen Gottes-Dienstes verwandelt sich der Gläubige in seinen Gott; die anderen sehen in ihm nicht mehr das Gemeindemitglied, sondern den Gott selbst. Der jeweilige Gott ist anwesend und alle Äußerungen und Taten gelten als dessen Wille. Jedoch fallen nicht alle Gläubigen in Trance. Denn dazu braucht man eine gewisse physiologische und mentale Veranlagung. Mit einem ersten, völlig wilden und unkontrollierten Ausbruch – *o santo bruto* – melden die Götter ihren Anspruch auf einen Menschen an – eine Art Berufung, die jedoch von den Gläubigen keinesfalls gesucht wird, denn sie zieht viele Pflichten nach sich. Danach muss sich der Berufene, sofern er sich die kostspielige Prozedur leisten kann, einer Initiation unterziehen, die in der Regel zwischen drei und sechs Monate dauert und deren Ziel nicht zuletzt darin besteht, neben dem Erwerb des notwendigen Wissens die offenkundige Anlage zur Trance beherrschen zu lernen und sie gezielt für die Riten und Zeremonien einzusetzen.

Die Eingeweihten leben danach meistens zusammen mit der Kultleiterin oder dem Kultleiter – der *mae* oder dem *pae de santo*, der Mutter oder dem Vater des Heiligen – auf dem Tempelgelände, dem *terreiro*, das meistens aus einigen Hütten und je nach Größe einem oder mehreren Kulthäusern besteht. Sie verstehen sich als eine spirituelle Großfamilie, die an die Stelle der durch die Sklaverei zerschlagenen alten Familien getreten ist, und führen ein von vielen kleinen rituellen Verrichtungen wie Gebete oder Speiseopfer geprägtes Leben. Dieser engere Kreis einer Candomblé-Gemeinde ist – strukturell – vergleichbar den katholischen Mönchsgemeinschaften. Sie führen, stellvertretend für alle, ein Leben im engen, alltäglichen Kontakt mit den Göttern. Denn diese, so glauben sie, verfügen über eine mystische Kraft – *axé* –, die alles durchströmt. Wer regelmäßig für die Götter sorgt, dem übertragen sie das *axé*. Besonders konzentriert ist das *axé* im Blut, aber auch in der Milch, weshalb die Benetzung mit dem Blut von Opfertieren oder das Überschütten mit Milch eine wichtige Rolle in einer Reihe von Zeremonien spielen. Im Wechsel dazu stehen die großen religiösen Feste, zu denen alle, die sich einer Candomblé-Gemeinde zugehörig fühlen, zusammenkommen.

Wer schließlich selbst einen Candomblé leiten will, muss mindestens sieben Jahre eingeweiht sein. Er muss ein spirituelles Charisma besitzen, muss aber zugleich über das Wissen um die komplexen rituellen Abläufe und die mythologischen Zusammenhänge verfügen sowie über gute Kenntnisse der pharmakologischen Wirkung von Pflanzen. Denn ein großer Teil der alltäglichen Arbeit besteht in medizinischer und psychologischer Beratung – eine *mae* oder ein *pae de santo* erfüllen eher die Aufgabe eines Heilers denn eines Priesters.

Hubert Fichtes besonderes Interesse gilt nun den Vorgängen während der Einweihung, die strenger Geheimhaltung unterliegen. Wie schaffen es die *mae* und *pae de santo*, dass ihre Initianten lernen, jenen anderen Bewusstseinszustand der Trance herbeizurufen und zu kontrollieren? Welche Mittel und Techniken wenden sie dazu an? Bereits bei seinem Aufenthalt 1971 hat Fichte erfahren, dass die Initianten in der Einweihung eine strenge Fastenkur einhalten müssen und ihnen dabei regelmäßig Pflanzenabsude zum Trinken verabreicht werden. Auch werden sie in solchen Absuden gebadet und bekommen bestimmte Pflanzen unter ihre Schlafmatte gelegt. Viele Hinweise also, dass die Pflanzen ihren Teil zur Initiation beitragen. Zur gleichen Zeit hat Fichte jedoch auch erfahren, dass das Pflücken, Verarbeiten und Verabreichen der Pflanzen selbst wiederum mit rituellen Verhaltensweisen verbunden ist – nämlich mit sprachlichen Formeln, die unter anderem den religiösen Namen der Pflanzen enthalten. Deshalb ist für ihn offen geblieben, ob nun die pflanzliche

Substanz oder die heiligen Worte die Veränderungen hervorbringen – ob die Pflanzen nun chemisch oder magisch wirken? Diese Frage nicht vorschnell zugunsten einer naturwissenschaftlichen Erklärung aufzulösen – also eine chemische Wirkung der Pflanzen anzunehmen –, stellt eine große ethnographische Leistung dar und führt an jenen Ort ›dazwischen‹, in jenen dritten Raum des ›Bi‹, in dem Fichte seine ästhetische Darstellung des Wissens ansiedelt. Doch dieser Raum hat sich nicht in allen Publikationskontexten, in denen er sich bewegte, gleich umsetzen lassen. Aber im Vergleich der verschiedenen Arbeiten darüber konturiert er sich mehr und mehr heraus.

Die unterschiedlichen Darstellungen des Candomblé

Entsprechend der unterschiedlichen Publikationskontexte und ihrer mehr oder weniger engen Vorgaben ist Hubert Fichte in verschiedene Rollen geschlüpft. Als Journalist, der für den *Spiegel* und die *Zeit* berichtet, übernimmt er die Rolle des politisch-engagierten Beobachters, der den ideologiekritischen und marxistischen Denkfiguren seiner Zeit zuneigt. Als solcher fragt Fichte vor allem nach dem politischen Veränderungspotenzial der afro-brasilianischen Religionen, stellt das Land zu dieser Zeit doch eine Militärdiktatur dar. Eine zweite Rolle kommt ihm innerhalb des gemeinsam mit Leonore Mau verfolgten Projekts einer doppelten Dokumentation in Wort und Bild zu. Hier versucht er das Ideal einer reinen, am Medium der Fotografie orientierten Dokumentation umzusetzen, wie sie in *Eine Glückliche Liebe* entworfen ist, und überlässt sich zusammen mit der Fotografin dem ästhetischen Reichtum der Riten und Zeremonien. Eine dritte Rolle eröffnet die des Ethnologen. Fichte nimmt sie während seines Aufenthalts in Salvador da Bahia in dem Maße an, in dem er die Bedeutung der rituellen Pflanzen erkennt, die in den Riten und Zeremonien eingesetzt werden. Innerhalb der Ethnologie fallen Forschungen zu diesem Gegenstand in den

Bereich der Ethnobotanik, bzw. allgemeiner noch der Ethnomedizin. Eine letzte Rolle schließlich bietet ihm die des Romanciers, die es erlaubt, sich in einer bilderreichen Sprache den emotionalen und phantasmatischen Anteilen zuzuwenden und all dem, was das Erleben des Candomblé in ihm ausgelöst hat.

Der Journalist – kritische Reportagen

Für seine Reportage im *Spiegel*, die ein Bild Brasiliens zeichnen soll, wählt Fichte die Perspektive derer, die dem Candomblé und den anderen afro-brasilianischen Religionen anhängen. Aus dem Blick der Armen prägen Favelas, in denen es an der notwendigsten hygienischen und medizinischen Versorgung mangelt, die Lebenswelt der Menschen in Brasilien. Hinzu kommen Naturkatastrophen wie Dürre oder heftige Regenfälle. Die Widerstandsbewegung der Guerilla wird von dem diktatorischen Militärregime unter Präsident Medici gnadenlos bekämpft; sie ist schon lange in kleine Splittergruppen zerschlagen – ohne politischen Einfluss. Während die Masse der schwarzen Bevölkerung in Armut und Elend lebt, regiert eine kleine weiße Schicht in einem zutiefst rassistischen Land, das sich selber der Illusion hingibt, aufgrund seiner Geschichte keinen Rassismus zu kennen. *Nichts ist zur Verdrehung der Wahrheit wirksamer,* schreibt Fichte, *als die Fakten selbst in falschem dialektischen Zusammenhang.* (Spiegel 6/72, S. 90) Auch kritisiert Fichte die wachsende internationale Anerkennung des Militärregimes und die zunehmende wirtschaftliche Kooperation von Seiten der Industrieländer, beispielsweise des VW-Konzerns in Deutschland. Mit diesem Bild Brasiliens, das gegen die offizielle Selbstdarstellung des Landes anschreibt, hat Fichte heftige Reaktionen provoziert. Ein gehässiger und offen drohender Leserbrief, der im *Spiegel* veröffentlicht worden ist, stammt von Henrique Kroth aus São Paulo: »Hubert Fichte. Diesen Namen wird man sich gut merken in Brasilien. Der Mann ist kein anständiger Journalist,

der mit offenen Augen die Welt sieht und kritisch beleuchtet. Nein, er ist eine mit Pestbazillen infizierte Ratte.« (Spiegel 7/72, S. 11)
In den Augen des politisch engagierten Journalisten haben auch die afro-brasilianischen Religionen keinen Bestand. Zwar kreidet Fichte den westlichen Hochmut an, der den afro-amerikanischen Synkretismus nicht als das wahrnimmt, was er ist, nämlich *eine der größten religiösen Bewegungen aller Zeiten.* (Spiegel 5/72, S. 79) Er nennt die Schönheit der Feste, die Popkultur der Mischaltäre. Aber die Möglichkeiten, die sich aus der kultischen Botanik ergeben, beschreibt er als bedrohliche Praxis und folgt in seiner Einschätzung dem Marx'schen Vorbehalt gegenüber der Religion:
Der Candomblé hat unter mehr oder weniger bourgeoisen Linksintellektuellen einen nicht unerheblichen Anhang. Sie versuchen, eine oppositionelle Haltung in diese Religionsgemeinschaft hineinzuinterpretieren. Doch scheint mir, die Unterdrücker Brasiliens haben längst erkannt, daß sie keine besseren Verbündeten haben als die Priesterschaft der afroamerikanischen Mischreligionen, die nicht nur jeden Funken kritischen Bewußtseins löscht, sondern menschliches Bewußtsein überhaupt zu brechen imstande ist. (Spiegel 5/72, S. 80)

Mit dem letzten Halbsatz spielt Fichte auf eine spezielle Zeremonie innerhalb der Einweihung an, in der mit Hilfe des aus bestimmten Pflanzen und anderen magischen Ingredienzien gewonnenen Getränks *Abó* bei besonders hartnäckigen Initianten die Trancefähigkeit herbeigeführt werden kann. Die Zeremonie trägt den Namen *Obrigação da Conciênca* – die eigentliche Übersetzung lautet: Opfer für das Bewusstsein; Fichte jedoch übersetzt ihn in anderen Texten mit: das Zerbrechen des Bewusstseins. Hier, im *Spiegel*-Artikel, zeigt sich also sehr deutlich das Maß der Bedrohung, das für Fichte von der Möglichkeit ausgeht, die Priesterinnen und Priester des Candomblé seien in der Lage, in die menschliche Psyche einzugreifen.
Bezieht Fichte in der *Spiegel*-Reportage eine klare Position, so

geht er in seinem Beitrag für das *Zeit-Magazin* damit bereits spielerischer und reflektierter um:
Verdummung, Bewußtseinszerstörung, Abhängigkeit, neuerliche Versklavung der ehemaligen Sklaven untereinander – so bietet es sich dar, wenn man durch unsere bourgeoise Brille des Marxismus blickt.
Nimmt man als Zwicker Sade, Artaud, Genet, Burroughs, das Living Theatre, Mühl, Nitsch und Lil Picard zu Hilfe, so erkennt man eine mögliche subkonsziente Wirksamkeit. Es gelang auch den Ärmsten in Südamerika lange vor Pop eine bis ins Blutige gehende Popkultur von Altären, Opferzimmern, Opfertischen, Götternischen, Kultbäumen und Heiligenschiffen zu verwirklichen. Eine ästhetische Traumsicherheit, das sich geschmacklich und soziologisch Widersprechende zu einer neuen Dimension des Schönen zu verbinden. (Zeit-Magazin 23/72, S. 17)

Fichte stellt also verschiedene Blickweisen aus und konfrontiert den politisch-aufklärerischen mit einem ästhetischen Blick, der sich der Ausdruckskraft der afro-brasilianischen Religionen öffnet und in ihnen einen Vorschein bzw. sogar eine Vorwegnahme der europäischen Avantgarden einschließlich der damals zeitgenössischen Pop- und Happening-Kunst erkennt. Doch nicht allein der ästhetische Reichtum zieht Fichte an; er erkennt auch andere, innovative Aspekte, die den kritischen Blick unterlaufen und auf die eigene Gesellschaft zurückwenden. So schreibt Fichte in dem Artikel:
Homosexuelle beider Geschlechter finden im Candomblé nun nicht, wie Interessierte verbreiten mögen, ein Tummelfeld – aber sie werden weniger verachtet als anderswo und erfahren eine gewisse gesellschaftliche Selbstverständlichkeit – Selbstverständlichkeit, die bei der großen sexuellen Ambivalenz des brasilianischen Volkes sehr wohl eine gesellschaftliche Funktion erfüllt. (Zeit-Magazin 23/72, S. 17)

Wie eine Gesellschaft mit ihren ethnischen und sexuellen Minderheiten umgeht, stellt für Hubert Fichte ein wichtiges Kriterium der Beurteilung dar. Das hat sich bereits im vorangegangenen Kapitel in der Darstellung Portugals gezeigt. Im Zusammenleben der Mitglieder erkennt Fichte nun, so seine verhaltene Formulierung, eine gewisse Akzeptanz und Selbstverständlichkeit der Homosexualität, die er auf eine allgemeine bisexuelle Anlage der Brasilianer zurückführt. Damit zeigen sich in diesem Artikel zum ersten Mal im Werk von Hubert Fichte die Spuren der Lektüre von Gilberto Freyre. Vollends wendet sich der kritische Blick auf die eigene Gesellschaft zurück, wenn Fichte am Ende des Artikels über die spezifische Zeit im Candomblé zu sprechen kommt, die dort andere Wege geht als bei uns:

Die Zeit heißt Agogo und ist ein Musikinstrument. Es wird in sehr komplizierten, wechselnden Rhythmen angeschlagen, stellt in der melodielosen Polyphonik der Schlaginstrumente eine Art Basso Continuo dar.

Vielleicht unterscheiden sich die Gesellschaften weniger durch ihre wirtschaftliche Struktur als durch die Auswirkungen andersartiger Zeitbegriffe. Für uns ist eben Zeit Money und Lebenszeit damit einmünzbar, zuteilbar, einschränkbar und auf die absurdeste Weise durch Beschleunigung zu füllen. Unsere Zivilisation mißt Leistung in Stundenkilometern und verliert Leben in Stundenkilometern.

Die Zeitvorstellung der Yoruba scheint eine wesentlich andere zu sein. Sie ist den Bedürfnissen der Empfindlichkeit nach zu dehnen oder in Synkopen zu verdichten. Vieles ist für die Afrikaner kaufbar. Zeit nicht. In Salvador, einer Stadt, die sicher zu neun Zehnteln schwarz ist, gehen die Uhren nicht anders – es gibt fast keine.

Vielleicht beruhen die Mißverständnisse, diese tödliche Ignoranz der weißen Rasse den Afrikanern gegenüber – die den tropischen Rhythmus der arbeitenden Schwarzen immer noch als Faulheit und Dummheit deutet – nur auf einer Unsensibilität dem afrikanischen Zeitbegriff gegenüber. (Zeit-Magazin 23/72, S. 17)

Die Kritik ist scharf formuliert und sitzt. Sie belegt, dass Fichte, selbst in der Rolle als Journalist, sehr wohl bereit gewesen ist, im Lebensmodell des Candomblé, ohne dessen Schattenseiten zu verschweigen, eine humanere Alternative zu den westlichen Gesellschaften zu sehen. Doch nicht allein deswegen ist diese Passage interessant, taucht doch hier bereits das zentrale Begriffspaar auf, das die weiteren Arbeiten in den 1970er und 1980er Jahren prägen wird: Empfindlichkeit bzw. Sensibilität versus Unempfindlichkeit bzw. Unsensibilität.

Der Dokumentarist –
das Projekt der doppelten Dokumentation

Empfindlichkeit – in der Wahrnehmung, im Verstehen und in der Darstellung – glaubte Fichte wohl am ehesten in Form einer reinen Dokumentation verwirklichen zu können. Die widerstreitenden Aspekte, die damit verbunden sind, hat er, wie wir im letzten Kapitel gesehen haben, in dem Roman *Eine Glückliche Liebe* dargestellt. In Salvador findet nun die Zusammenarbeit der Fotografin und des Schriftstellers, die in Sesimbra zu einem Fotofilm geführt hat, ihre Fortsetzung. Gemeinsam begeben sie sich auf die Suche nach einer adäquaten Form der Darstellung für ihre doppelte Dokumentation in Wort und Bild – jenseits der Zwänge, die der Journalismus mit sich bringt. Dabei soll nicht die eigene Person im Vordergrund stehen, nicht die Akte der Interpretation und des Vergleichs mit der eigenen Kultur – vielmehr sollen vor allem die Anderen zur Erscheinung gebracht werden, und zwar in der Weise, wie sie sich selbst präsentieren und wie sie selbst über sich sprechen. Empfindlichkeit: Das meint in diesem Zusammenhang vor allem die Fähigkeit, Eindrücke zu sammeln und mit Hilfe des eigenen Mediums – der Fotografie oder des Schreibens – deren Abdruck festzuhalten. Diese Haltung darf nicht mit einem naiven oder objektiven Verständnis von Dokumentation verwechselt werden. Das Subjektive ist stets gegenwärtig, stellt es doch, gleichsam als Resonanzboden, die Voraussetzung der Dokumentation dar – eben in einer empfindlichen, sensiblen Wahrnehmung.

Den Ausgangspunkt der dokumentarischen Arbeiten bildet wieder einmal der Ort – die Stadt Salvador da Bahia. In *Explosion* findet sich ein Satz, der das Ideal der immer körperlich und sensitiv verankerten Empfindlichkeit im Hinblick auf die Stadt knapp zum Ausdruck bringt: *Er* [Jäcki] *erwanderte sich den Plan der Stadt, wie man einen Körper streichelt.* (Explosion, S. 180)

Die soziale Lebenswelt, die sich in Brasilien und anderen Ländern Süd- und Mittelamerikas in extremen Gegensätzen äußert, gehört bei Leonore Mau und Hubert Fichte immer zu ihrer Erkundung dazu. In diese Lebenswelt sind die afroamerikanischen Religionen eingebettet; auf diese Lebenswelt reagieren sie. Sosehr sich Mau und Fichte im Weiteren auf die Feste und Zeremonien einlassen – in Salvador wählen sie bewusst den Zeitraum von einem Jahr, um einen ganzen religiösen Jahreslauf miterleben zu können –, so wenig erscheinen die Feste und Zeremonien als isolierte, ästhetische Phänomene. Erst unter diesem sozialen Vorzeichen versuchen Mau und Fichte, in ihren Fotografien und Texten die rituelle Phantasie der Zeremonien, den Farbenreichtum der Masken, geschminkten Körper und Kostüme, den Rhythmus der Trommeln und der Musik und die Körpergewandtheit der Tänze und der Trance einzufangen und wiederzugeben.

Ihre gültige Gestalt haben die dokumentarischen Arbeiten in dem vierbändigen Zyklus *Die afroamerikanischen Religionen* gewonnen. Die beiden Fotobände von Leonore Mau mit den Titeln *Xango* und *Petersilie* werden durch zwei Textbände von Hubert Fichte mit denselben Titeln ergänzt. Die Fotografien und Texte, die aus dem einjährigen Aufenthalt in Salvador da Bahia hervorgegangen sind, bilden jeweils das erste Kapitel im Bild- und im Textband *Xango* und können als das Grundmuster für alle weiteren, anderen Forschungsreisen in andere Länder vorbehaltenen Kapiteln angesehen werden.

In den beiden Büchern lässt sich eine gegenläufige Bewegung feststellen. Einerseits sind die Fotografien zu langen Bildserien zusammengestellt. Das Brasilienkapitel beispielsweise besteht aus 36 Fotografien. Farbige und schwarzweiße Fotografien wechseln einander ab und kommen manchmal sogar auf einer Doppelseite zusammen; ferner unterstützt der weitgehende Verzicht auf stabilisierende Ränder den Charakter der fortlaufenden Bilderserie. Durch diese und andere formale Mittel wird die dokumentarische Abbildqualität der Fotografie unterlaufen und zurückgenommen, die uns Betrachter ja ständig dazu verführt, nicht eine Darstellung, sondern die dargestellten Dinge selber zu sehen.

Andererseits besteht das Brasilienkapitel in dem Textband *Xango*, das aus einer kürzenden Überarbeitung des vierteiligen Radiofeatures *Bahianisches Tagebuch* hervorgegangen ist und in dieser Form etwa 100 Seiten umfasst, aus vielen kurzen Textsegmenten, die sich zu einem Collagetext zusammenfügen. Knappe, sehr visuell gehaltene Beschreibungen einzelner Augenblicke stehen neben Auszügen aus Statistiken, Interviews neben Reihen von Götternamen, Zeitungsmeldungen neben Zitaten aus historischen Werken. Sehr disparate Textmaterialien werden auf diese Weise unmittelbar miteinander konfrontiert und in eine offene Textgestalt überführt. So entsteht ein Netz aus Bezügen, das Möglichkeiten der Verknüpfung eröffnet, aber keine linearen Verkettungen festlegt.

Einer fotografischen Prägung der Schreibweise Hubert Fichtes steht mithin eine Textualisierung der Fotografien von Leonore Mau gegenüber. Es ist diese verschränkte Form, die eine dichte Beziehung zwischen den Fotografien und den Texten stiftet und von uns Lesern eine synästhetische, Bild und Text parallel verarbeitende, betrachtende Lektüre verlangt. So entsteht ein bewegliches, netzartiges Gefüge aus Wörtern und Bildern. Auf diese anschauliche und bewegliche, letztlich unabgeschlossene Art ethnologischer Erkenntnis zielen die Arbeiten der doppelten Dokumentation – darin besteht das Ideal, das Leonore Mau und Hubert Fichte als Alternative zur wissenschaftlichen Erkenntnis anbieten: eine Ethnologie der Empfindlichkeit.

Versucht man, die lange Bildserie in dem Fotoband zu gliedern, bieten sich drei Sequenzen an: Die ersten Bilder zeigen das soziale Milieu der afro-brasilianischen Kulte, zeigen Armut, Abhängigkeit, gesellschaftliche Hierarchie und Rassismus. Die zweite Sequenz beginnt mit der Fotografie einer Wasserprozession für die Göttin *Iemanjá*, durch die zum ersten Mal die Religiosität thematisiert wird, gefolgt von einer Reihe von Fotografien, die verschiedene Aspekte der Vermischung, des Synkretismus im Candomblé aufzeigen. Die dritte Sequenz ist um den Begriff Initiation gruppiert. Sie beginnt mit zwei Fotografien, auf denen die Vorbereitungen in einem Tempel für eine Zeremonie zu sehen sind. Sie wird fortgesetzt durch verschiedene Fotografien der Einweihung junger Mädchen und gipfelt schließlich in der Fotografie, auf der ein männlicher Initiant mit dem Blut eines Opfertieres übergossen wird – um sich mit der mystischen Kraft *axé* zu stärken. Diese Fotografie ist sodann Anlass für einen assoziativen Exkurs, der die Opfer eines Regensturzes in einer Favela, ein Leichenschauhaus und einen Beerdigungsunternehmer und mithin die Gegenwart des Todes im Alltag zeigen, bevor eine letzte Fotografie die Initiation mit einem Speiseopfer für die Götter abschließt. Die zusammengestellten Fotografien stammen aus drei verschiedenen Tempeln und lassen sich doch zugleich als Abfolge einer konstruierten Initiation in den Candomblé betrachten. Die letzten beiden Fotografien zeigen zwei synkretistische Altäre – im allerletzten spiegeln sich Leonore Mau und Hubert Fichte in einer gewölbten Glasscheibe als Lichtreflexe.

Alle Themen, die in der Serie der Fotografien visuell verdichtet sind, finden sich auch im korrespondierenden Text von Hubert Fichte wieder. So lernt man aus zahlreichen Textstücken die sozioökonomische Situation von Arbeitern im Staat Bahia kennen, sei es aus Statistiken über die Entwicklung der Lebensmittelpreise, sei es, dass Einzelne in kurzen Interviews über ihre persönliche Situation berichten, sei es durch zitierte Zeitungsausschnitte aus *Jornal do Brasil*, *Jornal do Bahia*, *Tribuna da Bahia* und *A Tarde*. Auch der Rassismus wird erwähnt: So untersucht Fichte, wie häufig in einzelnen Zeitungen Schwarze abgebildet sind. Das Ergebnis ist ernüchternd: Im *O Cruzeiro* vom 20. Januar 1971 beispielsweise waren es von 340 abgebildeten Personen neun. (Xango/Text, S. 50) Von der Subkultur der Schwulen in Salvador da Bahia, in die bereits zwei Fotografien einen ersten Einblick gewährt haben, erfährt man im Text Weiteres. So berichtet ein Schneider in einem längeren Interview über seine persönliche Entwicklung und sein Leben. (Xango/Text, S. 42-45) Einige Male taucht Homosexualität auch in Verbindung mit dem Candomblé auf. Ein *pae de santo* mit dem Namen Bispo de Paris erzählt, dass früher in den Yoruba-Kulten keine Männer tanzten – also in Trance fielen. Ausgenommen davon waren homosexuelle Männer, denen man eine besondere Empfänglichkeit für die Götter nachsagte. Auch Pierre Verger, den Fichte in seinem Text den *weißen Papst des schwarzen Candomblé* nennt und der als einer seiner wichtigsten Gesprächspartner immer wieder im Text auftaucht, gibt neben vielem anderen auch darüber Auskunft, wenn auch sehr zurückhaltend.

Außer Pierre Verger sind zudem die Candomblé-Priesterin Professora Theresa und der Candomblé-Priester Pedro de Batefolha die wichtigsten Partner in der Forschung. Bei Professora Theresa können Leonore Mau und Hubert Fichte die verschiedenen Stadien der Einweihung über drei Monate mitverfolgen; bei Pedro de Batefolha hingegen das *Axexe* eines hohen Würdenträgers seines Tempels – den Ritus nach dem Tod eines Eingeweihten, durch den die Götter aus dem Kopf zurück in ihre Sphäre geleitet werden. Fichte bezeichnet diesen Ritus als Gegenpol zur Einweihung. Außerdem wird Hubert Fichte von Pedro auf die hohe Bedeutung der kultischen Pflanzen aufmerksam gemacht – was jedoch auch in den Gesprächen mit Pierre Verger anklingt.

Auch auf eine andere Initiation wird im Text angespielt: auf die Initiation von Leonore Mau und Hubert Fichte in ihren

Forschungsgegenstand. Sie besteht – vor allem – darin, dass es ihnen mit Ausdauer und Geschick gelingt, an einer Zeremonie teilzunehmen, bei der der Initiant mit dem Blut geopferter Tiere übergossen wird – und diese zu fotografieren. Im Text finden sich viele Segmente, in denen Fotografen oder andere Informanten über die Unmöglichkeit oder die hohen Kosten und andere Schwierigkeiten sprechen, die Zeremonie zu dokumentieren. So wird das Thema langsam aufgebaut. Schließlich zeigt sich Professora Theresa einverstanden, dass die beiden deutschen Forscher daran teilnehmen können. Sie beteiligen sich an den Vorbereitungen, kaufen die Opferziegen; aber als sie am Tag der Zeremonie zum vereinbarten Zeitpunkt eintreffen, ist das Blutbad bereits vollzogen, und Professora Theresa redet sich mit einem *Ja, der Gott hat es so bestimmt* heraus. (Xango/Text, S. 34) Doch gegen Ende ihres Aufenthalts haben Leonore Mau und Hubert Fichte in einem anderen Tempel außerhalb von Salvador, im Tempel der fast 100-jährigen Priesterin Nanã, Erfolg. Es gelingt – damit haben sie ihre Initiation bestanden.

Wirft man noch einmal einen Blick zurück auf den Artikel im *Zeit-Magazin*, so zeigt sich deutlich ein Kriterium, das den Unterschied zwischen der journalistischen Veröffentlichung und der Buchpublikation markiert: Alle offensichtlichen Bewertungen und Interpretationen sind ebenso gestrichen wie alle Vergleiche und Rückbezüge zur europäischen Kultur. Im Artikel, um nur ein Beispiel nachzutragen, sieht Fichte in dem Ritual eine Reminiszenz an die Geburt. Deshalb auch der Titel *Die Bluttaufe*. Fichte schreibt dort: *Das Blutbad ist eine Imitation des Geburtsvorgangs. Das scheint mir keine Hypothese mehr, das ist ein belegbares Faktum. […] Das Blutbad fasziniert vielleicht deshalb jeden von uns derart, weil wir meinen, daran bewußt das Blutbad unserer eigenen Geburt nachzuvollziehen.* (Zeit-Magazin 23/72, S. 12) Fichte bleibt hier in der bloßen Behauptung und der Spekulation stecken, denn einen Beleg bleibt er schuldig. Es kommt seine Interpretation – und wohl auch vor allem seine Faszination – zum Ausdruck, die für die europäischen Leser einen

Zugang zu dem Geschehen eröffnen mag, sich jedoch nicht mit der Selbstinterpretation der Candomblé-Anhänger deckt. Für diese handelt es sich vielmehr um ein Ritual, das die Bindung zwischen dem *orixá* und dem Initianten stärkt, indem über das Blut die Lebensenergie *axé* übertragen wird. Es ist als eine Stärke der dokumentarischen Arbeiten in Buchform anzusehen, dass Fichte konsequent alle Interpretationen, die als Vermittlungshilfe an die Leser gedacht sind, streicht, um so die Fotografien und Texte auf jene zu reduzieren, deren Lebenswelt und deren kulturelle Praktiken zur Anschauung gebracht werden sollen.

Der Ethnologe –
die Trance und das Einweihungsgetränk Abó

Der im engeren Sinn ethnologische Ertrag des einjährigen Aufenthalts in Salvador da Bahia ist zum einen in dem bereits erwähnten Radiofeature *Die Trance in den afroamerikanischen Mischreligionen* zu sehen, zum anderen in dem Artikel *Abó. Anmerkungen zu den rituellen Pflanzen der afro-brasilianischen Religionsgruppe*, der erstmals in der Zeitschrift *Ethnomedizin* erschienen, dann als Appendix dem Band *Xango* beigegeben und schließlich in *Lazarus und die Waschmaschine* noch einmal aufgenommen worden ist.

Das Feature zur Trance ist komplex angelegt. Immer wieder schildert Fichte in eindrücklicher Weise rituell eingebundene Trancen, die er in Brasilien und Haiti beobachtet hat. Die Beschreibungen ergänzt er einerseits durch Aussagen von Anhängern des Candomblé und des Vaudou, die Geschehen aus der Sicht ihrer Religion beschreiben, andererseits durch ethnologische Studien, die auf der Grundlage verschiedener Theorien das Phänomen der Trance in den Blick nehmen. Das Feature belegt, wie intensiv sich Hubert Fichte mit diesem Phänomen auseinander gesetzt und sich dabei dem Dilemma ethnologischen Wissens gestellt hat:

Sprecher A: *Alle angeführten Bezeichnungen taugen nicht zur*

Reflexion des hier behandelten Phänomens – die europäischen bedeuten fremde Etikette; die brasilianischen und haitianischen bedeuten keine fremden Interpretationen – sie übersetzen magische Vorstellungen. Analytisch sind sie nicht. (Trance-Manuskript, S. 7)

Aus diesem Dilemma gibt es für Fichte kein Entkommen. Am Ende des Features, nach dem Durchgang der verschiedenen bald physiologischen, bald individual-, bald sozialpsychologischen Versuche, einen Zugang zur Trance zu finden, bekräftigt Fichte denn auch den unvereinbaren Dualismus der beiden Weltbilder. Dieser lässt sich nicht vermittelnd auflösen; es bleibt nur die Bewegung des Hin und Her – die Bewegung ›dazwischen‹:

Sprecher D: *Magie und Trance gehören dem wissenschaftlichen Kausalitätsbegriff nicht an – doch schon Ernst Robert Curtius wußte, daß das magische Weltbild eine Gesetzlichkeit und Ordnung besitzt, die dem Weltbild des wissenschaftlichen Kausalitätsbegriffes in nichts nachstehen.* (Trance-Manuskript, S. 105)

Deshalb entfaltet Fichte aus der Bewegung des Hin und Her eine beschreibende Annäherung, die sich sowohl aus den Selbstinterpretationen der Kultur speist als auch den eigenen, unhintergehbaren Ethnozentrismus – im Falle Fichtes die Prägung durch das abendländisch-europäische Weltbild in seiner naturwissenschaftlichen Ausrichtung – mitreflektiert. So kommt es zu einer behutsamen Passage, in der die Trance anschaulich und begreifbar wird:

Sprecher G: *Das Bewußtsein in der Trance ist ein besonderes, ein gespaltenes – der eine Teil ist eingeengt, wenn nicht ausgeschaltet, der andere Teil erweitert sich in die Zukunft und die Vergangenheit hinein, dehnt sich auf Kontinente und Meere aus, kommuniziert mit den Toten, den Ahnen und den Geistern der neuen, erzwungenen Heimat.* […]

Sprecher B: *Es ist fragwürdig genug, bei der Beschreibung des schwarzen Synkretismus von »Bewußtsein« im Sinne der west-*

lichen Industrienationen zu sprechen – unwissenschaftlich und unhuman zugleich wird es, wollten wir ein abendländisches Ich aus den Afroamerikanern herauspräparieren – jenen Wortfetisch, jenes Gespenst unserer selbst.
Wie in vielen afrikanischen Religionen gibt es auch in dem afroamerikanischen Synkretismus die Idee von zwei immateriellen Entitäten, »Seelen«, »Ichs« oder ähnlichem. Eine davon, die größere, gewichtigere verläßt das Pferd, wenn der Gott es besteigt.
Sprecher D: *Unter den wenigen naturwissenschaftlich erhärteten Charakteristika der Trance figuriert der Gedächtnisverlust, das Black out, die Amnäsie, der Verlust der Schmerzempfindlichkeit und der Verlust des Zeitbegriffs.*
Doch was heißt hier Zeitbegriff?
Agogo heißt auf Yoruba die Zeit.
Das Agogo ist eine eiserne Doppelglocke, die während der Zeremonien geschlagen wird.
Die Zeit ist also ein Musikinstrument und könnte deshalb verschiedene Qualitäten und Dimensionen haben. (Trance-Manuskript, S. 100–102)

Danach brechen die Ausführungen zur Zeit – anders als im *Zeit*-Artikel – ab; auch hier gibt es also keinen kritischen Rekurs auf die eigene Gesellschaft. Dafür jedoch das behutsame und bewegliche Hin und Her der Standpunkte, von denen aus die Trance beschrieben wird. Stellt man sich nun dazu das hörbare Feature vor, wie es im Radio aufgeführt wird, so unterstützen die unterschiedlichen Stimmen der Sprecher jene Bewegung – eine akustische Fragmentarisierung, die den Fluss des Gedankengangs unterbricht und die einzelnen Gedanken von Stimme zu Stimme weiterreicht.
Gegenüber dem Feature bemüht sich der Artikel *Abó* um eine geraffte, zusammenfassende Darstellung der ethnobotanischen Studien und ihrer Resultate während des Aufenthalts in Salvador da Bahia. Obwohl ein wissenschaftlicher Duktus unverkennbar ist, unterläuft Fichte auch hier wieder Konventionen. Indem er ausführlich von den Bedingungen

und Umständen seiner Forschungen handelt, betont er ihren Prozesscharakter und bindet sie mit dem Gebrauch des ›Ich‹ an seine eigene Person zurück.

Ich hätte mich, schreibt Fichte, mit einigen freundlichen Aufschlüssen von Pierre Verger, dem Einblick in die botanisch-anthropologischen Aufzeichnungen Vivaldo Costa Limas und den Angaben in El Monte *von Lydia Cabrera zufrieden gegeben, wenn nicht eine Frage in einem der angesehensten Candomblés der Stadt Salvador eine Reihe von Informationen ausgelöst hätte.* (Xango, S. 323) Zwei Seiten später kommt Fichte noch einmal auf diese, so vieles auslösende Situation zu sprechen: *Ich hatte den Ogã naiv nach dem Namen einer hübschen Pflanze gefragt, und da diese eine der wichtigsten des Candomblés ist, das nicht ganz leicht erhältliche, auch auf Jamaica und Haiti, Puerto Rico, in der Dominikanischen Republik und in Guyana kultisch verwendete* Milagre de São Joaquim, *meinte der Würdenträger, ich wolle auf indirekte Weise meine Kenntnisse dokumentieren und zum Wissensaustausch anregen.* (Xango, S. 326) Damit hat Fichte zugleich eine Erfahrung gemacht, die eng mit der Geheimhaltung aller nicht-öffentlichen Bereiche des Candomblé zusammenhängt, zu der die Eingeweihten verpflichtet sind:

Der Zwang zur Diskretion, der die Einweihung und ihre Folgen umgibt, hat allerdings eine Kehrseite: die Versuchung des Ausplauderns, den Zwang zur Mitteilung. Über religiöse Geheimhaltung gibt es eine umfangreiche Literatur – der Verrat an religiösen Geheimnissen und sein psychosoziales Feld bedürfen der Untersuchung! Ausplaudern im Candomblé – nicht dem ersten besten gegenüber, nicht sofort und jederzeit, im Vorhof des Geheimnisses erst, dort, wo letztlich das Verwischen jeder stichhaltigen Erkenntnis stattfinden kann oder eben auch eine uneingeschränkte Aufklärung. (Xango, S. 324)

Wer bis dahin gelangen will und sich im Vorhof des Geheimnisses bewegt, muss eine Reihe von Verhaltensregeln befolgen, die Fichte anspielungsreich offen legt:

Geduld. (Zeit, Uhrzeit, ein in wechselndem Rhythmus ertönendes Schlaginstrument.)
Takt. (Ein kompliziertes System der Höflichkeit besteht in der Welt des Candomblé. Indirektheit, Periphrasen, Understatement, Respekt verratende, genau begrenzte Respektlosigkeiten sind einige Charakteristika.)
Taktlosigkeit. (Jedes Mitglied und jeder Besucher eines Candomblé steht an einem genau bestimmten Platz der repressiven Hierarchie; die elastischen Formen leisten ein unerbittliches Reglement. [...] Wenn man dies System nicht taktlos oder mit einem Gegentakt durchbricht, würde man in einem Candomblé [...] wohl nie etwas Weitergehendes erfahren, bevor man nicht geweiht worden wäre und dann nach Jahrzehnten das Glück hätte, zum Ogá der Kräuter ernannt zu werden. (Xango, S. 329)

Gerade diese Möglichkeit jedoch, die viele Ethnologen der afro-amerikanischen Religionen ergriffen haben – unter anderem Pierre Verger –, lehnt Hubert Fichte für sich strikt ab: *Der andre Weg, sich einweihen zu lassen, erscheint, wenn nicht überhaupt unmöglich, so doch fragwürdig. Wird ein Neophyt noch wissenschaftlich vorgehen mögen? Ausserdem schlösse die Einweihung ja gerade diejenigen Veränderungen des Bewusstseins ein, die es ungetrübt zu beobachten gilt.* (Xango, S. 338/39)

Einmal mehr scheint hier das Behaupten dieser strikten Position aus einer gewissen Angst heraus motiviert zu sein. Zudem neigen die Formulierungen – ähnlich wie im Feature – zu einer Hypostasierung der Weltsichten, die unvereinbar nebeneinander stehen – als ob das Bewusstsein tatsächlich vollkommen verändert und neu eingestellt werden könnte. Ebendiese angstbesetzte Vorstellung klingt auch in der Wortwahl Fichtes an, wenn er die Vorgänge während der Initiation als eine *Gehirnwäsche* beschreibt. Man muss auf das kulturelle Echo dieses Wortes hören; nur ein Beispiel: 1971 der Film *A Clockwork Orange* von Stanley Kubrick. Die

Geschichte des gewaltlüsternen Alex, der sich im Gefängnis freiwillig einer Therapie unterwirft, in der er zwei Wochen lang – mit einem Medikament voll gepumpt und die Augen mittels einer Apparatur aufgehalten – Filme über Sex und Gewalt vorgespielt bekommt, bis er so konditioniert ist, dass er auf jede Art von Aggression nur noch mit Brechreiz und Fluchtverhalten reagieren kann. In dem Wort Gehirnwäsche sind also Ängste vor einer wie immer gearteten staatlichen Manipulation oder Dressur enthalten, durch die eine bestimmte Ideologie aufoktroyiert wird. Ferner greift Fichte im Zusammenhang mit der Initiation auch sehr häufig auf den Begriff Konditionierung zurück. So wird vor allem die *Trancefähigkeit konditioniert* – ein positivistischer Begriff, der aus dem in den 1950er und 1960er Jahren einflussreichen biologischen Behaviorismus stammt.

Ein anderes kulturelles Echo ist zu vernehmen, wenn Fichte an einer Stelle knapp auf den Zeitbezug seiner Forschungen zu sprechen kommt: *die Kenntnis der Veränderung des Menschen durch pflanzliche Stoffe betrifft die Belange unserer ganzen Generation* [...]. (Xango, S. 324) Damit ist der wachsende Konsum von leichten und zunehmend auch harten Rauschdrogen angesprochen, der Anfang der 1970er Jahre um sich greift. Als sich nach 1968 immer deutlicher gezeigt hat, dass sich die Gesellschaft nicht in einem revolutionären Handstreich verändern lässt, dass nicht einmal die aufgestaute Energie einer Generation, die den Nationalsozialismus als kulturelles Erbe aufgebürdet bekommen hat, ausreicht, um humanere Verhältnisse zu schaffen und sich die gesellschaftlichen Strukturen als starres und unbewegliches ›System‹ offenbaren, verweigern sich nicht wenige und suchen, wenn nicht mehr die Gesellschaft, so doch sich selber zu verändern. Sie wollen neue Weiten in sich entdecken, ungesehene Bilder, noch nicht empfundene Glücksmomente.

In dem Artikel *Abó* werden schließlich alle angesprochenen oder anklingenden Bezüge zu den Zeitströmungen in der eigenen Kultur in die lange Tradition des abendländischen Wissens aufgehoben. Fichte schreibt:

Ich selbst bin durch keinerlei Zeremonie oder Wort zum Schweigen verpflichtet. [...] Geheimnisse zu verletzen, esoterisches Wissen zu profanieren widerstrebt mir – andrerseits haben alle meine Informanten freiwillig gesprochen, [...] und schließlich fühle ich mich unweigerlich der Tradition des Wissenwollens und Fragens zugehörig, dass ich eine mögliche Erweiterung unserer Kenntnisse vom Menschen durch atavistische Gefälligkeiten nicht zurückdrängen möchte. (Xango, S. 324/25)

Der Romancier –
im Herz der Geschichte der Empfindlichkeit

Den vielen verstreuten und ganz verschiedenen Arbeiten, die wir bisher betrachtet haben, steht *Explosion. Roman der Ethnologie* entgegen – und bezogen auf den Aufenthalt in Salvador da Bahia der zweite Teil *La Double Méprise*. Um den hohen Stellenwert zu ermessen, den dieser Roman – und mithin die darin erzählten drei Reisen nach Brasilien – für das Werk von Hubert Fichte besitzt, möchte ich hier kurz auf die Entstehung des Romans eingehen.

Im März 1985 ist zu Hubert Fichtes 50. Geburtstag ein Materialienband erschienen, in dem ein Arbeitsplan der *Geschichte der Empfindlichkeit* abgedruckt ist. Er verzeichnet die folgenden 19 Bände: *I. Hotel Garni. Roman / II. Der Kleine Hauptbahnhof oder Lob des Strichs. Roman / III. Die Zweite Schuld. Roman / IV. Eine Glückliche Liebe. Roman / V. Alte Welt. Glossen / VI. Der Platz der Gehenkten. Roman / VII. Explosion. Roman der Ethnologie / VIII. Rückkehren. Glossen / IX. Poetik des Kleinen Romans. Roman / X. Glossen / XI. Victoria Square. Essai über Sade / XII. Glossen / XIII. Die vierte Große Reise. Roman / XIV. Glossen / XV. Forschungsbericht. Roman / XVI. Glossen / XVII. Die Geschichte der Naná. Roman / XVIII. Die Schwarze Stadt. Roman / XIX. Hamburg Hauptbahnhof. Register.*

Zwischen März und September 1985 fiel die Diagnose einer schweren Krebserkrankung; ein baldiger Tod war nicht auszuschließen. Diese Situation zwang zu einer dramatischen Revision des Arbeitsplans. Von den 19 geplanten Bänden lagen bis dahin höchstens fünf fertig vor. Es war klar, dass im Ernstfall von den ausstehenden Bänden nur noch ein Bruchteil verwirklicht werden konnte. Der wichtigste unter den fehlenden Bausteinen der *Geschichte der Empfindlichkeit* war für Hubert Fichte *Explosion. Roman der Ethnologie.* Dieses Buch wollte er unbedingt noch schreiben. Deshalb flog er zusammen mit Leonore Mau am 12. September 1985 nach Lissabon und fuhr von dort weiter nach Caparica, um dort, in dem Land, in dem vor über 20 Jahren alles begonnen hatte, zurückgezogen den Roman zu schreiben. In nur zwei Monaten entstand ein handschriftliches Manuskript von vielen hundert Seiten. Am 22. November musste er jedoch, bereits von heftigen Schmerzen geplagt, nach Hamburg zurückkehren. Im Januar schloss er das Manuskript ab und vermerkte auf dem Deckblatt: *22. 1. 1986 I, II, + III / kann als eine erste Fassung veröffentlicht werden* [...]. (Explosion, S. 851) Die Kraft, die Fichte zum Abfassen in einer extremen und bedrohlichen Lebenssituation mobilisiert hat, aber auch der explodierende Umfang des Manuskripts zeigen die große Bedeutung, die diesem Buch zukommt.

Was das Projekt der *Geschichte der Empfindlichkeit* leitet, gilt für *Explosion* im Besonderen. Hier zeigen sich die beiden Leitlinien des Erzählens sehr deutlich: einerseits offen und direkt die Sexualität – vor allem Jäckis – zu schildern, die ja bei Fichte eng verknüpft ist mit seinem Begriff der Empfindlichkeit; andererseits die Geschichte des Schriftstellers Jäcki und der Fotografin Irma zu beschreiben und zu kommentieren. In dieser Hinsicht bezieht sich der Roman *Explosion*, expliziter als auf die anderen bisher besprochenen Texte, auf die doppelte Dokumentation im Foto- und Textband *Xango*. Denn dort ist, wie wir gesehen haben, das Subjektive zwar stets gegenwärtig, aber eben nur als Verankerung einer empfindlichen, sensiblen Wahrnehmung – ein darstellendes Subjekt, das hinter die dargestellte Lebenswelt zurücktritt. So ist beispielsweise der Aspekt der Homosexualität in den afro-brasilianischen Religionen zwar angesprochen, aber in keiner Weise wird beschrieben, wie das wahrnehmende Subjekt darin verstrickt ist. Die persönliche Seite ist ausgeschlossen. Die wird nun in dem Roman erzählt und bezeichnenderweise wechselt die Erzählperspektive von der 1. Person in die 3. Person. Nun geht es vor allem um Jäcki, aber auch um Irma und die Beziehung zwischen den beiden Figuren. Hier findet nun all das seinen Ausdruck, was für die doppelte Dokumentation in den Hintergrund gerückt wurde: die subjektive Dimension, die vielen Erinnerungen, die beim Wahrnehmen einer fremden Welt unwillkürlich auftauchen, aber auch Ängste, Bedenken, Begeisterung, Freude, Phantasie, Lust – all das, was für Hubert Fichte unhintergehbar zur ethnographischen Forschung gehört, weil es die Wahrnehmung der fremden Welt prägt, leitet und einschränkt. Doch all diese Elemente finden sich nicht nur auf der Ebene des erzählten Inhalts, sondern auch in der Weise des Erzählens wieder. So ist *Explosion* voller intensiver Sprachbilder, die dem Erzählen eine deutlich emotionale Grundierung geben und aus dem Roman – trotz seines Umfangs – ein sehr lyrisches Buch machen.

Im Hinblick auf die zweite Leitlinie findet in *Explosion* eine direkte Auseinandersetzung mit dem Verfahren der literarischen Collage statt. Im ersten und zweiten Teil des Romans wird erzählt, wie Jäcki sich dieses Verfahren durch seine Arbeiten für den Rundfunk aneignet – allen voran durch ein Feature, das aus der ersten Reise nach Brasilien hervorgeht:

Jäcki holt sich die Schere aus dem Bad.
Jäcki beginnt die Zeitung zu zerschneiden, wie er ehemals Irmas Bilder zerschnitt [...]
Aber nicht um sie zu sogenannten surrealistischen Collagen neu zusammenzusetzen
Bilder, die das Innere außen sichtbar machen [...]
Sondern Wörter, Artikel, die er sammeln will damit Peter Ladi-

ges es dann schön für den Rundfunk in Wellen setzt, welche die Außenwelt beschildern.
Newsreel, nannte es Dos Passos
Ein Bild aus tausend widersprüchlichen Fitzeln (Explosion, S. 18)

Aber auch dieser Aspekt bleibt nicht auf die Ebene des erzählten Inhalts reduziert, auf der sich eine Beschreibung der Arbeitstechniken mit einer kommentierenden Reflexion verschränken. So spielt die eben zitierte Passage nicht nur auf die frühen Fotocollagen an, die Fichte zu Beginn der 1960er Jahre aus Fotografien von Leonore Mau angefertigt hat, um sie seinen Theaterstücken als Illustrationen beizugeben – und dabei auch seine damalige Intention offen zu legen. Mit dem Bezug zu Dos Passos ist in der Passage zugleich ein Hinweis auf das literarische Vorbild der Collagetechnik für seine Radiofeatures gegeben. Gemeint ist dessen *USA Trilogie* und vor allem sein Roman *Manhattan Transfer*, in den er unter der Bezeichnung *news reel* – Wochenschau – Schlagzeilen und Nachrichten aus verschiedenen Zeitungen als Zwischenkapitel integriert hat. Zu der Ebene des erzählten Inhalts kommt nun hinzu, dass in *Explosion* Stücke aus dem Radiofeature – im ersten Teil des Romans – und aus dem Textband *Xango* – im zweiten Teil – aufgenommen sind. Sie stellen Selbstzitate dar, die den Stand der damals erreichten Arbeits- und Schreibweise dokumentieren sollen. Auf diese Weise wird also auch auf der formalen Ebene des Erzählens Jäckis schriftstellerische Entwicklung dargestellt und der Unterschied zum vorliegenden Roman verdeutlicht. Durch dieses doppelte Verfahren stoßen zwei verschiedene Zeitebenen aufeinander. Sind die Ausschnitte aus den früheren Arbeiten in ihrer jeweiligen Entstehungszeit, die zugleich die erzählte Zeit ist, zu verorten, so erfolgen die reflektierenden Kommentare auf der Ebene der Niederschrift des Romans – stammen also aus der Entstehungszeit im Herbst 1985.

Es sind nun – im Engeren – drei Aspekte des zweiten Teils des Romans *Explosion*, die Fichtes forschende Auseinandersetzung mit dem Candomblé in den bisher betrachteten Texten noch deutlicher konturieren.

Pflanzen und Buchstaben

Der erste Aspekt betrifft die Bedeutung der Pflanzen und damit das Verhältnis, in dem Fichtes ethnobotanische Studien, die sich vor allem in dem von ihm angelegten Herbarium niedergeschlagen haben, zu seinem Schreiben stehen. In *Explosion* findet durch viele aus dem Bereich des Vegetabilen genommene Sprachbilder eine Überhöhung der Pflanzen statt. Es hat den Anschein, als ob das sprachliche Reservoir des Pflanzlichen am ehesten geeignet ist, all das, was mit der Empfindlichkeit verbunden ist, in sprachlichen Bildern auszudrücken. Damit ist – vielleicht durch den zeitlichen Abstand – das Unheimliche und Bedrohliche der Pflanzen, die in der Initiation eingesetzt werden, verschwunden; die Pflanzen gewinnen vielmehr eine hohe Faszinationskraft und bilden im Verlauf des zweiten Teils mehr und mehr den phantasmatischen Grund, auf dem die Erforschung des Candomblé ruht. Bahia de Todos os Santos – die Bucht aller Heiligen, in der die Stadt Salvador liegt – verwandelt sich für Jäcki in *eine Bucht aller Kräuter*. (Explosion, S. 322) Einmal schenkt ihm der Candomblé-Priester Pedro de Batefolha einige Pflanzen aus dem Garten seines *terreiro*:

Der zarte schwarze Mann trägt vorsichtig einen porzellanenen Suppenteller.
Der Teller ist vollgefüllt mit dem feinen gesiebten Sand der Königshöfe
Angefeuchtet.
Daraus sprießen hervor weiße streichholzdünne Stämme, die senfgrüne Blätter entrollen zu einem Dach über dem Suppenteller.
Es hat etwas von einem japanischen Holzschnitt.

Das stechende Weiß des Tellers, das Elfenbein der Stämme, sandfarbener Sand und das grelle helle Grün. [...]
Jäcki trägt den Teller mit dem kleinen Wald vorsichtig aus dem Urwald durch die Favela, Liberdade, beim Papst vorbei in das halbfertige Haus am Strand, das sich zu einem Blätterhirn verwandelt wie Jäckis Hirn in ein Kräuterhaus, in einen Schuhkarton mit Zetteln.
In seinen Adern fließt grünes Blut. (Explosion, S. 328/29)

Schließlich werden die Pflanzen sogar zum Vorbild für das eigene Schreiben, zu einem poetologischen Ideal, das sie mit dem Schreiben fast zur Deckung bringt. So entsteht in *Explosion* eine Art innerer Verwandtschaft zwischen den Pflanzen und den Buchstaben. Nach einer Begegnung mit Pedro de Batefolha fragt sich Jäcki:
Wie sollten seine Texte werden.
Er hoffte manchmal er könnte etwas erreichen, wie die Darstellung von Blüten.
Pedro de Batefolhas kleiner Zauberstab gemessen und mit dünnen Instrumenten auf einem Lithographiestein ausgebreitet leicht geschwungene, sepiafarbene Umgrenzungslinien und zarte blühende Farben, Blütenstand, Samenkapsel die dicklichen Blätter der Fetthennengewächse, getigert und an den Rändern der Blätter hingen rundum winzige Ableger, eine Fortzeugung, die nicht durch Stempel und Narbe geschah sondern durch Entstehung des Gleichen im Gleichen. (Explosion, S. 191)

Hier treffen wir erneut auf die Vorstellung, eine Ethnologie der Empfindlichkeit zu erreichen, die nicht in einer wissenschaftlichen, d.h. systematischen und theoriegeleiteten Reihe von Aussagen über ihren Gegenstand besteht, sondern ihn mit den poetischen Mitteln der Sprache nachbildet und noch einmal in der Sprache hervorbringt, sodass *Gleiches im Gleichen* entsteht.

Das magische und das rationale Weltbild

Ein zweiter Aspekt, der im Roman *Explosion* noch einmal aufgegriffen wird, betrifft das Dilemma ethnographischer Forschung. Ausführlich wird in *Explosion* die erste Begegnung mit Pedro de Batefolha – Peter, der Blätterschüttler, wie Fichte an einigen Stellen übersetzt – erzählt, der sich als der ranghohe *Ogá* herausstellt, der in dem Artikel *Abó* die Forschung zuallererst anstößt. Gemeinsam besichtigen Pedro und Jäcki die Kulthäuser des *terreiro,* um dann eher zufällig ein Gespräch über die im Garten gezogenen Pflanzen zu beginnen:
Jäcki sagte:
Das sind aber hübsche Blumen hier
Und wies auf die komisch altmodisch historistische.
Möchten Sie ein Zweiglein?
Sagte Pedro und machte keine Bewegung es zu brechen als Jäcki bejahte.
Wahrscheinlich hätte ich das Geschenk abwehren müssen.
Der Blätterschüttler fing an, vor sich hinzubramarbasieren
über die Blätter.
Daß die Blätter sehr nützlich seien.
Daß man gar nicht genug wissen könne von den Blättern
Die schönen Blätter. […]
Er knipste Jäcki einen Blütenstand, nicht höher als eine Hand ab von der Blume, die Jäcki jetzt vorkam wie eine Goldschmiedearbeit aus der Renaissance oder wie ein Königsstab vom Hof in Abomey.
Jäcki trug sie wie ein Ministrant durch die Favela. (Explosion, S. 188)

Jäcki geht danach zu Fuß zurück in die Stadt. Plötzlich stößt er an einer Wegkreuzung auf eine Opfergabe an *Exú:* ein Teller, umstellt von Kerzen mit rituellen Speisen für den wegekundigen Mittler zwischen den Welten, für die verschlagene Figur des Übergangs:
Jäcki wußte jetzt, daß diese Mahlzeiten am Kreuzweg, die so

*hübsch zubereitet waren, keine lieblichen Geschenke an die
Geister des Waldes darstellten [...].*
*Die sorgfältigen Gerichte waren Gaben an Exú um Unheil zu
stiften Unglück Krankheit und Tod*
Wer sich in ihren Umkreis begab zog das Verhängnis an.
*Jäcki hatte alleine in der Nacht vor den bösen Kerzen keine
Angst.*
*Er hatte sich eben entschlossen, streng zu arbeiten, wissenschaftlich Descartes und Husserl, herauszubekommen mit welchen Pflanzen, mit welchen Rezepten die Mütter und Väter die
Gehirnwäschen und die Trance ermöglichten.*
Und jetzt hier vor der Melone, dachte er:
Ich glaube nicht daran.
Ich will den Glauben analysieren.
*Ich glaube nicht, daß sie mit Melonen Unheil, Krankheit und
Tod beschwören.*
Ich glaube es wirklich nicht.
Denn wenn ich es glaubte
Er nahm die Formulierung des Papstes [gemeint ist Pierre Verger] *wieder auf, aber der hatte nicht weitergesprochen.*
Dann ändert sich alles, was wir wissen und die ganze Welt.
(Explosion, S. 189)

Zwei Weltbilder, zwei Positionen: jene, die glauben – an die
Götter, an die Magie, an die Riten, und jene, die den Glauben
analysieren wollen. Um Letztere zu umreißen, fallen die Namen Descartes und Husserl. Wieder handelt es sich um einen
äußerst knappen, kommentierenden Hinweis, der eine ganze
Reihe von Assoziationen – je nach philosophischer Bildung
des Lesers – auslöst. René Descartes — mit der klaren Dichotomie von Subjekt und Objekt als Grundlage der neuzeitlichen
Wissenschaft, da so die Gegenstände der Welt zu Erkenntnissobjekten des Subjekts werden. Zudem verbindet sich mit
dessen Namen eine scharfe Grenzziehung zwischen geistiger
Innenwelt und materieller Außenwelt, der auch der Körper
zugerechnet wird. In dieser Tradition begreift sich Jäcki; ihr
kann und will er nicht entfliehen. In der Folge von Descartes

steht denn auch der Versuch, die pharmakologische Wirkung der rituellen Pflanzen zu erforschen und in ihnen die Ursache für die mentalen Veränderungen zu bestimmen. Ebenso wenig jedoch kann Jäcki in diesem Weltbild aufgehen. Deshalb folgt sogleich der Name Edmund Husserls, der mit seinem Konzept der ›Lebenswelt‹ für einen erweiterten Ansatz steht. Denn das Konzept der ›Lebenswelt‹ unterliegt nicht mehr einer klaren Subjekt-Objekt-Trennung und keiner einfachen Scheidung von Materie und Geist. Die Phänomenologie Husserls als Bezugsgröße der strengen wissenschaftlichen Arbeit über die psychische Beeinflussung im Horizont der Magie zu nehmen heißt, nicht bei der Untersuchung einer bloß pharmakologischen Wirkung stehen zu bleiben, sondern zumindest das gesamte magische Glaubenssystem als lebensweltliches Phänomen mit zu berücksichtigen. Mit diesem Ansatz ist das Descartes'sche System in Frage gestellt. Es gibt danach nicht mehr nur das analytische Wissen in der cartesianischen Tradition; es gibt auch das gleichgewichtige und gleich wichtige Wissen der Magie. Die zu erforschende Magie ist für Jäcki ebenso wenig bloßes Objekt, wie er sich ein – im Sinne Descartes' verstandenes – Subjekt sein kann. Auch hier lässt sich die abstrakte Struktur der Denkfigur des ›Bi‹ bei Hubert Fichte anbringen. Bezogen auf die Namen der beiden Philosophen sähe Jäckis Positionierung so aus: weder Descartes noch Husserl und zugleich: sowohl Descartes als auch Husserl. Die Welt der afro-amerikanischen Religionen zu erforschen heißt für Jäcki, die Rivalität der beiden Glaubenssysteme anzuerkennen und ihre Widersprüchlichkeit sowohl im Forschen als auch im Schreiben über das Forschen auszuhalten.

Die Konfrontation der verschiedenen Glaubenssysteme verschärft sich im unmittelbaren Fortgang der oben zitierten Passage aus *Explosion*, indem Jäcki auf die Opfergaben an *Exú* mit einer christlichen Geste reagiert. Doch gleichzeitig nähern sich dadurch die beiden Systeme auch wieder an, da das rationale Verhalten mit religiösen Riten aus der eigenen Kultur vermengt wird – sodass die vermeintlich klare Gegenüberstellung wieder unterlaufen wird:

Jäcki schlug das Zeichen des Kreuzes, das er im Waisenhaus gelernt hatte.
Er schlug das Zeichen des Kreuzes mit dem Blütenstengel den der Blätterschüttler ihm geschenkt hatte.
Ich glaube erst recht nicht an Jesus Christus.
Vielleicht war es dieser ganze in Verzaubern ertrunkene Abend, der ausführliche Gang durch Bahia de Todos os Santos [...] und der behutsame schwarze Blätterschüttler, daß Jäcki aus seiner Waisenhauszeit die Kindergeste hervorholte.
– Schaden tut es sicher nicht.
– Und wenn der Teufel auf dem Porzellanteller sitzen sollte, nützt es. (Explosion, S. 189/90)

Pierre Verger

Der dritte und letzte Aspekt, durch den der Roman *Explosion* die anderen Texte deutlicher konturiert und in diesem Fall sogar in einem neuen Licht erscheinen lässt, ergibt sich aus der Figurenkonstellation des zweiten Teils. Die ersten Ideen zu *Explosion*, die Hubert Fichte in dem Interview mit Gisela Lindemann 1981 geäußert hat, lassen noch eine starke Konzentration auf das Jahr 1971 und auf Pierre Verger erkennen:
Ich möchte eigentlich den Riesenroman, das Riesenfeld, den ganzen Kontinent, den Brasilien ja darstellt, reduzieren auf zwei Menschen, nämlich auf Pierre Verger, einen 60jährigen französischen Forscher aus einer reichen Familie, der seinen Reichtum abgelegt hat und sich nur noch von Eiern ernährt, um die afroamerikanischen Religionen in Bahia zu studieren, und einen jungen Fant, Jäcki, der mit allerhand sozialreformerischen Ideen in diese Welt eindringt, auf die Diskussionen zwischen den beiden und das Zerbrechen der Freundschaft zwischen beiden. Eine sehr kurze Schilderung, wie ich hoffe.
(Sprache im technischen Zeitalter 104/87, S. 316/17)

Diese Zweierkonstellation, die in *Explosion* auch umgesetzt worden ist, erweitert sich jedoch um einen Dritten – um den bereits mehrfach zitierten Pedro de Batefolha. Ähnlich wie die drei Reisen nach Brasilien mit den drei Reisen in die Provence in den 1950er Jahren korrelieren, wiederholt sich damit auch die entscheidende triadische Konstellation jener Zeit: An die Stelle von Hans Henny Jahnn rückt Pierre Verger – im Roman *Pierri* genannt – und an jene von Aimé Testanière rückt Pedro de Batefolha. Noch einmal arbeitet sich Hubert Fichte also an der Generation der 60-Jährigen ab, noch einmal findet er in Pierre Verger eine Art geistiger bzw. intellektueller Vaterfigur, mit der ihn eine höchst zwiespältige Beziehung verbindet, und noch einmal findet er in Pedro de Batefolha, ein Mann mit *scheuem, schwarzen Ernst* (Explosion, S. 185), einen Praktiker und Lehrmeister, mit dem er ein Stück seines Lebenswegs teilt und dessen gewaltsamen Tod er während des Jahres in Salvador miterleben muss.

Leben und Leistung des Fotografen, Ethnologen und dem Gott *Xangô* geweihten Candomblé-Angehörigen Pierre Verger, der 1996 im Alter von 94 in Salvador da Bahia gestorben ist, treten im deutschsprachigen Raum erst allmählich hervor. Geprägt von den Surrealisten, mit denen er in Paris verkehrte, entdeckte er – ohne je die Schule abgeschlossen zu haben – die Fotografie. Nach unsteten Wanderjahren als Korrespondent und Fotograf für verschiedene französische und internationale Zeitschriften ließ er sich 1946 in Salvador nieder. Allerlei Aussteigerklischees bemänteln diesen Schritt. Jedenfalls lebte er fortan ein sehr einfaches Leben und teilte es mit jenen, die im Candomblé ihre Religion finden. Über dreißigmal reiste er danach nach Westafrika, vor allem nach Nigeria und Benin zu den dortigen Yoruba-Kulturen, um die gegenseitigen Einflüsse zu studieren und zu dokumentieren, die einerseits durch den Sklavenhandel, andererseits durch nach Afrika zurückgekehrte, ehemalige Sklaven in Gang gesetzt worden sind – eine Bewegung, die Verger als *flux et reflux*, als Hin- und Herfließen bezeichnet hat. So wurde er zu

einem kulturellen Botschafter zwischen Brasilien und Westafrika – und verstand sich auch als ein solcher. Obwohl er sich zeitlebens immer mehr als Bewunderer denn als Gläubiger des Candomblé bezeichnet hat, ließ er sich sowohl in Brasilien als auch in Afrika einweihen, wodurch er seinen religiösen Namen Fatumbi erhalten und fortan die Würde eines *babalaô* – eines Vaters des Geheimnisses – getragen hat. Zwar fotografierte Verger noch bis Ende der 1970er Jahre, doch hatte er sich bereits in den 1950er und 1960er Jahren mehr und mehr seinen Studien zugewandt. Für sein Hauptwerk *Flux et reflux de la traite des esclaves entre le Golfe de Bénin et Bahia de Tous les Saints* bekam er im Jahr 1967 den Doktortitel der Sorbonne zugesprochen.
Vergegenwärtigt man sich die Arbeiten und Interessen Pierre Vergers, so erstaunt es, in welchem Maß sie die Wege, die Leonore Mau und Hubert Fichte seit 1971 gegangen sind, vorgezeichnet haben. Das reicht von zufälligen biographischen Parallelen bis hin zu Routen, denen sie nachgereist sind, und Orten, die sie aufgesucht haben. Ähnlich wie Fichte auf St. Pauli zum ersten Mal der Faszination und dem Charme tanzender Afro-Amerikaner erlegen ist, hat Verger dies auf dem *Bal Nègre* in Paris erlebt und führt dieses Erlebnis als Grund an, warum er sich für Salvador als Lebensort entschieden habe. Dort hat sich Verger sodann sein Atelier, vermittelt über einen Gerichtsmediziner, im Gebäude der Leichenschauhalle ›Nina Rodrigues‹ eingerichtet – ebendort, wo der Anfang von *Versuch über die Pubertät* spielt. Solche biographischen Berührungspunkte gibt es noch eine ganze Reihe – nicht zuletzt, dass beide schwul gewesen sind. Doch viel gewichtiger ist die Prägung, die das Forschungsinteresse von Leonore Mau und Hubert Fichte durch Pierre Verger erfahren hat. Verger eröffnete Fichte den Bereich der Ethnobotanik, denn er arbeitete bis kurz vor seinem Tod an einer Studie über die rituellen Pflanzen der Yoruba, die im Jahr 1995 in Brasilien unter dem Titel *Ewé, o uso das plantas na Sociedade Iorubá* erschienen ist. Auch seine Fotografien dürften sowohl für Leonore Mau als auch für Hubert Fich-

te von großer Bedeutung gewesen sein. Verger war es auch, der durch viele Reisen nach Afrika ein Netz an Routen über den Atlantik geworfen hat. Eine davon führte nach Ketou, der Stadt, aus der angeblich jene stammen, die in Salvador die ersten Candomblés gegründet haben. Auch Fichte und Mau werden dorthin reisen. Ferner erforschte Verger ebenfalls die Zusammenhänge zwischen der Casa das Minas in São Luís do Maranhão und dem Königshof in Abomey. Die Götternamen der Casa das Minas, so entdeckte er, sind identisch mit jenen der Königsfamilie in Abomey, woraus er schloss, dass initiierte Mitglieder der Familie als Sklaven nach Brasilien verschleppt worden sein mussten. Dieser Spur werden Leonore Mau und Hubert Fichte auf ihrer dritten Reise nach Brasilien nachgehen.

Es wundert also nicht, dass Fichte bei einem derart weit verzweigten, zwischen Kunst und Ethnologie pendelnden Werk sich gezwungen sah, das eigene Forschungsinteresse schärfer zu ziehen und dabei immer auch von den Arbeiten Vergers abzuheben. Ebendies geschieht auch durch die Darstellung der Begegnung zwischen Pierri und Jäcki im Roman *Explosion*. Ihre erste Begegnung, der erste Eindruck wird wie folgt beschrieben:

Ein langer nackter ergrauter Mann
Nur mit einem maschinenbedruckten Batiktuch, von den Hüften bis zu den Zehen, bekleidet [...]
Er hat nicht das Gesicht eines weltbekannten Fotografen.
Fotografen haben unordentliche Gesichter, dachte Jäcki.
Er hat auch nicht das Gesicht eines Forschers. Louis Trenker. Oder Darwin.
Und schon gar nicht das Gesicht eines Gläubigen, eines Verrückten.
Abbé Pierre. Mater Caecilia. Hans Henny Jahnn. Antonin Artaud.
Er hat das Gesicht eines Kaufmanns, des Prokuristen in der Firma seines Vaters.
Diesen Teil seiner Biographie drückte er aus. (Explosion, S. 121/22)

In der Beschreibung klingt bereits die Enttäuschung an, in deren Zeichen die Begegnung steht. Nichts von dem, was für Jäcki das Leben Pierris ausmacht, findet sich in seinem Gesicht wieder. In dem Alter, das er erreicht hat, und in der Tätigkeit, der er sich vornehmlich widmet – seinem Herbarium, das er in einem Schuhkarton verwahrt –, ist er zurückgekehrt in jene großbürgerliche Fabrikantenwelt, der er entstammt und aus der er ausgebrochen ist. Bei ihrem zweiten Gespräch sagt Pierri:
– *Ich fotografiere gar nicht mehr.*
– *Je tiefer man eindringt, desto weniger fotografiert man, das werden Sie merken.* […]
– *Man fragt immer weniger*
– *Schließlich fragt man gar nichts mehr.*
– *Bei meinem letzten Aufenthalt in Afrika habe ich nur noch Tonhöhen kontrolliert.* […]
– *Darauf läuft es hinaus, wenn man wirklich etwas wissen will.* (Explosion, S. 137)
Und an anderer Stelle heißt es:
Pierri ließ seine Kameras verstauben.
Das empfand Jäcki als einen Verrat des Franzosen an sich selbst. (Explosion, S. 167)

Zwei Lebensalter stoßen aufeinander: Pierri, der bereits 25 Jahre des Forschens und Dokumentierens hinter sich hat, und Jäcki, der gerade damit beginnt. Jäcki ist zunächst froh, das Vertrauen der Koryphäe auf jenem Feld, das er gerade betritt, gewonnen zu haben. Pierri zeigt sich auch unerwartet offen und bereitwillig, dem jungen Kollegen einige Hinweise und Ratschläge als Hilfe für den Anfang zu geben – darunter auch einen ganz entscheidenden:
Sehen Sie sich vor den Pflanzen vor.
Sie erleben komische Dinge. […]
Verger schüttelt den Schuhkarton mit seiner Kartei
Er schlägt den roten Staub von den Blättern auf denen die Blätter in Tinte übersetzt wurden.
– *Zu jeder Pflanze gibt es einen oder mehrere Zaubersprüche.*

Zaubersilben, die in dem Namen der Pflanze enthalten sind.
Eine Silbe modifiziert die Wirkung der Pflanze
Ist die benötigte Silbe nicht im Namen der Pflanze erhalten,
wird der Name geändert.
Oder eine andre Pflanze genommen.
– Der Name verändert die chemische Wirkung.
Verger schaute etwas ärgerlich auf.
– Sozusagen, konnte er sich nicht zu sagen entziehen. (Explosion, S. 138)

Jäcki erahnt sogleich die Dimension, die diese Aussage eröffnet – so jedenfalls in der Darstellung des Romans:
– Das Universum der Afrikaner und Afroamerikaner versuchte Jäcki ethnologisch zu resümieren, ist also in 16 × 16 Formeln geordnet, diesen Formeln entsprechen Beschwörungsformeln, Sätze, Wörter, Silben in welchen die Wälder, die Pflanzen eingefangen werden.
Das Bewußtsein ist also ein Baum. […]
– Aber das Thema braucht einen Proust.
Verger schweigt. […]
– Weiß er, was er tut? fragte sich Jäcki.
Er könnte das Bewußtsein zweier Erdteile als Entwicklung der Pflanzenwelt darstellen. (Explosion, S. 140)

Hierin liegt der Kern der Enttäuschung. In den Augen Jäckis erkennt Verger nicht, was er aus all dem zusammengetragenen Wissen über Afrika und Brasilien machen könnte. Welchen Stoff, welches Material er zur Verfügung hätte, würde er nicht, wie es für Jäcki den Anschein hat, sein künstlerisches Talent zugunsten seiner trockenen wissenschaftlichen Tätigkeit zurückdrängen. Darin besteht für Jäcki der Verrat. Zugleich ist das jedoch auch die Legitimation für Jäcki, diese Vision von Pierri zu übernehmen und ihr an dessen Stelle eine vor allem künstlerische Gestalt zu geben. Ebendas liegt in *Explosion*, dem *Roman der Ethnologie* vor.
Zu der künstlerischen Gestalt gehört auch, dass das Erzählen an die Bedingungen des Erzählens geknüpft wird. So werden

Jäckis Überlegungen, ob die Begegnung mit Pierri nun als Stoff für einen Roman taugen würde, miterzählt. Doch sosehr er diese Idee zunächst verfolgt und für tragfähig erachtet, sosehr muss er nach und nach feststellen, dass sich die Erfahrung Brasiliens – zumindest in der Bandbreite, in der er sich dafür interessiert – nicht auf diese Begegnung reduzieren lässt:
Sollte Jäcki der fiktiven Vorstellung von einem Roman über zwei schwule Ethnologen, einem jüngeren und einem alten zuliebe, das Elend ignorieren, seinen Spiegelaufsatz gefährden.
Der Papst würde nicht mit ihm in die Hungergebiete ziehn.
Der Hunger interessierte ihn nicht.
Nur die Stämme, die Yoruba, und sein Schuhkarton. (Explosion, S. 234)

Etwas später reist Pierri dann nach Afrika, und als Jäcki das nächste Mal vor seinem Haus steht, findet er die Tür verschlossen:
Jäcki war wütend.
Das war eine Frechheit.
Die Hauptperson reist einfach aus dem Roman weg, in eine Realität, Ibadan, Abomey, die der Autor nicht einmal nachphantasieren kann.
Das Material wird der Fiktion untreu. (Explosion, S. 274)

Das ist mit leichter Hand erzählt und enthält dennoch einen tief greifenden Bruch. Denn was hier auf dem Spiel steht, bzw. in diesem Fall sogar versagt, ist die Form des Romans schlechthin. Zumindest die Form des ›kleinen Romans‹, der Hubert Fichte auf dem Sterbebett noch eine knappe Poetik gewidmet hat. *Die Poetik des Kleinen Romans* sollte – noch nach der Arbeitsskizze im März 1985 – Band IX der *Geschichte der Empfindlichkeit* werden. Nach den Angaben von Gisela Lindemann, einer der Herausgeberinnen der posthumen Edition der *Geschichte der Empfindlichkeit*, stellen zwei Seiten mit dem Titel jenes Bandes den letzten Text dar, den Hubert Fichte im Februar 1986 im Hafenkrankenhaus in Hamburg geschrieben hat. Darin stehen die folgenden Sätze:

Vom kleinen Roman schien Jäcki, wenn er es sich übertrieben formulierte, alle menschliche Existenz abzuhängen. [...]
Wenn man zu einem Werk der Romanliteratur Register braucht, Diktionär des Altbulgarischen und drei kommentierte Shakespeare-Ausgaben, entrückt das Werk und die zur Anschauung gebrachte Welt. [...]
Man mußte den kleinen Roman bequem in einer Hand, an einem Abend ganz lesen können.
Nur so hatte man einen Überblick über Form und Stoff. [...]
Und wenn es dies nicht mehr geben durfte, diese funkelnde Umsetzung der Welt in genau überblickbare romaneske Form.
Le Grand Ecart *zum Beispiel.*
Wenn alles Dokumentation, Endstation, 19 Bände, Fortsetzung des Berichts, 70 Säcke Nachlaß sein sollte, dann schien Jäcki die Existenz der Menschen gefährdet.
(Sprache im technischen Zeitalter, Nr. 104/1987, S. 303/304)

Das Ideal des ›kleinen Romans‹ wäre in einem Buch, das von der Begegnung zweier Ethnologen erzählt und das Riesenfeld Brasilien darauf beschränkt – so wie es Fichte in dem zitierten Interview skizziert hat –, erfüllt gewesen. Der Roman wäre somit den anderen bis dahin fertig gestellten Romanen der *Geschichte der Empfindlichkeit* gefolgt, etwa *Hotel Garni, Der Kleine Hauptbahnhof* oder *Eine Glückliche Liebe*, die in Anlage und Umfang dem Ideal des ›kleinen Romans‹ gehorchen. Doch im Herbst 1985, zur Zeit der Abfassung von *Explosion*, zerbricht das Ideal, die Welt in eine präzise und überschaubare romaneske Form zu bringen. Die Komplexität Brasiliens zu reduzieren, indem sie auf einen Erzählstrang gebracht wird, will nicht mehr gelingen, erscheint unangemessen. Vielleicht mitbedingt durch die lebensbedrohliche Situation, entschließt sich Hubert Fichte zu einer für ihn neuen, gestaffelten Form, in der drei unterschiedliche Zeitebenen übereinander gelagert sind. Die Begegnung mit Pierre Verger und die widerstreitenden Gefühle, die sie auslöst, bilden darunter nur eine Facette des Romans. Jener angeblich letzte Text von Hubert Fichte jedenfalls, der nicht in die Edition der *Geschichte der Empfindlichkeit* aufgenommen worden ist, muss vor dem Hintergrund des Romans *Explosion* gelesen werden.

Überblickt man das gesamte Werk von Hubert Fichte, dann bietet die Auseinandersetzung mit Brasilien wohl den dichtesten Ertrag an Texten sehr verschiedener Art: Reportagen, Radiofeatures, ethnographische Essays und schließlich den Roman *Explosion*. Insofern lässt sich jene in der Einleitung beschriebene Poetik der Orte mit ihrer doppelten Bewegung – synchron in die verschiedenen Textgattungen und diachron in die immer wieder aufgenommene Darstellung des Stoffs – am besten an den Texten über Brasilien verfolgen. Hier hat Hubert Fichte wirklich alle Bereiche, in denen und zwischen denen sich sein Werk bewegt, in Schrift überführt. An die Seite ließe sich allenfalls noch das Material zu Haiti stellen, das Land, in dem Leonore Mau und Hubert Fichte 1972 ihre Erforschung der afro-amerikanischen Religionen fortgesetzt und das sie in der Folge ebenfalls häufiger besucht haben. Die Texte – und Fotografien – über Haiti sind ähnlich komplex; allerdings fehlt die Bearbeitung als Roman.

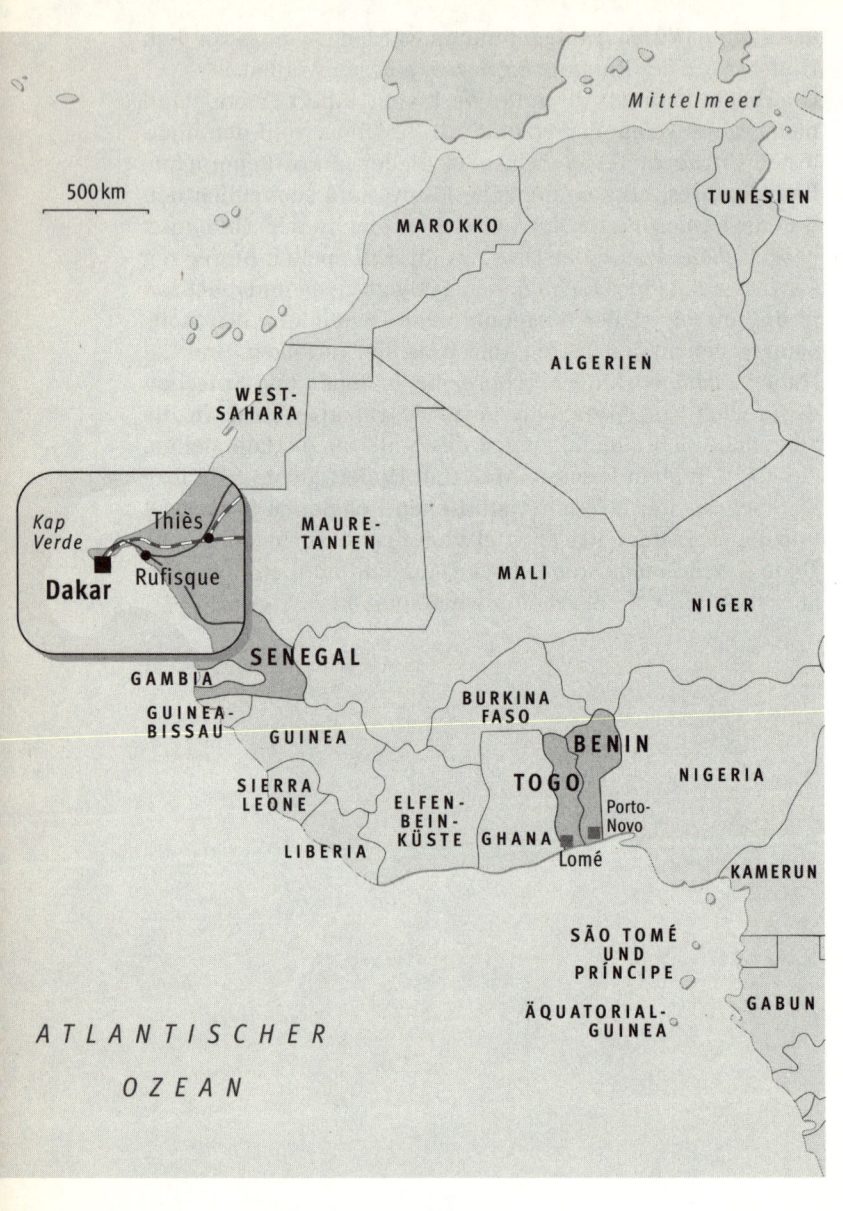

Kapitel 7
Dakar – Annäherung an die Geisteskranken in Afrika

Seit 1974 bildete Dakar, die Hauptstadt des Senegal – zugleich die geographisch am westlichsten und damit am nächsten zu Südamerika gelegene Stadt des afrikanischen Kontinents –, für Leonore Mau und Hubert Fichte den Ausgangspunkt, um von dort ihre in Brasilien und Haiti begonnene Forschung fortzusetzen und jene Länder zu bereisen, aus denen Millionen von Afrikanern gewaltsam verschleppt worden waren. 1974 und 1976 hielten sie sich, um wiederum nur die wichtigsten Stationen zu nennen, im Senegal auf, 1975 in der Republik Benin und 1978 in Togo. Auch sie konzentrierten sich damit, wie Pierre Verger, auf die unter dem Namen Yoruba zusammengefassten Kulturen Westafrikas, schlugen dabei aber andere Wege ein.
In einem Text über die Reise nach Benin, in das frühere Dahomey mit der alten Königsstadt Abomey, formuliert sich das Vorhaben deutlich. Unter anderem beabsichtigen Leonore Mau und Hubert Fichte, die Stadt Ketou zu besuchen – jene Stadt, in der Pierre Verger im Jahr 1953 seine rituelle Wiedergeburt auf den Namen Fatumbi erlebt hat. Aus Ketou sollen jene versklavten Yoruba stammen, die in Salvador da Bahia die ältesten Candomblé-Tempel gegründet haben. Doch der erste Weg, als sie Benin erreichen, führt Hubert Fichte in das portugiesische Fort Quidah, wo die gefangen genommenen Afrikaner auf ihre Überfahrt warteten. Von dort verließen die Schiffe den afrikanischen Kontinent über den Atlantik. Es war wiederum Pierre Verger, der 1968 zusammen mit dem französischen Botschafter in Benin die Umwandlung der ehemaligen Festung in ein Museum der brasilianischen Diaspora betrieb. In dem Text mit dem Titel *Die Tropfen fallen im nebligen Regenwald* heißt es:
Ouidah.
Juda.

Tränenjuda.
Schlangenjuda.
Dort stand die Festung. [...]
Meine Empfindungen entwickeln sich nicht logisch.
Ouidah erscheint mir vor allem als die Stadt des Schlangengottes Dan von Dan Homey, dessen Nachfahren ich auf der anderen Seite des Meeres kennenlernte:
Oxumaré in Bahia de Todos os Santos, der zwiegeschlechtige Regenbogen. [...]
Ich glaube nicht daran.
Natürlich.
Aber ich bin überzeugt von der Konzentration von Mythen, Riten, Verhalten.
Überzeugt von Beziehungssuchen und Beziehungsfluchten, von den alten Modellformen der Psyche, aus denen sich meine Reflexionen entwickelt haben.
Ich will nicht der vierhundertfünfzigste Weiße sein, der über die Türen der Dogon forscht oder über die Geomantik an den Königshöfen der Westküste.
Ich will versuchen, etwas über die Psychiatrien zu erfahren, über jene Abart von Lebensregeln, Abart der Magie, die sich selbst so bewußt geworden ist, so abgesondert hat, daß sie abgesondertes Verhalten wieder einrenkt.
Dazu muß ich in Tempel.
Aber ich will keinen Tempel in Dahomey, im Lande des Schlangengottes Dan betreten, ohne nicht vorher meine Pilgerfahrt ins Tränenjuda, ins Blutouidah zu machen, allein, mit dem Gemeinschaftstransporter.
Ich habe meine Empfindungen von Ordnung.
Meine Ordnung der Annäherung an das Magische. (Psyche/Text, S. 239/40)

Die dichte Passage eröffnet einige Aufschlüsse über das Vorhaben, das Leonore Mau und Hubert Fichte in Benin, aber auch in den anderen afrikanischen Ländern verfolgen. Es geht in mehrfacher Hinsicht aus ihren Forschungen in Brasilien und Haiti hervor. Denn dort haben sie erfahren, welch große Bedeutung dem menschlichen Kopf innerhalb des Candomblé und des Vaudou zukommt: Er gilt als Sitz der Götter im Menschen. So erhält jeder Initiierte eine mit einem Deckel verschließbare Schale, in der er bestimmte magische Gegenstände aufbewahrt, die eine Art Verdoppelung und Modell des mit dem Gott geteilten Kopfes darstellt. Dort sind Leonore Mau und Hubert Fichte auch mit einem anderen Bewusstseinsmodell konfrontiert worden, das nicht ein abendländisches Ich, ein einheitliches Subjekt formt, sondern aus einem losen und beweglichen Zusammenhalt mehrerer Sphären oder Schichten aufgebaut ist. Dies meint Fichte mit den alten Modellformen der Psyche. In seiner Formulierung nehmen sie geradezu geographische Züge an. Denn er spricht von der Konzentration von Mythen und Riten an bestimmten Orten wie Ouidah, und er spricht von den Beziehungssuchen und -fluchten der Menschen und Götter über den Atlantik hinweg. Auch gesteht Fichte in der zitierten Passage, dass sein Verhalten nicht streng dem rationalen Weltbild folgt, sondern in der Annäherung an das magische Weltbild selbst rituelle Züge annimmt, nennt er doch seinen Gang nach Ouidah eine Pilgerfahrt. Die klaren Standpunkte geraten einmal mehr in Bewegung und eröffnen einen Raum ›dazwischen‹.

Zugleich – und auch das erhellt die zitierte Passage – schärft sich darin das eigene Interesse von Leonore Mau und Hubert Fichte in Absetzung von Pierre Verger, auf den mit der Geomantik an den Königshöfen direkt angespielt wird. Es war Verger, der – laut der Darstellung in *Xango* und *Explosion* – von den 16 mal 16 Grundformen in den magischen Namensnennungen der rituell eingesetzten Pflanzen sprach, die mit den Weissage-Praktiken – also der Geomantik – in Westafrika, aber auch in Europa und in Indien übereinstimmen. Mit der Erklärung, er wolle etwas über die Psychiatrie in Erfahrung bringen, setzt sich Fichte klar von dem historisch ausgerichteten Forschungsinteresse Pierre Vergers ab. Fichte geht es nicht um die Geschichte – diese hat Verger zuallererst rekonstruiert und damit dem Vergessen entrissen.

Das ist sein Verdienst, sein Einsatz für die schwarze Kultur der Yoruba und ihres Beitrags zur brasilianischen Kultur. Und es findet sich kein Hinweis, der darauf schließen ließe, dass Fichte dieses Verdienst Vergers nicht gesehen und anerkannt hätte. Doch ihm selbst geht es um die Gegenwart: Wie lebendig, wie wirksam, wie widerständig sind die Riten in Westafrika, deren psychiatrische und psychotherapeutische Dimension er bei den Ablegern in der Neuen Welt erlebt hat? Sind sie tief genug in den afrikanischen Kulturen verankert, um sich gegen die mit dem Kolonialismus eingeführten europäischen Behandlungsmethoden behaupten zu können?

Damit verschiebt sich Fichtes Blick im Sinne einer engagierten Zeitgenossenschaft auf einen Aspekt, der in der Ethnologie lange ausgeblendet worden ist: der kulturelle Wandel – ein Aspekt, der in afrikanischen Gesellschaften nach der politischen Unabhängigkeit von den ehemaligen Kolonialmächten viele brisante Fragen aufwirft. Damit schält sich aber auch im vergleichenden Blick zwischen den afro-amerikanischen Kulturen und ihren afrikanischen Ursprungskulturen eine Frage heraus, die letztlich auf eine politisch-gesellschaftliche Utopie bei Hubert Fichte zuläuft: Verfügen die Afrikaner und Afro-Amerikaner über kulturelle Praktiken und über pharmakologische Wissensbestände, die denen der Industrieländer überlegen sind – sodass sie angesichts der ökologischen Weltlage eine Alternative anbieten, mit der wir den Kollaps, auf den wir zusteuern, noch abwenden können?

Der Verlauf der Reise durch Benin scheint diese Haltung zu bestätigen. Denn der Weg nach Ketou, der Weg in die Vergangenheit bleibt den Reisenden versperrt. Die Stadt entrückt hinter einem Schleier aus Regen. Im Text heißt es:

Bis Pohé bringt uns das Gemeinschaftstaxi.
Dann beginnt der Regen.
Bald ist der Markt überflutet.
Die Straßen verwandeln sich in Flüsse.
Niemand fährt jetzt mehr die lehmigen Wege hinauf ins Königreich Ketou, in das Reich des Regens. (Psyche/Text, S. 266)

In der psychiatrischen Klinik von Dakar, im Stadtteil Fann gelegen, hatte Hubert Fichte bereits ein Jahr vor der Reise nach Benin ein ideales ›Forschungsobjekt‹ gefunden, um seinen Fragen nachzugehen und die sich erst zart abzeichnende Utopie einer Nagelprobe zu unterziehen. Denn mit der Klinik in Fann ließ sich die ehemalige Kolonialmacht Frankreich auf ein emanzipatorisches Experiment im Senegal ein, in dem europäische und traditionelle Behandlungsmethoden gemeinsam eingesetzt wurden. Einheimische Heiler – entweder islamische *Marabouts* oder traditionale Heiler aus den verschiedenen Stammeskulturen – waren aufgefordert, mit europäischen Psychiatern zu kooperieren und voneinander zu lernen. Dieses Experiment war durch Diskussionen angeregt, die Ende der 1960er Jahre in vielen Ländern Europas um andere Formen der Psychiatrie geführt wurden. Man wollte sich von der rein medikamentösen Behandlung psychisch Kranker abwenden und sie mit therapeutischen Elementen zu einer ›offenen Psychiatrie‹ erweitern. Damit waren zugleich Vorstellungen verbunden, die neuzeitliche Entwicklung im Umgang mit geistig gestörten Menschen rückgängig zu machen. Nicht mehr in geschlossenen Anstalten sollten sie untergebracht werden, sondern man suchte nach neuen Formen des Zusammenlebens und der Integration, zu der auch eine Abkehr von der Hierarchie zwischen Ärzten und Patienten gehörte. In Fann führte dies dazu, dass so genannte ›psychiatrische Dörfer‹ eingerichtet wurden, in denen die psychisch Kranken mit ihren Angehörigen in einer zwar abgesonderten und geschützten, aber ansonsten ihrer normalen Lebensweise entsprechenden Umgebung zusammenlebten.
1974 reisten Leonore Mau und Hubert Fichte erstmals nach Dakar. Hubert Fichte führte eine Reihe von Interviews, u.a. mit dem damaligen Leiter Prof. Henri Collomb und einigen seiner Mitarbeiter. 1976 kehrten sie nach Dakar zurück, um im Anschluss für eine gewisse Zeit in einem der eingerichteten psychiatrischen Dörfer mit dem Namen Village Émile Badiane im Süden des Landes – in der Casamance – zu

verbringen. 1978 schloss sich noch eine Reise nach Togo an. Dort führte Fichte ein Interview mit dem Ethnobotaniker und Leiter zweier Forschungsinstitute Prof. Amakoué Ahyi – der zugleich Ehrenmitglied des Arbeitskreises ›Ethnomedizin‹ in Hamburg gewesen ist –, und sie besuchten die psychiatrische Anstalt von Aneho. Außerdem stießen sie in Togo, in einem Stadtteil am Rande der Hauptstadt Lomé, auf einen Markt, auf dem ausschließlich Gegenstände verkauft wurden, die bei Riten und Zeremonien zum Einsatz kommen – der Zaubermarkt von Bé. Damit sind die wichtigsten Orte benannt, an denen Leonore Mau und Hubert Fichte ihre Annäherung an die Geisteskranken in Afrika unternommen haben.

Psyche – *eine doppelte Publikation*

Wir Leser können uns darüber in zwei getrennten Publikationen informieren. Im Dezember 1985 haben Leonore Mau und Hubert Fichte das Material ihrer Reisen zu einem umfangreichen Foto-Text-Band zusammengestellt und ihm den Titel *Psyche* verliehen. Er sollte – in gleicher Aufmachung – den beiden Fotobänden von Leonore Mau über die afro-amerikanischen Religionen folgen und ihr Projekt einer doppelten Dokumentation krönen. Denn anders als bei *Xango* und *Petersilie*, bei denen sie sich für eine getrennte Publikation in einen Foto- und einen Textband entschieden – nicht zuletzt, um die Eigenständigkeit und Ebenbürtigkeit der beiden Medien herauszustellen –, entschlossen sie sich in diesem Fall für eine gemeinsame Publikation, in der sich die Fotografien von Leonore Mau mit den Interviews und kurzen Reportagen von Hubert Fichte abwechseln. Doch die Herstellungskosten waren dem Verlag damals zu hoch. Er verschob die Veröffentlichung auf unbestimmte Zeit.
Hubert Fichte befand sich in diesen Monaten – wie wir aus dem letzten Kapitel wissen – in einer lebensbedrohlichen Situation. Für den Ernstfall seines baldigen Todes, der dann

auch drei Monate später eintraf, sichtete er die bis dahin fertig gestellten Texte der *Geschichte der Empfindlichkeit* und das gesamte Material, das innerhalb dieses Projekts noch eingearbeitet werden sollte, und brachte es in eine, in der knappen Zeit noch mögliche Ordnung. Die Absage des Verlags bewog ihn nun dazu, seine für den gemeinsamen Band *Psyche* gedachten Texte zusammen mit weiteren Texten über Afrika, die in den 1980er Jahren im Zusammenhang mit dem projektierten Band *Die Schwarze Stadt* entstanden sind, zu einem einzigen Afrika-Buch zusammenzuschließen. Auch diesem Buch gab er den Titel *Psyche* und ordnete es den Glossenbänden zu. 1990 ist es im Rahmen der posthumen Edition der *Geschichte der Empfindlichkeit* erschienen. Allerdings ist dieser Band als reine Materialsammlung zu betrachten. In seiner streng chronologischen Ordnung der verschiedenen Texte, die unter anderem auch die politischen Interviews mit dem damaligen Präsidenten von Tansania, Julius K. Nyerere, sowie dem damaligen Präsidenten des Senegal, Léopold Sédar Senghor, enthält – zwei politischen Hoffnungsträgern eines ›Sozialismus mit humanem Antlitz‹ in Afrika –, verliert sich jede thematische Konzentration. Man darf also nicht mit der Erwartung einer komponierten Zusammenstellung der Texte, die als Collage bezeichnet zu werden verdiente, an den Band herangehen. Er kann und will nicht mehr sein als eine Materialsammlung.

Dies wird umso deutlicher, wenn man den Foto-Text-Band *Psyche* dagegenhält, der nun seit März 2005 vorliegt – ein nachgetragenes Geschenk des Verlages an seinen Autor zu dessen 70. Geburtstag. Hier, im Foto-Text-Band, folgen die ausgewählten Texte und die zu Kapiteln zusammengeschlossenen Fotografien einer thematischen Zusammenstellung, die einer inneren Logik und nicht der Chronologie gehorcht. Im rhythmischen Wechsel von Fotografien und Texten ergibt sich eine ungemein dichte, anschauliche und zugleich insistierende Darstellung des Themas – sicherlich ein Höhepunkt der gemeinsamen, doppelten Dokumentation von Leonore Mau und Hubert Fichte. So bietet der Band eine hervorragende Möglichkeit, das genaue und diffizile Zusammenspiel der Fotografien und Texte zu betrachten und damit beispielhaft die doppelte Lektüre nachzuvollziehen, die dieses bimediale Zusammenspiel fordert. Jedes Medium will gemäß seiner spezifischen Qualitäten und Schönheiten wahrgenommen werden. So sind wir einmal Betrachter, die sich dem optischen Eigensinn der Fotografien überlassen und in ihrer Abfolge der visuellen Argumentation folgen, das andere Mal Leser, die Informationen aufnehmen, aber auch den Klang und den Rhythmus der Sprache. Aus dem Wechsel der Medien und ihrer subtilen Verschränkung ergeben sich darüber hinaus eine Vielzahl an Bezügen. Orte und Menschen bekommen ein Gesicht, allgemeine Aspekte einen prägnanten visuellen Ausdruck. Manchmal bietet der Text andere, ebenso visuelle Beobachtungen, die neben die Fotografien treten, manchmal erläutert und kommentiert der Text die Fotografien oder schreibt sie weiter. Ein Echoraum entsteht, in dem sich Fotografien und Texte auf vielfältige Weise gegenseitig Resonanz geben.

Der Foto-Text-Band Psyche

Der Band eröffnet mit einem kurzen Text, der den Titel *Die Buchstaben der Psyche* trägt. Er beschreibt, was sodann in einer langen Folge von Fotografien zu sehen ist: die Gegenstände, die auf dem Zaubermarkt in Bé verkauft werden. Der Betrachter wird in Nahaufnahmen zunächst unmittelbar mit den Gegenständen konfrontiert. Dabei handelt es sich um getrocknete Schalentiere, um Kieferknochen, Vogelbeine, Schildkrötenpanzer, Tigerfelle, um abgestoßene Hörner, getrocknete Affenkopf- oder Krokodilsschädelskelette, geschnitzte Holzphalli und vieles andere mehr. Die Gegenstände sind so sorgfältig ins Bild gesetzt, dass sich immer feine, gerade oder schräge Linienmuster ergeben – eine zarte Geometrie. Nur gelegentlich ragt am Rande einer Fotografie einmal die isolierte Hand eines Verkäufers hinein, und erst

am Ende weitet sich der Blick, werden der Markt und einige überraschend junge Verkäufer sichtbar.
Es folgt ein erstes Interview – mit Prof. Henri Collomb, dem Leiter der psychiatrischen Abteilung in Fann. Ausführlich berichtet er über die Geschichte und das Konzept der 1958 gegründeten Klinik und seiner persönlichen Entwicklung von der Neurologie zur Psychiatrie. Deutlich scheinen darin die Ideen der offenen Psychiatrie, aber auch der Ethnopsychoanalyse auf. So dreht sich das Gespräch bald darum, ob man die westliche Psychoanalyse auf die afrikanischen Kulturen übertragen kann. Collomb stimmt dem bedingt zu, insofern man bereit sei, die psychoanalytischen Begriffe beweglich einzusetzen – und nicht im Sinne einer Therapie, sondern als Möglichkeit, das jeweilige kulturelle System besser zu verstehen. Collomb sagt:
Das Ich, im Freud'schen Sinne, scheint hier weniger individuiert zu sein, weniger strukturiert als in Europa. [...] Das Ich des Afrikaners, das Ich des traditionsbewußten Afrikaners ist in höherem Maße an die Gruppe gebunden, in die Gruppe integriert, es verschmilzt mit der Gruppe. Die Erziehung tut alles, um die Bildung kleiner Nukleen zu verhindern, damit die Gruppe erhalten bleibe. [...] Ich fühle, daß hier etwas vorliegt, das unsre Kenntnis vom Menschen erweitern könnte. Es ist vor allem diese Disponibilität des Afrikaners seiner Umwelt gegenüber.
Nicht nur in der Beziehung zu seinen Mitmenschen, auch in der Beziehung zu Pflanzen, Tieren, Mineralien. Es geschieht ein ununterbrochener Austausch, der stark religiös geprägt ist.
(Psyche/Fototext, S. 58/59)

Fichte fragt eingehend nach den Konsequenzen, die sich daraus für die Diagnose und Behandlung afrikanischer Patienten ergeben.
– *Unsere westliche Nosographie ist hier nicht sehr nützlich. Was das Individuum als Krankheit erlebt, hängt in Form und Entwicklung von der Gesellschaft ab, es ist ein Tribut, den die Gesellschaft verlangt.*

Die nosographischen Systeme sind also eng mit den Kulturen verbunden, die sie aufgestellt haben. Wenn die Gesellschaft das betroffene Individuum ausstößt und ihm keine Möglichkeit der Veränderung und der Entwicklung bietet, wird seine Krankheit etwas sehr Starres, Stereotypes – das wir mit Schizophrenie bezeichnen; aber wenn die Gesellschaft den Kranken einbezieht und ihm die Möglichkeit der Heilung in einer günstigen Umgebung bietet, so entwickelt sich die Erkrankung nicht bis zu einer Spaltung, sondern bleibt auf eine kurz verlaufende Psychose beschränkt. (Psyche/Fototext, S. 61)

In Fann wird, das verdeutlicht sich aus dem Lauf des Gesprächs, ein Mittelweg praktiziert. Einerseits wird auf europäische Behandlung mit Neuroleptika und Elektroschocks zurückgegriffen, auf der anderen Seite verstärkt Gesprächs- und auch Gestalttherapie eingesetzt. Dafür steht das so genannte ›Pinth‹ – in der Sprache der Woloff: Zusammenkunft –, zu dem Ärzte, Krankenpfleger, Patienten und deren Angehörige sich zusammenfinden und gemeinsam miteinander diskutieren. Es handelt sich dabei um den Versuch, ein in den verschiedenen Kulturen des Senegal gebräuchliches Modell in den psychiatrischen Kontext zu übersetzen. Ähnlich ist so auch das Konzept entstanden, psychiatrische Dörfer einzurichten.

Schließlich bestätigt Prof. Collomb den Ausgangsbefund von Fichte – und es ist interessant, wie Fichte hier seine Frage formuliert:

– Auf Grund von Migrationen, von Industrialisierung und Urbanisation breiten sich die Geisteskrankheiten im Senegal aus, sagt man.
Was ist genau der Fall – gibt es mehr Geisteskranke auf Grund der Transkulturation oder wird diese Übergangsgesellschaft den Geisteskranken gegenüber intoleranter, so daß sie als Anstaltsfälle häufiger in Erscheinung treten? Oder beides?
– Es gibt mehr Geisteskranke in Afrika und im Senegal als früher, und es werden weniger Geisteskranke geheilt. Die soziale Entwicklung führt zu wichtigen Veränderungen. Das Indivi-

duum begreift sich mehr und mehr als autonom, als von den anderen abgetrennt. Dadurch entsteht das Unbehagen in der Einsamkeit, das Schuldgefühl in der Einsamkeit. Die Autonomisation in den kleineren Familiennukleen, der Wettbewerb in der Industrie, bei der Arbeit, die Aggressivität nehmen zu.
Einsamkeit und Schuldgefühl führen zu Konflikten, zu Angst und zur Geisteskrankheit.
Auch werden die Geisteskranken immer weniger toleriert. In den Städten empfindet man sie als unästhetisch.
Es schockiert die Touristen. Sie schockieren die Touristen. (Psyche/Fototext, S. 61/62)

Nach dem Gespräch mit Prof. Collomb setzen erneut Fotografien ein – fünf Schwarzweiß-Fotografien, die zerlumpte oder nackte und offensichtlich obdachlose Geisteskranke in den Straßen und auf öffentlichen Plätzen zeigen. So unterstreichen und bekräftigen diese Fotografien, was Prof. Collomb ausgeführt hat. Die Bilder sind jeweils auf der rechten Hälfte der Doppelseite platziert, die linke ist weiß gelassen, bis auf die vierte Fotografie, die sich über die gesamte Doppelseite erstreckt. Alle Bilder lösen die Menschen, die sie zeigen, aus dem städtischen Kontext. Dieser reicht nur durch angeschnittene Details in das Bild hinein – hier der Teil eines Autos, dort ein Fahrrad, unscharf. Die letzte Fotografie in der Reihe zeigt einen kleinen Jungen, offenbar am Strand. Er kniet – das rechte Bein aufgestützt. Die Arme hält er gekreuzt, den Kopf leicht geneigt. Mit den Augen sieht er schräg nach oben aus dem Bild, sodass sich seine Pupillen wegdrehen und nur noch das Weiße zu sehen ist. Rechts neben ihm, im Hintergrund, steht ein anderer Junge, nackt wie er, am linken Bildrand ragt noch eine weitere Hand hinein. Die Aufnahme ist überhell, sodass der Sand so gut wie keine Konturen besitzt. Das Räumliche weicht dem Flächigen. Es bleibt: die eigenartige Geste der Arme und ein Blick, der etwas Numinoses besitzt.
Damit weist diese letzte Fotografie der kleinen Serie auf die anschließenden Gespräche voraus, in denen drei weitere Mit-

arbeiter der Klinik in Fann zu Wort kommen, darunter auch ein Arzt aus Benin. Mit seinem dritten Gesprächspartner Dr. Maurice Dorès hat Fichte sogar zwei Interviews geführt, zwischen denen zwei Jahre liegen – im Buch folgen sie unmittelbar nacheinander. In den Gesprächen differenzieren sich die Aspekte, die im ersten Gespräch – mit dem Repräsentanten an der Spitze der Institution – angesprochen worden sind. Als Leser ist man zugleich mit unterschiedlichen Haltungen den Geisteskranken gegenüber konfrontiert, die nicht immer frei sind von einer gewissen Romantisierung des Irrsinns, wie sie als typisch für die Diskussionen um die offene Psychiatrie gelten können. Aber es ist ein schwieriger Balanceakt für den Leser zu entscheiden, wann die Romantisierung einsetzt und wann sie noch aus einer sich offen haltenden Erfahrung mit den Kranken resultiert. Zum Beispiel Dr. Zeldine, weit gereist:

Ich habe überall die gleichen Strömungen des Irrsinns wiedergefunden, in Vietnam, in Afrika, in Japan – ein Bewußtsein vom Irrsinn, das sich von dem europäischen wesentlich unterscheidet.

Der Irrsinn ist eine Botschaft – er stellt für die außereuropäischen Kulturen die Verbindung her zwischen Diesseits und Jenseits. (Psyche/Fototext, S. 77)

Diese Aussage, die sich mit jener Fotografie des kleinen Jungen am Strand verbindet, ist sicherlich ethnologisch haltbar. Aber wie ist es mit einem Satz, der gegen Ende des Gesprächs fällt? *Ich glaube, man sollte mit dem Irrsinn leben, dann würde man viel tiefer in die poetische Realität der Welt eindringen.* (Psyche/Fototext, S. 80) Freilich ist der Satz aus dem Kontext gerissen. Inzwischen hat der Leser erfahren, dass Dr. Zeldine auch schriftstellerisch tätig ist und er den Satz als Dichter, nicht als Arzt äußert. Er steht im Zusammenhang mit einem Konzept von Psychiatrie, das inhaltlich, aber auch von der Begrifflichkeit eine große Nähe zu dem Projekt von Hubert Fichte unterhält:

– *Der Irrsinn, wann und wo er immer auftritt, ist nicht in ei-*

nem System, auf Karteikarten unterzubringen. Der Irrsinn ist der ganze Mensch. Ich glaube, es ist nicht zufällig, daß man früher den Irrsinn als etwas Heiliges betrachtete. Das Heilige ist etwas, das man nicht zähmen kann. Es ist außerhalb der Natur. Ich glaube – mit Gaston Bachelard –, daß man erst dann den Irrsinn verstehen kann, wenn man bereit ist, das Irrationale anzuerkennen, wenn man bereit ist, das Poetische und die Wissenschaft zu verbinden. Es gibt einen Weg, den man vielleicht mit poetischer Psychiatrie bezeichnen könnte, vielleicht gibt es sogar eine Poetik der Psychiatrie. (Psyche/Fototext, S. 80)

Ein ähnlicher Gedanke, der jedoch stärker aus Reflexionen über die interkulturelle Situation in Fann zu entspringen scheint, findet sich gegen Ende des ersten Gesprächs mit Dr. Dorès wieder. Anders als in den restlichen Gesprächen spricht Fichte in diesem Interview offen kritische Punkte in Fann an, vor allem den Rassismus unter den Mitarbeitern und die Inkompetenz im Hinblick auf die im Senegal gesprochenen afrikanischen Sprachen. Dr. Dorès prangert die Tatsache an, dass die Therapien und Gespräche meistens auf Französisch stattfinden, und sieht darin das Gefangensein in einem Diskurs:
– Das ist tatsächlich das entscheidende Problem: Die Alienation! Wir sind gefangen in einer bestimmten Sprechweise. Deshalb zerbrechen die modernen Schriftsteller ihre Sprache, um etwas Neues, anderes ausdrücken zu können.
Ist das nicht eine Analogie zum Geisteskranken, der ebenfalls seine Sprache zerbricht, um etwas anderes auszudrücken?
(Psyche/Fototext, S. 89)

Interessant ist diesmal, wie Fichte darauf reagiert. Er greift nämlich den Faden auf und spinnt ihn weiter, um so wiederum zu den sprachlichen Beschwörungen zu kommen, denen er bereits in Brasilien im Zusammenhang mit den rituellen Pflanzen begegnet ist:
– Ein nächster Schritt wäre, eine pathogene Sprache durch eine therapeutische Sprechweise zu heilen, und da sind wir

bereits bei den Heilverfahren der Marabouts, der islamischen Heilpraktiker, die fähig sind, durch Gesänge und Litaneien die Geisteskranken zu kurieren.
Glauben Sie nun, daß ein Kranker, der durch das Französisch der transkulturellen Gesellschaft vergiftet ist, auch physische Anzeichen der Vergiftung aufweisen kann?
– Das ist eine sehr gewagte Hypothese, aber warum sollten Wörter eigentlich keine chemische Materialität besitzen! (Psyche/Fototext, S. 89)

Auf all die unterschiedlichen Aspekte der Emphase gegenüber dem Experiment Fann folgt im zweiten Gespräch mit Dr. Dorès, zwei Jahre später, die Ernüchterung. Dr. Dorès wollte von sich aus dieses Gespräch, so erfahren wir, um seine Äußerungen korrigieren zu können. Denn ihm sei inzwischen bewusst geworden, in welchem Maß die Klinik von Fann ein Ausdruck des Neokolonialismus sei. Als Leser erfahren wir aber auch, dass Dr. Dorès eine herbe berufliche Enttäuschung hinnehmen musste. Er wollte ein psychiatrisches Dorf nach seinen Ideen aufbauen, in dem das Schwergewicht der Behandlung auf einem geduldigen, vertrauten, zuhörenden Umgang der Krankenpfleger mit den Patienten ruhen sollte, was jedoch von Prof. Collomb abgelehnt worden ist. So eignet dem Gespräch ein bitterer Ton. Neben den kritischen Aspekten, die bereits im ersten Interview angeklungen sind, wird im zweiten vor allem die Abhängigkeit von der pharmazeutischen Industrie in Frankreich deutlich, die Fann dazu benützt, neue Präparate zu testen, bevor sie auf den Markt kommen. Aber auch die Abhängigkeit vom französischen Universitätssystem wird deutlich: junge französische Neurologen, Psychiater und Psychoanalytiker, die für zwei, höchstens für vier Jahre nach Dakar kommen, um Material für ihre Doktorarbeit zu sammeln, ohne Kenntnisse der Kulturen und Sprachen im Senegal. Ausführlich diskutieren Dr. Dorès und Fichte die vielen Publikationen der ›Schule von Dakar‹, die einen eigenen Diskurs mit bestimmten Topoi hervorgebracht hat – und Fichte resümiert knapp: *Europa exportiert also nicht nur die Umweltverschmutzung, sondern auch die ganze Hohlheit und Unfruchtbarkeit seines Universitätswesens.* (Psyche/Fototext, S. 92/93)

Dr. Dorès kann in dem Gespräch dagegen noch einmal seine Haltung profilieren, die er im Umgang mit den Geisteskranken zu verwirklichen sucht:

Wenn ich einen Krankenbesuch mache, versuche ich zu verstehen, wie das Irresein, eine Episode, die als krankhaft von der Gesellschaft aufgefaßt wird, sich in die Lebensgeschichte des Kranken einfügt. Die Analyse der Existenz des Menschen scheint mir das Wichtigste zu sein. Und: *Jeder Krankheitsfall ist die Begegnung zweier geschichtlicher Abläufe: der Geschichte der Persönlichkeit und der Geschichte der Gesellschaft, in der die betreffende Person lebt.* (Psyche/Fototext, S. 94)

Auf die Frage, wie dabei wissenschaftliche Forschung integriert werden könnte und wie sie auszusehen hätte, antwortet Dr. Dorès: *Die wirkliche Forschung ist eine einzelne Anstrengung, am Ort, langwierig, diskret.* (Psyche/Fototext, S. 92) Hier trifft Fichte also wieder auf eine Einstellung, die seiner eigenen sehr nahe kommt. Was sich auch daran erkennen lässt, dass seine heftige und polemisch vorgetragene Kritik am universitären Wissenschaftssystem und besonders der Ethnologie, die er in seinen *Ketzerischen Bemerkungen für eine neue Wissenschaft vom Menschen* Anfang 1977 äußern wird, stark unter dem Eindruck dieses zweiten Gesprächs mit Dr. Dorès steht.

Nach den verschiedenen Interviews, die eine Fülle von Informationen liefern und darüber einen emphatischen Blick mit einem kritischen konfrontieren, nimmt nun wieder die Fotografie die Aufmerksamkeit des betrachtenden Lesers und lesenden Betrachters in Anspruch. Es folgt eine erste Serie aus Fann – farbige und schwarzweiße Fotografien im Wechsel, auf denen man vor allem Kindern begegnet, die sich dort als Patienten aufhalten. Daran schließt sich – nach einer Unterbrechung, die aus drei Interviews mit einem Straßenmaler in Dakar besteht und in denen eine sowohl traditionelle als auch islamisch geprägte religiöse Vorstellungswelt aufscheint – eine weitere Serie von Fotografien an, die in die Psychiatrie von Aneho in Togo führt. Die Bilder zeigen eine geschlossene Anstalt, die aus einfachen Bungalowbauten besteht. Eine Vielzahl von Menschen liegen auf relativ engem Raum apathisch auf dem Boden, angelehnt an herumliegende Baumstämme, oder sitzen irgendwo auf dem Gelände herum. Ruhig gestellt und unerreichbar – jeder Hauch von Romantisierung oder auch religiöser Überhöhung verfliegt im Angesicht dieser Bilder. Die Serie endet wiederum mit einer fast überhellen und grobkörnigen Schwarzweiß-Fotografie. Ein Gebäude. Eine Stufe führt hinauf zu einer verriegelten Gittertür. Durch die Stäbe hindurch hat ein Insasse seine Füße gestreckt; sie ruhen auf der Stufe. Daneben ein alter Emaille-Teller am Boden. Nur die Füße sind von dem Insassen zu sehen – mehr nicht. Ein Gefängnis.

Die Anklage wird in einer weiteren Serie mit dem Titel *Elektroschock in der Psychiatrie von Fann* zugespitzt. Es handelt sich um fünf Schwarzweiß-Fotografien, die eine Serie im engeren Sinn bilden, da sie chronologisch die Abfolge eines Ereignisses – eines Elektroschocks – festhalten. Die Fotografien tragen wiederum die Handschrift von Leonore Mau: überstrahlt, körnig und vage beschnitten. Das Weiß der Kittel der Krankenpfleger, des Bettlakens und der Wände geht ineinander über – man hat Mühe, sich in dem Raum zu orientieren. Irgendwo aus der Wand entspringt ein Stromkabel, das zu einem liegenden und von zwei Krankenpflegern festgehaltenen Patienten reicht. Plötzlich zuckt der Patient auf, reißt seine Beine in die Luft, wälzt sich hin und her und klammert sich an einen der beiden Krankenpfleger. Auf den letzten zwei Fotografien hat sich der Patient im Bett aufgerichtet. Von unten sieht er zu einem Krankenpfleger auf – und auch er hat dabei die Augen schräg nach oben weggedreht, sodass nur noch das Weiß seiner Augen zu sehen ist.

Obwohl die Bilder markant vom klassischen Reportagestil der Dokumentarfotografie abweichen, erzielen sie eine tiefe Wirkung, als ob sich der Elektroschock auf den Betrachter übertrüge. Die Fotografien drücken die Rohheit und Bruta-

lität dieser Behandlungsweise aus. Der Elektroschock wird darüber zu einem Inbild für die Rohheit und Brutalität der europäischen Kultur – für die ›Unempfindlichkeit‹ Europas. Diese Wirkung wird nicht gemildert, aber erweitert durch zwei Informationen, die aus den Interviews zu entnehmen sind. Die eine stammt aus dem Gespräch mit Prof. Collomb. Er sagt, dass eine Reihe von Patienten geradezu nach dem Elektroschock verlangen, worauf Fichte zurückfragt, ob sie darin vielleicht eine Art Initiationstod sehen – was Collomb bestätigt. (Psyche/Fototext, S. 63) Die andere Information stammt von Amakoué Ahyi, von dem Fichte erfährt, dass es auch in der traditionellen Psychiatrie in Togo Schockbehandlungen von Geisteskranken gebe – beispielsweise indem einem Patienten ein heißer Holzkohleofen auf den Kopf gesetzt werde. (Psyche/Fototext, S. 231)
Doch bevor der Band *Psyche* zu dem togolesischen Ethnobotaniker und Pharmakologen kommt, der in seinem Land die traditionellen Methoden im Umgang mit Geisteskranken erforscht und darüber Auskunft gibt, wird dem Betrachter und Leser ein Einblick in das psychiatrische Dorf Village Émile Badiane eröffnet. Zunächst in Form eines Textes von Hubert Fichte, den man – gemäß seinem Selbstentwurf als ›lyrischer Reporter‹ in *Versuch über die Pubertät* – eine lyrische Reportage nennen kann, und im Anschluss daran in einer Bildserie, die Porträts mit Momentaufnahmen mischt. Hier stellt sich ein anderer Eindruck ein als bei den Fotografien aus den psychiatrischen Kliniken in Fann oder Aneho: Hier scheinen die Geisteskranken nicht isoliert für sich zu sein und medikamentös ruhig gestellt, sondern integriert in eine dörfliche Gemeinschaft, in ein Miteinander, das vor allem durch die Mütter gestiftet wird. Zusammengehalten wird die Serie durch die erste und letzte Fotografie – beide in Farbe und in einer halbtotalen Einstellung. Auf der ersten Fotografie tritt eine Frau auf die Kamera zu, die offensichtlich zum Wasserholen geht, da sie einen Blecheimer mit sich trägt. Im Hintergrund sind einige Häuser zu sehen, die deutlich an die traditionelle Architektur angelehnt sind. Auf der

letzten Fotografie tritt ein Mann, der von hinten zu sehen ist, aus dem Bild. Er trägt einen Korb auf dem Kopf und einen Wasserkessel in der Hand. Die Kamera hält ihn eben noch fest, bevor er im Wald, der den Hintergrund der Fotografie bildet, verschwindet.
Der Wald steht für den letzten Teil des Buches, der sich – wie der Anfang – der traditionellen Psychiatrie zuwendet. Mit Amakoué Ahyi, auch er Professor und zudem Leiter zweier akademischer Institute, tritt nun die Gegenfigur zu Prof. Collomb und seinen französischen Mitarbeitern auf. In einer Passage des Interviews äußert er sich denn auch sehr kritisch gegen die Ausbeutung afrikanischer Wissenschaftler durch westliche Forscher, die oftmals zugleich im Dienst pharmazeutischer Konzerne stehen. Seit einigen Jahren unternimmt Prof. Ahyi, so erfahren wir, eine Bestandsaufnahme der traditionellen Heiler und ihrer Methoden in Togo.
Ich möchte zeigen, was die Spiritualität der afrikanischen Tradition ausmacht und daß es eine traditionelle Wissenschaft der Medizin in Afrika gibt, sagt Prof. Ahyi. (Psyche/Fototext, S. 229) Außerdem erstellt er eine Flora von Togo. Doch: *Wir haben noch nicht einmal den hundertsten Teil der togolesischen Pflanzen im Herbarium. Wir müssen uns beeilen. In Togo sind ganze Vegetationen dabei, zu verschwinden oder sich zu verändern.* (Psyche/Fototext, S. 228)

Von Prof. Ahyi erhält Fichte eine Fülle von Informationen über das traditionelle Heilwesen in Togo, die sich zu einem Gesamtgebäude fügen. Auf 1500 schätzt Prof. Ahyi die Zahl der Heiler in Togo; 15% davon sind spezialisiert auf die Behandlung von Geisteskranken. Überdies gibt es eine starke Spezialisierung in den Aufgaben, die sich in religiöse, divinatorische und heilpraktische aufteilen. Immer aber kommen die drei Bereiche in einer Behandlung zusammen. Pflanzenrezepte spielen eine wichtige Rolle, doch niemals ist dabei die chemische Wirkung allein ausschlaggebend. Immer muss ein Heiler, wie sich Prof. Ahyi ausdrückt, das Terrain der Krankheit auch im Geistigen freilegen – etwa durch Fragen, ob der

Kranke seinen rituellen Pflichten nachgekommen sei. Auch muss der Heiler selber in einem Zustand der Reinheit sein, sonst verfliegt die Wirkung der Pflanzen. Von der spirituellen Dimension und von ihrer Begleitung durch Riten und Zeremonien sind die Pflanzen, so das Resümee des Gesprächs, nicht zu trennen.
Eine knappe Frage leitet über zu den anschließenden Fotografien. *Warum werden die Geisteskranken gefesselt?*, fragt Fichte, und Prof. Ahyi antwortet: *Damit man ihrer Herr wird. Wir haben hier keine Zwangsjacken und auch keine sogenannten chemischen Zwangsjacken.* (Psyche/Fototext, S. 231)
Die Fotografien, die auf das Interview folgen, sind nun nicht mehr durch die Einheit eines Ortes miteinander verbunden, sondern unter der Überschrift *Traditionelle Psychiatrie in Afrika* in kleine Unterkapitel gegliedert: *Gefesselte – Psychiater – Altäre – Riten.* Sie versammeln Fotografien, die auf den verschiedenen Reisen und an unterschiedlichen Orten entstanden sind. Schockierend wiederum sind die ersten Bilder. Sie zeigen Menschen, denen man entweder eine Fußkette angelegt hat oder, schlimmer noch, deren einer Fuß in einem Baumstamm steckt. Der kritische Blick trifft also nicht nur die westliche Psychiatrie – auch die traditionelle besitzt ihre Rohheit und Brutalität.
Auf die Fotografien folgt nochmals eine lyrische Reportage mit dem Titel *Gott ist ein Mathematiker.* Hier steht nun ein traditioneller Heiler im Mittelpunkt, Messanvi Sessou, 1924 geboren, und dessen Sohn Foli, 1946 geboren, an den er sein Wissen nach und nach weitergibt. Fichte wählt zunächst die Perspektive Folis, um zu zeigen, wie langwierig und kompliziert es ist, die Pflanzen zu erkennen und die rituellen Verhaltensweisen zu erlernen, die sie fordern:
Foli lernt von seinem Vater, wie der von dem seinen, welche Pflanzen ihn schützen, welches Heilpflanzen sind und wie er sich ihnen nähern muß, wie er ihre Rinde abschält, ihre Blätter pflückt. Einigen darf er sich zu bestimmten Tageszeiten nicht nähern.
Anderen nur nüchtern.

Anderen ungewaschen.
Anderen nur, ohne Salz gegessen zu haben.
Auf einige darf er nie pissen.
Einige Blätter haben ihre Wirksamkeit nur, wenn sie im Mondlicht gepflückt werden.
Andre im Mondschatten ... (Psyche/Fototext, S. 291)

Im Weiteren wechselt dann die Perspektive auf den Vater Messanvi Sessou. In Passagen wie der eben zitierten, in der dichte Beschreibungen in an Lyrik erinnernder Anordnung gegeben werden, wird nun der konkrete Umgang mit Geisteskranken nach den traditionellen Heilmethoden aufgezeigt. Gleichzeitig werden die verschiedenen Stufen der Krankheit genannt und beschrieben – verbunden mit den entsprechenden Bezeichnungen:
Das erste Stadium der Geisteskrankheit heißt für Messanvi Sessou:
Tagbogbegble –
Von Ta, der Kopf
tagbo, das Kopfinnere, der Sitz des Verstandes
gbegble, verdorben, verkommen.
Auch alle anderen traditionellen Psychotherapeuten an der Küste kennen diese Bezeichnung, dies Stadium der Erkrankung und beschreiben es ähnlich.
Tagbogbegble ist die häufigste Erkrankung.
Sie beruht auf Überanstrengung. […]
Hat die Erkrankung natürliche Gründe, ist der Tagbogbegble nicht sehr erregt.
Er kann noch vernünftig reden. […]
Ist ein Kranker Tagbogbegble, weil ein Tro, ein Voudou, ein Gott beleidigt wurde, ist der Kranke erregter.
Meistens schicken die Götter und die Ahnen gleich die Krankheit Adawa.
Der Kranke sieht den Gott vor sich, auch eine Schlange.
Hat ein unfähiger böser Zauberer versucht, einen Menschen verrückt zu machen, und schafft er nicht mehr als Tagbogbegble, zieht der Kranke sich nackt aus. (Psyche/Fototext, S. 298/99)

Von der ersten Stufe schreitet das Irresein voran: *Adawa* (rasend) – *Sukuno* (das Gehirn reagiert nicht mehr) – *Gnanunyani* (derjenige, der die Geister kennt) – *Yeyino* (der nichts sagt). Die Behandlungsmöglichkeit von Messanvi Sessou, so erfahren wir, hängt davon ab, wie lange die geistige Verwirrung bereits währt. Ist sie nicht älter als zwei Jahre, kann Messanvi zumindest die unteren drei Stufen heilen. Er arbeitet jedoch auch daran, die letzten beiden Stufen zu behandeln. Mit diesem in die Zukunft gerichteten Aspekt endet die lyrische Reportage. Doch nimmt sie dabei noch einmal eine Wende. Von Messanvi Sessou erhält Fichte den Hinweis, dass in Einweihungszeremonien bestimmte Pflanzen – ähnlich wie im Candomblé – eingesetzt werden, um die Trancefähigkeit der Novizen zu steigern. Dies greift Fichte im letzten Satz seines Textes auf:
Meine Frage an Messanvi Sessou war, ob er diese Einweihungspflanzen nicht benützen könnte, um das kranke Bewußtsein zu zerbrechen oder um sie wie ein Serum zu benützen, ihre bewußtseinszerstörerischen Kräfte zu bewußtseinsheilenden umzuformen. (Psyche/Fototext, S. 306)

Das Ende des gesamten Bandes *Psyche* ist zwei Heilzeremonien vorbehalten – dem N'Doep der Serer, das noch in Senegal praktiziert wird, und einem nicht näher benannten Ritus von Atakpamé in Togo. Während in der Beschreibung des ersten Ritus Fotografien und Text sehr nahe zusammenrücken – so nah wie sonst nirgends im gesamten Werk von Leonore Mau und Hubert Fichte – und sich regelrecht ineinander verzahnen, wird der andere Ritus allein fotografisch dokumentiert. Mit diesen beiden Riten schließt sich der Kreis und führt zurück an den Anfang des Buches – auf den Zaubermarkt von Bé.
Erst nachdem der lesende Betrachter und betrachtende Leser einen Durchgang durch das Buch hinter sich hat, kann er die Bedeutung jenes Textes ermessen, mit dem es anhebt: *Die Buchstaben der Psyche.* Auf wenigen Seiten beschreibt der Text einen entscheidenden Augenblick. Fichte notiert, wie er

auf dem Markt in Bé mehr und mehr in den Bann der angebotenen, magischen Devotionalien gezogen wird. Sein Blick wird starr. Erinnerungen tauchen auf – an eine Tradition der Magie, die sich durch die europäische Literatur zieht: Empedokles, die Merseburger Zaubersprüche, Lohenstein, Novalis und schließlich Johannes Bobrowski, mit dem Fichte, wie wir aus *Die Zweite Schuld* wissen, in den 1960er Jahren während des Literarischen Colloquiums ein Liebesverhältnis verband. Deshalb steht am Ende der europäischen Erinnerungsspur ein Ausschnitt aus einem Gedicht Bobrowskis:
Und in einem geheimen Liebesgedicht:
Zu deiner Braue hinauf
mein Mund
trägt Federn und Zweige. – (Psyche/Fototext, S. 9)
Nach dem intimen Moment der Erinnerung wechselt der Text wieder in die Gegenwart in Lomé:
Ich stehe auf dem Zaubermarkt in Bé und starre die Steine an,
Knochen, Schädel, Wurzeln, Doppelglocken, Pappkartons.
Stäbe aus Holz.
Affenhände.
Vogelbeine.
Die Dinge haben Macht über mich, weil ich sie selbst einmal
war.
Buchstaben.
Stäbe, die auf den Boden geworfen werden?
Die Buchstaben der Psyche. (Psyche/Fototext, S. 9)

Der entscheidende Moment besteht in der äußersten Annäherung an das magische Weltbild, die Fichte je unternommen hat. Er wagt sich noch weiter vor als in Ouidah, in Benin. Für einen Augenblick taucht er in dieses Weltbild ein. Vergessen die Maske des kritischen Beobachters und des teilnehmenden Ethnologen – stattdessen ein Überlassen an die Anziehung der Gegenstände, an ihre geheime Macht und an den Taumel der Zeit, den sie auslösen. Die Gegenüberstellung der beobachteten Gegenstände und des beobachtenden Ichs bricht zusammen. An ihre Stelle tritt die Identifikation – was hier nur ein anderes Wort ist für Besessenheit. Für einen Augenblick verschmelzen Welt und Ich miteinander. Am Ende des Augenblicks erscheint dann wiederum die Schrift, ihr möglicher magischer Grund – und das Schreiben verwandelt sich selbst in einen magischen Ritus – eine literarische Epiphanie und zugleich eine Epiphanie der Literatur.

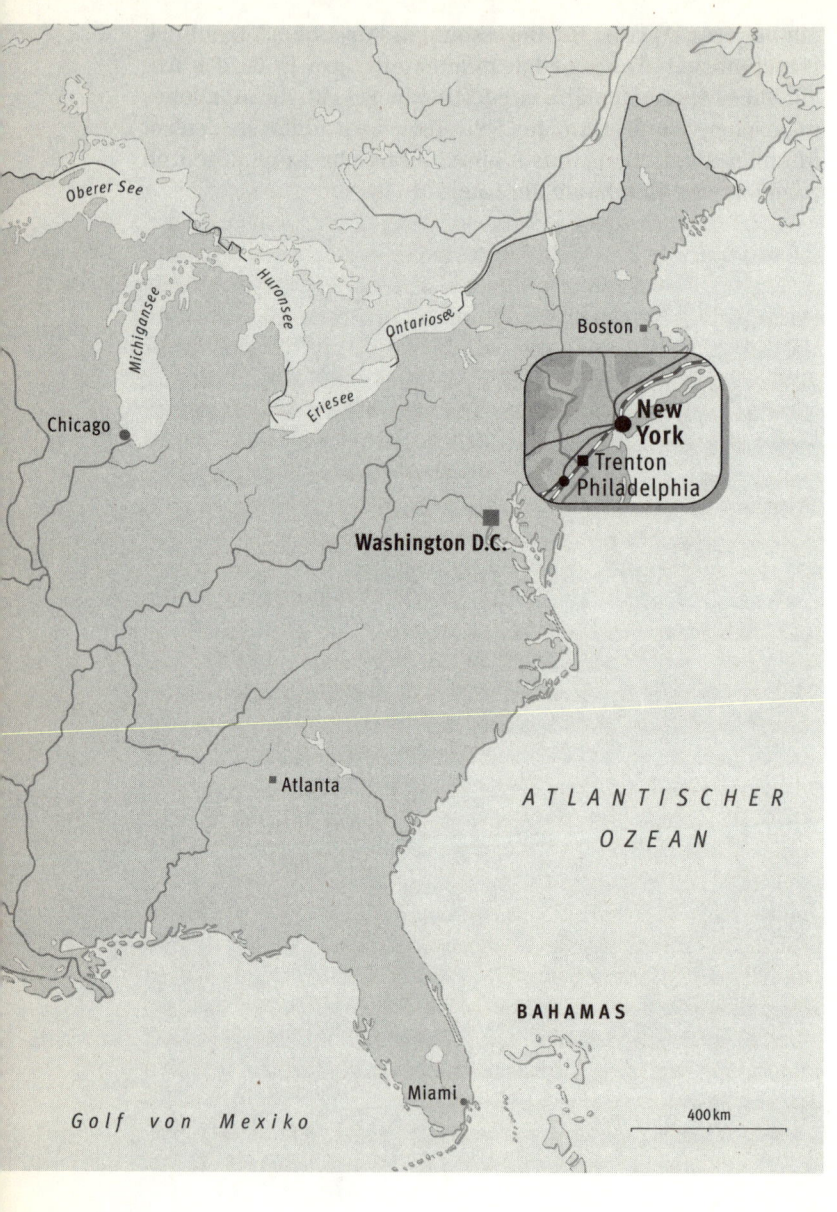

Kapitel 8
New York – in der Schwarzen Stadt

Im November 1975, kurz nach ihrer Rückkehr aus Benin, flogen Leonore Mau und Hubert Fichte nach New York und hielten sich dort bis Februar auf, um bald danach wiederum in den Senegal zu einem zweiten Besuch in der psychiatrischen Klinik Fann aufzubrechen. Während der Monate in New York führte Hubert Fichte mehrere Gespräche mit Lil Picard, einer in Straßburg aufgewachsenen, später in Berlin lebenden und 1937 in die USA ausgewanderten Malerin, Bildhauerin, Performance- und Happening-Künstlerin und nicht zuletzt Kunstkritikerin. In den 1960er und 1970er Jahren zählte sie zum engeren Kreis um Andy Warhol und übernahm in einem Film die Rolle seiner Mutter, wodurch sie den Spitznamen ›die große Popmutter‹ erhielt. Unter diesem Titel wurden 1976 auch Ausschnitte aus den Interviews im NDR-Hörfunk gesendet. Die Gespräche mit Lil Picard, die Fichte bereits im Jahr 1963 anlässlich einer Ausstellung von ihr kennen gelernt hatte und mit der er von da an in persönlichem Kontakt blieb, standen offenbar bereits im Zusammenhang eines Projekts, dessen Konturen sich zu jener Zeit des Aufenthalts in New York abzuzeichnen begannen. Es bestand darin, das Leben in den Ländern Westafrikas und in New York – über den Atlantik hinweg – in einem Buch nebeneinander zu stellen. Westafrika und New York sollten dabei die ›beiden Pole des Überlebens‹ markieren – ein Konzept, das einige Jahre später Chris Marker in seinem Essay-Film *Sans Soleil* umgesetzt hat, allerdings mit den Ländern Guinea-Bissau und Japan. Auf der einen Seite des Atlantiks müssen die Afrikaner mit der Industrialisierung in ihren Ländern und dem Erbe der europäischen Kolonialmächte fertig werden, auf der anderen Seite versuchen sich die Nachfahren der ehemaligen Sklaven in der Metropole des Kapitalismus, in New York, zu behaupten. In beiden Fällen gilt Fichtes Aufmerksamkeit der Frage, ob und wie dies den Afrikanern bzw. den Afro-Amerikanern gelingt. Nicht, wie wir im letzten Kapitel gesehen haben, in einer historischen Perspektive, sondern aus der Haltung einer engagierten Zeitgenossenschaft heraus mit der utopischen Grundierung, von der afro-amerikanischen Kultur zu lernen und alternative Kulturtechniken und Verhaltensweisen zu gewinnen.

Dem Aufenthalt in New York im Winter 1975/76 folgten drei weitere in den Jahren 1978, 1979 und 1980, jeweils wieder in den Herbst- und Wintermonaten. An die Seite der Jüdin Lil Picard, die Fichte im Jahr 1979 ein zweites Mal interviewte, trat als ein zweiter wichtiger Gesprächspartner Michael Chisolm, ein Afro-Amerikaner, der als Maler und Fotograf arbeitete und sich in der *Black Emergency Cultural Coalition* engagierte. Im Rahmen von deren Programm unterrichtete er Kunst in Gefängnissen und psychiatrischen Anstalten. Mit Chisolm führte Fichte sowohl 1978 als auch 1980 mehrere lange Gespräche. Außerdem zählten 1978 der bekannte Fotograf Richard Avedon und der japanische Musiker Teiji Ito, der in den 1950er Jahren mit Maya Deren zusammenlebte, zu seinen Gesprächspartnern. Nicht vergessen werden darf das Interview mit Joachim Neugröschel, dem Teilnehmer des *workshops* Prosaschreiben am Literarischen Colloquium Berlin, das ebenfalls während des Aufenthalts 1978 entstand und in den Band *Die Zweite Schuld* aufgenommen worden ist. Das Interesse von Leonore Mau und Hubert Fichte richtete sich, wie man an den Gesprächspartnern ersehen kann, auf die gesamte Kunstszene in New York. Zugleich erkundeten sie die Lebensbedingungen der Afro-Amerikaner und gingen der Frage nach, was sich von ihrem religiösen Leben, dem sie in Brasilien, auf Haiti und in anderen Ländern der Karibik und Südamerikas begegnet sind, erhalten hat.

Nirgendwo im Werk von Hubert Fichte tritt das utopische Potenzial, das er der afro-amerikanischen Kultur zugeschrieben hat, so deutlich hervor wie in den Arbeiten über New York. In der Besprechung einer Ausstellung über haitianische Kunst

im Brooklyn Museum im Herbst 1978, die erstmals in der *Zeit* abgedruckt worden ist, schreibt Fichte:
Afroamerikanische Kultur, haitianische Kultur gibt es im Merkheft des Gebildeten nicht.
Wahrgenommen werden Partikel, Reste, was noch am ehesten in einen gewohnten Rahmen gebracht werden kann.
Daß in den Schwarzen Amerikas neue Lebensformen, neue Formen der Kultur gefunden wurden, nicht imperialistische, sondern Kulturformen der Unterdrückten, Kunst und Psychologie, die sich als erste mit dem Problem der Massen in einer verschmutzten, ganz schädlichen Umwelt auseinandersetzen – das wird im Bewußtsein der Gebildeten eskamotiert. (Schwarze Stadt, S. 12)
Und in einer Reportage, die während desselben Aufenthalts für die *Deutsche Zeitung* geschrieben worden ist, heißt es:
Erst kommt das Fressen, dann kommt die Moral, bemerkte ein spätbürgerlicher Dramatiker, der im Krieg für Hollywood ein Drehbuch verfaßte; die Afroamerikaner geben uns eine diffizilere Lektion – daß ihre Strukturen fähig sind, die Gierigkeit des Kapitalismus zu durchdringen und zu überwinden. (Schwarze Stadt, S. 99)

Der utopische Ton, wenn auch um eine Spur kämpferischer, bestimmt auch noch die Arbeiten aus dem Jahr 1980. Für ein bemerkenswertes kleineres Projekt, über das gleich ausführlicher zu sprechen sein wird, den *Black Guide New York*, verfasst Fichte ein Schlusswort:
Täglich verhindert der eine oder andre Wirtschaftsblock, daß die afroamerikanische Kultur sich ihrer selbst besinne, daß sie ohne Polizeiaufsicht ihre Religionen ausübe, auch in Bronx, in Harlem, in Brooklyn etc., daß sie ihrer Psychiatrie, ihrer Botanik, ihrer Hygiene nachgehe – das wird durch mangelnde Müllabfuhr verhindert –, daß Musik, Drama, Bildende Kunst der Afroamerikaner nicht als atavistisches, exotisches Randwerk erscheinen, sondern als das, was sie sind: eine Weltenkunst, eine heftige Asymmetrie, synkopisch – ein Barock, ein Surrealismus, gegen den so vieles Merkantiles, Modernes in

den weißen Museen New Yorks verblaßt. (Beigabe zu TWEN, Nr. 0/1980)
Und in einem Radiointerview, das Peter Laemmle mit Hubert Fichte über dessen literarisches Werk führte und das im Oktober 1980 ausgestrahlt wurde, bekräftigte Fichte noch einmal:
Ich glaube, daß den Afroamerikanern etwas geglückt ist: auf eine ganz besondere Art, in der Art der Steinmarder, die jetzt anfangen Gummireifen zu fressen, können sie mit dem Abfall der Industrie, der Technologie umgehen.

In all den Jahren hatte jenes Projekt des Nebeneinanderstellens von Westafrika und New York weiter an Kontur gewonnen. Es sollte in einem Buch Gestalt annehmen, das durch seine Besonderheit als Schlussstein der *Geschichte der Empfindlichkeit* dienen konnte – ein zuversichtlicher Ausblick in die Zukunft, ein *happy ending* des gesamten Unternehmens. In dem Interview mit Gisela Lindemann im Frühjahr 1981, in dem Fichte die *Geschichte der Empfindlichkeit* vorgestellt hat, beschreibt er es als *letztes, großes, ganz poetisches, lyrisches Buch* und führt dazu aus:
Ich habe 1978 ein Forschungsprojekt in New York begonnen. Dieses Projekt soll sich befassen – und befasst sich bereits – mit afroamerikanischer Kultur in dieser Megapolis. Der letzte Roman der Geschichte der Empfindsamkeit [so lautete zu dieser Zeit der Titel noch] *heißt* Die Schwarze Stadt *und will an großen Wortblöcken, an Gedichten, wenn Sie so wollen, darzustellen versuchen, was eigentlich die Existenz der Schwarzen in dieser Stadt ausmacht. Ich habe lange Kapitel bereits geschrieben. Ich will durch Wörter, durch Assoziationen in einem Kapitel New York 1978 darstellen, im folgenden Afrika, ein afrikanisches Land, eine afrikanische Situation, 1978 und fortschreitend 10 Jahre lang. Und ich möchte durch diesen Wechsel Afrika/New York jetzt wirklich deutlich machen, wie sich die Welt der Schwarzen in dieser* Schwarzen Stadt *New York darstellt, wie diese Welt erlebbar wird, oder wie wir sie verstehen können.* (Sprache im technischen Zeitalter Nr. 104/1987, S. 309/10)

Seit dem Jahr 1981 sind allerdings keine weiteren Texte über New York mehr entstanden. So verliert sich der Entwurf in den folgenden Jahren und ist nur mehr rudimentär aufzuweisen. An die Stelle des lyrischen Buches tritt mit demselben Titel ein Glossenband. Für diesen hat Fichte wohl an der Grundidee festgehalten. Denn bis kurz vor seinem Tod sollte dieser Band nicht nur all jene Texte über New York enthalten, die sich schließlich darin finden, sondern darüber hinaus auch die im vorangegangenen Kapitel vorgestellten Texte über Afrika *Die Tropfen fallen im nebligen Regenwald* (Benin 1975) und *Gott ist ein Mathematiker* (Togo 1978). Erst durch die Ablehnung des Foto-Textbuchs *Psyche* und das neue Konzept eines Bandes, der alle Texte über Afrika enthält, wird die Idee endgültig aufgegeben.
Es gibt keine Geschichte der nicht geschriebenen Bücher. *Die Schwarze Stadt*, wie sie einmal werden sollte, hätte darin einen besonderen Platz verdient. Was für ein Verlust für die deutschsprachige Literatur.

Der Black Guide New York

Zu Leonore Maus Fotos aus dem New York der Afroamerikaner liefere ich ein Adreßbuch – eine erste Annäherung an eine zusammenfassende Arbeit über die Kultur der Schwarzen in New York.
Es wurde bei Feldstudien zusammengestellt, nach Erzählungen von Freunden und auf der Grundlage von Zeitungsberichten.
Tatsächlich: Ein solches Schwarzes Adreßbuch fehlt in der aufgeklärtesten Stadt der Welt, ein bundesrepublikanischer Romancier und Ethnologe mußte es allen Vorurteilen zum Trotz zusammenstellen. (Twen, Nr. 0/1980, o. S.)

Mit diesen Sätzen leitet Hubert Fichte einen kurzen, zweiseitigen Artikel ein, der zusammen mit einer Fotoreportage von Leonore Mau und dem beigefügten *Black Guide New York* in einer Testnummer der Zeitschrift *Twen* im Herbst 1980 erschienen ist. Damals sollte das legendäre Magazin aus den 1960er Jahren, das den Nerv jener ästhetisch innovativen Zeit traf, wieder belebt werden. Doch der ambitionierte Versuch fiel in eine gesellschaftliche und publizistische Zwischenzeit – zu alt für den Rock 'n' Roll und zu jung für die Zeitgeistmagazine à la *Tempo*. Bereits ein Jahr später musste das neue *Twen* sein Erscheinen wieder einstellen.

Als besonderes Extra der Testnummer hatte sich die Redaktion auf die Herstellung einer 16-seitigen Beigabe eingelassen. Schlägt man das schmale Heft auf, findet man auf den ersten beiden Seiten eine Übersichtskarte über New York und seine verschiedenen Stadtteile sowie einen einleitenden Text auf Deutsch und auf Englisch. Er weist darauf hin, dass es sich vor allem um eine Sammlung von Adressen handelt. Dort heißt es: *Es ist Hubert Fichtes Auswahl, ergänzt von seinem Mitarbeiter Michael Chisolm, dem Leiter der* Black Emergency Cultural Coalition *in Harlem. Die Auswahl ist subjektiv und unvollständig. Aber sie kann und soll nachgeprüft werden.* Ausdrücklich fordert der Text dazu auf, die angegebenen Orte aufzusuchen und Kritik, Korrekturen und Ergänzungen an die Redaktion zu schicken. Zur Unterstützung ist der englischsprachige Text gedacht, der, so die Anweisung, vor Ort vorgezeigt werden soll. Darin steht:

The people of black New York want to be visited. They want the visitors, tourists and journalists to take part in their life. They don't want them to travel around through Harlem and South Bronx in sightseeing busses, taking pictures through tinted glass […] The one who visits these parts of New York City is not in greater danger than in other parts of town, as long as he does not behave like a visitor in a zoo. But the one who speaks of the black people's areas as slums and gutters, who speaks of anonymous violence starting there enlarges ideology – the ideology of racism.

Daraufhin folgen, nach 31 Stichworten geordnet, die entsprechenden Adressen. Unter den Stichworten finden sich die verschiedenen Medien Zeitungen, Radio, Fernsehen, Kino, Ver-

leger und Buchhandlungen, verschiedene politische, soziale und kulturelle Vereine und Initiativen, einschließlich Kunstschulen und Galerien, es finden sich Lebensmittelläden – darunter ein *Hebrew Health Food* –, Bäckereien und Restaurants und schließlich die Tempel der praktizierten Religionen und die dazugehörigen Devotionaliengeschäfte. Unter den Religionen sind aufgeführt: aus Brasilien Candomblé, Umbanda und Macumba, aus Haiti Vaudou, aus Trinidad Shango, aus Kuba Santeria, ferner zwei Tempel der Rastafari und schließlich als größte Gruppe verschiedene Vereinigungen der Freimaurer. Unter fast allen Stichworten finden sich immer auch freie Leerzeilen – nochmals eine konkrete Aufforderung, die Adressen selbständig zu ergänzen.
Der *Black Guide* endet mit einem langen Schlusswort Fichtes, dessen erste Sätze lauten:
Beim Korrigieren dieses Adreßbuchs wird meine Bewunderung für die Schwarze Kultur in New York bestätigt.
Die Kulturen scheinen hier auf einen fast mathematischen Begriff reduziert: Tatsachen und wo sie sich befinden.
Doch es darf nicht vergessen werden, daß diese Strukturen drei Kontinente verbinden.

Diese Sätze, geradezu beiläufig geäußert, führen ins Zentrum – einerseits der Arbeits- und Schreibweise Hubert Fichtes, andererseits auch der Ausgangsüberlegung dieses Buches und der daraus folgenden Ordnung des Werks von Hubert Fichte. Der *Black Guide New York* ist ein konkreter Beleg für Fichtes Umgang mit Orten. Er zeugt vom Ergehen und Erkunden der Orte – und damit von der Grundlage seines Schreibens. Die Adressen, die er dabei aufspürt, und das Netzwerk, zu dem sie sich zusammenschließen, erscheinen ihm wie ein mathematisches Gebilde. Die Assoziation zu einem Stadtplan, der ja immer eine Stufe der Abstraktion beinhaltet und lediglich ein Schema der Stadt wiedergibt, liegt sehr nahe. Insofern bildet der *Black Guide New York* ein Zeugnis der Entstehung der Texte von Hubert Fichte: Er hält die Wege fest, die Fichte vor Ort gegangen ist.

Zugleich kann er aber auch als ein Hinweis darauf gelesen werden, wie Fichtes Texte nutzbar gemacht werden können – vielleicht sogar im Sinne des Autors nutzbar gemacht werden sollen. Der auffordernde, appellierende Charakter tritt deutlich hervor. Der gesamte Beitrag in der Testnummer von *Twen* trägt den Titel *Hubert Fichte: Schaut auf diese Stadt!* Doch geht es nicht nur darum, angeleitet von den Fotografien Leonore Maus genau hinzusehen und auch die kulturellen Ränder der Stadt zu beachten. Wir Leser werden unmittelbar dazu aufgerufen, selbst nach New York zu reisen und die Orte aufzusuchen. Wir sollen sie selber in Augenschein nehmen und unsere eigenen Erfahrungen machen. Mit dem *Black Guide New York* in der Hand verwandelt sich der Titel in die Aufforderung: Geht in diese Stadt! Nur so – das ist die Schlussfolgerung aus dem Projekt – können sich die eingespielten, auf Manhattan fixierten Sichtweisen von New York, können sich Diskriminierung und Rassismus den Afro-Amerikanern gegenüber ändern und damit zuallererst die Voraussetzung geschaffen werden, von ihrer Kultur zu lernen. Die utopische Besetzung der afro-amerikanischen Kultur führt hier – im Fall New York – zu einem unmittelbar operativen Kunstverständnis, das eingreifen und verändern will und sich nicht mit einer poetischen Dokumentation begnügt. Darüber hinaus stellt der *Black Guide New York* eine ganz eigene, auf knappstem Raum entfaltete Poetik der Orte bei Hubert Fichte dar.

Die Schwarze Stadt

Zu seiner endgültigen Fassung hat der Glossen-Band *Die Schwarze Stadt* aus der *Geschichte der Empfindlichkeit* erst unmittelbar vor dem Tod Hubert Fichtes gefunden. Er versammelt nun sehr verschiedene Texte, die zum großen Teil zwischen 1978 und 1980 in Zeitungen und Zeitschriften publiziert worden sind, ferner Arbeiten für das Radio sowie die Transkriptionen der Interviews mit Michael Chisolm und Teiji Ito. Eine ergänzende Auskoppelung daraus stellt der Band *Lil's Book* dar, der gemäß Fichtes letzter Verfügung vom 20. Februar 1986 zu den drei Paralipomena-Bänden der *Geschichte der Empfindlichkeit* zählt – neben *Homosexualität und Literatur* und *Das Haus der Mina*. In diesem Band finden sich die Gespräche mit Lil Picard, unterteilt in die *Ersten Gespräche* zwischen November 1975 und Februar 1976 und das *Zweite Gespräch* im Oktober 1979. Der Umfang legte es wohl nahe, das Material in einem eigenen Band zu präsentieren. Zudem gewinnt es so den Charakter eines intensiven und umfassenden Porträts der emigrierten Jüdin, die ausführlich von ihren Jugenderinnerungen und dem Leben in den 1920er und 1930er Jahren in Berlin erzählt. Als Gelenkstück zwischen den beiden Bänden dient der zunächst als Hörspiel gesendete Text *Dells Tod*, der innerhalb der *Schwarzen Stadt* in der Trilogie *Ehen in New York* aufgenommen und aus einer stark verdichtenden Bearbeitung der verschiedenen Interviews mit Lil Picard hervorgegangen ist.

Die Texte sind in chronologischer Reihenfolge zusammengestellt. Durch die Hereinnahme der transkribierten Interviews – und mit einem Seitenblick auf *Lil's Book* – kommt der *Schwarzen Stadt* damit ein gewisser Werkstattcharakter zu. Denn der Band erlaubt einen Einblick in die Arbeitsweise und macht es für Leser nachvollziehbar, wie Fichte die in den Interviews gewonnenen Informationen in anderen Texten weiterverwendet. Doch geht der Band darüber hinaus. Denn anders als der Glossen-Band *Psyche* reduziert sich *Die Schwarze Stadt* nicht auf eine reine Materialsammlung, sondern lässt eine planvolle Zusammenstellung als Collage erkennen. Zwar hat Fichte seine Grundidee, Texte über Afrika und über New York nebeneinander zu stellen und sich gegenseitig erhellen zu lassen, nicht verwirklicht. Sie hat sich insofern verwandelt, als er in *Die Schwarze Stadt* versucht, durch die Collage heterogener Texte die Stadt New York so erscheinen zu lassen, wie sie sich einem afro-amerikanischen Blick zeigen würde. Er übersetzt die Struktur der afro-amerikanischen Kultur – ihr Flickwerk, ihre große Bastelei – in die

formale Gestaltung des Buches, indem er aus ihm ein Flickwerk ganz unterschiedlicher Texte macht.
Unter den Texten finden sich zwei, die sich wie einige der im vorangegangenen Kapitel besprochenen Texte als lyrische Reportagen bezeichnen lassen: *Auch ich bin ein Besucher von einem anderen Stern. Anmerkungen zur Kunst der Afroamerikaner in New York, Dezember 1978*, und *Keine Beispiele mehr. 14 längere, diagonale Texte über New York, Herbst 1979.* Sie nehmen das Strukturprinzip des Buches auf und setzen im Kleinen um, was auch das Buch als Ganzes bestimmt. Als Fichte im Interview mit Gisela Lindemann anmerkte, er habe bereits einige Passagen des projektierten Buchs geschrieben, musste er wohl im Hinblick auf New York an diese beiden Texte gedacht haben.
Auch wenn man zugesteht, dass Projekte im Fluss bleiben und man die Wandlung, die sie nehmen, nachvollziehen kann, stellt sich dennoch die Frage, warum das Vorhaben über das schwarze New York nach dem Jahr 1980 abbricht, warum sich andere Arbeiten davor oder dazwischengeschoben haben. Erste Ansätze zu einer Antwort darauf ergeben sich, wenn man die in der *Schwarzen Stadt* befindlichen Texte gegen den Strich ihres utopischen Gehalts liest. Denn obwohl sie weiter auf den utopischen Fluchtpunkt eines von der afro-amerikanischen Kultur gebändigten, phantasievolleren, sanfteren, humaneren New York zielen, enthalten sie dennoch auch Spuren einer ernüchternden Desillusion.

Enttäuschungen

Die ersten Passagen der lyrischen Reportage *Auch ich bin ein Besucher von einem anderen Stern* zeichnen bereits ein ambivalentes Bild der Stadt:
New York ist schwärzer geworden.
Und eleganter.
Die Ghettos brechen auf.
Langsam vergißt man wieder die Ratschläge der Polizei:

Avoid eye contact!
Haben Sie immer 20 Dollar bei sich für einen Raubüberfall!
Der Swing dieses neuesten Roms wird von den Afroamerikanern angetrieben:
Schwarze Modeschöpfer in »Life«.
Schwarze Ragtime-Musicals am Broadway.
Elegante Neger bei General Motors, welche die neuesten Automodelle liebkosen.
Schwarze Frauen mit ägyptischen, muscheldurchsetzten Frisuren auf der Fifth Avenue.
Daneben der schwarze Blinde, wie eine ptolemäische Plastik mit Schriftzeichen überdeckt, sein Schäferhund liegt, wie das Krokodil in der ptolemäischen Stele, zwischen seinen Füßen. Der Schäferhund hat einen roten Mantel gegen die Kälte um.
Ein paar Schritte weiter – Sixth Avenue und 44. Straße – jeden Abend der betrunkene Schwarze, der auf dem vorweihnachtlich kälter und kälter werdenden Asphalt schläft. (Schwarze Stadt, S. 64/65)

Notizen, die wie das Resümee eines ersten Gangs durch New York wirken und dabei frühere Besuche in der Stadt vergleichend mit einbeziehen. Daraus ergeben sich widersprüchliche Beobachtungen. Der offensichtlich zugenommenen Akzeptanz der ›Schwarzen‹ steht ihre Anpassung, ihrer Eleganz die Vermarktung gegenüber, und die Armut ist trotz aller Veränderungen geblieben. Von diesem ersten Befund wird sich der Text nicht wieder erholen.

Was die Schönheit der afro-amerikanischen Religionen in Brasilien und in der Karibik ausmacht, fehlt in New York. Von den Kräutern ist nur ihr Name geblieben: *Botánica* oder *Botanical Garden* oder *Herbal Shop* heißen die Devotionalienhandlungen in New York.
[...] Botánicas genannt, weil dort eigentlich die Kräuter für die Einweihung gekauft werden sollten, aber was es auf Kuba, Haiti und in Brasilien noch gibt, als ein Echo der afrikanischen Botaniken, ist hier in der Stadt ganz weggedorrt im Bewußtsein

und hier werden vor allem Liebeszauber in Spraydosen angeboten, Heilige und Schallplatten. (Schwarze Stadt, S. 77) Doch der ernüchterte Blick schlägt sogleich um und entdeckt noch etwas anderes: *Die Schaufenster sind vollkommene Surrealistische Ausstellungen, Popassemblagen.* (Schwarze Stadt, S. 77)

Ebenso ist es um die Riten bestellt. Im Text wird lediglich ein einziger Ritus beschrieben, eine spiritistische Zeremonie in einer *Botánica*, an der hauptsächlich Afro-Amerikaner aus der Dominikanischen Republik teilnehmen. Doch aus den Sätzen spricht Enttäuschung, auch wenn sie ins Ambivalente zurückgenommen ist:
Die Frau fängt an mit dem Oberkörper zu zucken, Weissagungen herbeizublubbern, mit den Armen zu rütteln.
Das ist übrig hier von den Trancetänzen Afrikas, den begeisterten Choreographien durch Wälder, Totenäcker und Flüsse – eine Art Sitzparkinson.
Unecht?
Als die Frau aus ihrer Trance zurückfindet, haben die schwarzen Ringe unter ihren Augen das Gesicht in einen Totenkopf verwandelt. (Schwarze Stadt, S. 85)

In der Trance hat sich das Gesicht der Frau jenen angeglichen, mit denen sie in Kontakt getreten ist – also echt. Doch kippt dieses Bild sogleich um und wird zu einem Bild des Verfalls und somit zu einem Gegenbild der vitalen Trancetänze in Afrika – also unecht, eine hohle Form, vom Tod gezeichnet.

Wandmalereien

Im Schaufenster der *Botánica* ist der Wechsel, zu dem Fichte gezwungen ist, bereits angelegt. In New York findet die afroamerikanische Kultur ihren Ausdruck nicht mehr im Wissen um die Kräuter und in der Formvollendung ihrer Riten. Die Körperkunst der Afro-Amerikaner ist verschwunden, dafür haben sie eine andere, explizit afrikanische Tradition wieder

aufgenommen. Fichte erkennt in den Malereien an Hauswänden, in *Murals* und *Graffitis*, afrikanische Hausbemalungen wieder. Die Wandmalereien, die er in New York entdeckt, vergleicht er mit den Fresken der Yorubatempel in Nigeria, mit den Malereien am Königshof von Abomey und mit ihren Ablegern in Brasilien und auf Haiti. Es ist ein Wechsel des ästhetischen Feldes, in dem sich die afro-amerikanische Kultur ausdrückt, aber ihr Erscheinungsbild trägt unverwechselbar ihren Stil.
Fichte belässt es jedoch bei dem behaupteten Zusammenhang. Die assoziative Montage ist ihm Argument genug, sie birgt für ihn ein hinreichendes Potenzial an Evidenz. Auch wenn er seinen Vergleich nicht weiter ausführt, so hat er doch einige Argumente auf seiner Seite. Denn *Murals* und *Graffitis* lassen sich nur schwer dem abendländischen Kunstbegriff zuschlagen, wie er sich seit der Renaissance herausgebildet hat. Wandmalereien wie Graffitis sind eine kollektive Kunst, die öffentliche Orte sucht und politisch Stellung beziehen will – drei Kriterien, die der europäischen Ästhetik nicht völlig fremd sind, aber nicht in ihrem Zentrum stehen. Hingegen sind es Kriterien, die abgewandelt auf die rituell eingebundenen, afrikanischen Hausmalereien zutreffen. So ist es durchaus plausibel, *Murals* und *Graffitis* nicht als Bilder im europäischen Sinn zu begreifen, sondern als Repräsentationen, die Spuren ihrer Herkunft aus dem Ritus enthalten.
Im Jahr 1978 trifft dies allerdings in den Augen Fichtes nur noch auf die *Graffitis* zu. Als Ende der 1960er Jahre die Wandmalereien wieder auflebten, formten sie den afro-amerikanischen Protest. Inzwischen sind sie weithin akzeptiert und gelten als afro-amerikanische Volkskunst. Für Fichte jedoch sind sie zu gefällig, dienen sie sich zu sehr den Klischees an, die sich die Afro-Amerikaner selber, aber auch die Weißen von afrikanischer Kultur machen. Kunstgewerbe. Auch der kollektive Charakter ist inzwischen, wie Fichte bei seiner Recherche herausfindet, weitgehend verloren. Zwar werden die *Murals* immer noch in Gruppenarbeit an den Hauswänden

aufgetragen, aber sie arbeiten nach einer von einem Graphiker entworfenen Vorlage. *Murals* sind zu einer Art Beschäftigungstherapie verkommen. Heute haben sich nur noch die *Graffitis* jenen wilden Charakter eines Aufschreis bewahrt, und der richtet sich auch gegen die Mauerbilder. *Murals*, von *Graffitis* übersprüht – für die Anhänger der Wandbilder ein Angriff auf den guten Geschmack, für Fichte Ausdruck originärer afro-amerikanischer Identität, die sich gegen die falschen Bilder ihrer selbst wehrt.

Darüber ist eine heftige Auseinandersetzung, ein Kampf unter den Afro-Amerikanern entbrannt, in dem Fichte eindeutig für die *Graffitis* Partei ergreift. Für ihn stellen sie *Stenogramme der Seele* dar, und er sieht in ihnen eine *irreguläre Anstrengung*, in der *das kollektive Unbewußte ausgedrückt und diskutiert werden*, in der *das Elend zu einem Bewußtsein seiner selbst gelangen* könne. In den *Murals* hingegen wittert er den Versuch, *die Widersprüche, die Unterlegenen zu bündeln, zu stilisieren, eine glückliche Mitte, ein Happy Medium herzustellen, die Realität und die Utopie leuchtend zu überhöhen.* (Schwarze Stadt, S. 69) Fichte bleibt also in seiner Argumentation dem Kriterium der physischen und psychischen Wirksamkeit treu. Sie vor allem stiftet die Gemeinsamkeit mit den Pflanzen, den Riten der afro-amerikanischen Religionen.

Doch der Kampf zwischen *Murals* und *Graffitis* kehrt lediglich nach außen, was viele Afro-Amerikaner im Inneren mit sich austragen. Fichte interpretiert die ablehnende Haltung gegen die *Graffitis* als Symptom: Wer sich als Afro-Amerikaner gegen die Graffitis ausspricht – und viele, die Fichte trifft, tun dies –, entblößt sein gebrochenes, wenn nicht gestörtes Verhältnis zu seiner afro-amerikanischen Identität.

Michael Chisolm

Eine solche Interpretation muss provozieren. Am deutlichsten von allen afro-amerikanischen Interviewpartnern widerspricht Michael Chisolm. Er hat sich während der *Black-*

Power-Bewegung Ende der 1960er Jahre politisiert und sein Denken, erklärt er, sei marxistisch geprägt. So war es in seinen Augen ein entscheidender Schritt, ihre Situation als Afro-Amerikaner nicht allein als ein Problem des Rassismus zu begreifen, sondern als ein ökonomisches. Das Tragen afrikanischer Kleider und afrikanischen Schmucks, das Erlernen afrikanischer Sprachen, das gesamte *Back-to-Africa-Movement* sieht er als einen kurzzeitigen Ersatz an, als ein Phänomen des Überbaus. Diese Grundhaltung schimmert in vielen seiner skeptischen Antworten durch. Andererseits gesteht er die große Bedeutung ein, die Alex Haleys Roman *Roots* und dessen Fernsehadaption für die Afro-Amerikaner und auch für ihn selbst gehabt habe: *Es ist sehr wichtig, zu wissen, woher man kommt.* (Schwarze Stadt, S. 51)
In den drei Interviews mit Michael Chisolm nimmt die Kunst einen breiten Raum ein – ein roter Faden, den die beiden Gesprächspartner nach allen Abweichungen immer wieder aufnehmen. In vielen Punkten liegen die Einschätzungen der beiden weit auseinander. Chisolm, fasziniert von der abendländischen Kunst, befürwortet Museen, hasst *Graffitis* und lehnt die These eines einheitlichen afro-amerikanischen Stils ab. Fichte ist mit vielen gegenläufigen Ansichten konfrontiert. Deshalb bricht er auch immer wieder die starre Frage-Antwort-Struktur eines Interviews auf, und das Gespräch wird zu einem offenen Schlagabtausch der Argumente, die jeweils den anderen überzeugen sollen:
Ch: Lets face facts. Es ist wichtig in einem Museum ausgestellt zu werden. Ich finde das Anti-Museum-Dings in den 60er Jahren etwas komisch. Sie brauchen einen Sammelplatz für historische Gegenstände.
F: Warum?
Ch: Ich muß meine Studenten hinführen.
Das Musée de l'Homme in Paris bietet die größte Möglichkeit auf der Welt, afrikanische Originale zu betrachten.
F: Dialektisch gesehen, bietet es die größte Show von Kolonialismus auf der Welt.
Ch: Ja.

Ich brauche Museen, weil ich keine Feldstudien treibe.
F: Sie als Schwarzer gehen in Weiße Museen, um afrikanische Kunst zu studieren.
Ch: Gibt es Museen der Schwarzen?
F: Nein. Aber Sie gehen auch nicht nach Brooklyn, um die Tempel der Haitianer oder der Abakua zu studieren.
Ch: Das ist jetzt. Das ist keine Kunstgeschichte. (Schwarze Stadt, S. 58)
Und zu den *Graffitis* sagt er lapidar:
Ch: Ich glaube, es ist visuelle Umweltverschmutzung.
F: Ich habe Pissarros und Seurats darunter entdeckt.
Ch: Solche sehe ich nicht.
Ich reagiere vielleicht auf jedes zehnte Sgraffito. Meistens sehe ich nur steil den Namen in schwarzer Farbe. Das ist alles.
(Schwarze Stadt, S. 54)

Die Gespräche hinterlassen bei beiden ihre Spuren. Deutlicher kann man sie allerdings an der Entwicklung Chisolms ablesen. Ein Jahr später, 1979, reist er zum ersten Mal nach Afrika, in den Senegal und nach Gambia. Das Ergebnis ist fast vorherzusehen: *Es war furchtbar,* berichtet Chisolm Fichte. *Nichts klappte. Nicht das Ticket, nicht die Flüge. Und meine Beschreibung der senegalesischen Küche schon gar nicht [...]. Ich wollte etwas über meine Roots wissen. Es war nicht möglich. Man ließ mich nicht an die Dokumente heran. Ich wartete stundenlang in den Archiven.* (Schwarze Stadt, S. 245)
Zwei Jahre später unterrichtet Chisolm auch afro-amerikanische Kunst. Eine gewisse Genugtuung auf Seiten Fichtes ist in seinen Fragen nicht zu verkennen. Dennoch bestreitet Chisolm noch immer einen eigenen afro-amerikanischen Stil. *Kannst du erkennen,* fragt er Fichte, *wenn du ein Bild ansiehst, ob es von einem Afroamerikaner gemalt ist? Wenn du es nicht erkennen kannst, ist es dann relevant, daß es von einem Schwarzen gemalt wurde?* (Schwarze Stadt, S. 289/90) Da Chisolm die afro-amerikanische Kultur nicht als eigenständigen Teil herauslösen, sondern als konstitutiven Teil der amerika-

nischen Gesellschaft anerkannt wissen will, bleibt er Fichtes Bemühen gegenüber misstrauisch. Er wehrt sich gegen seine Behauptung eines afro-amerikanischen Stils, dessen einzige Gemeinsamkeit womöglich nur in der schwarzen Hautfarbe der Künstler liegt. Beide treffen sich jedoch in der Schwierigkeit, über afro-amerikanische Kunst zu reden. Chisolm berichtet, es falle ihm im Unterricht sehr viel leichter, über europäische Kunst zu sprechen. Afro-amerikanische Kunst sperre sich gegen die Kategorien des europäisch verengten Kunstdiskurses. Gerade darum, dessen Grenzen zu sprengen und dessen Bahnen zu weiten, ist es Fichte gelegen. Aber auch er spürt die Begrenztheit des Diskurses, auf den er zurückgreifen muss, wenn er die afro-amerikanische Kunst fassen und auf Begriffe bringen will.

– *Was ist das Neue an Afroamerikanischer Kunst? Was erlaubt es uns, von einer afroamerikanischen Kunst zu reden?*
– *Visuell kannst du es nicht. Du hast es mit zu vielen disparaten Elementen zu tun. […]*
– *Und das Synkretistische? Die Amalgamierungen?*
Ich sehe eine neue Art von Kunst und sehe noch nicht ihre Gesetze.
– *Jetzt oder schon immer?*
– *Spätestens seit der haitianischen Revolution.*
– *Haiti ist nur ein Punkt. Die brasilianischen Maler sind etwas ganz anderes.*
– *Und die Altäre?*
– *Das ist ein guter Punkt.*
– *Körperbemalungen?*
– *Ein großes ästhetisches Vermögen.*
– *Ich möchte das alles in die europäische Ästhetik einbeziehen. In Ästhetik überhaupt.*
– *Was heißt das?*
– *Es nicht mehr als Exotisches sehen.* (Schwarze Stadt, S. 293)

Am Ende seiner lyrischen Reportage von 1978 – um noch einmal dorthin zurückzukehren – gelingt Fichte dann tatsächlich eine Schule des Sehens in afro-amerikanischer Kunst.

Er entdeckt die Stühle der Frau Owoh. Sie sind aus einem ikonenhaften Abfall der Industriegesellschaft gefertigt und gewinnen ihre Ausdruckskraft aus der magischen Bedeutung der Stühle in Afrika:
Die Stühle von Frau Owoh!
Hundert Stühle.
Aus Konservendosen von Pepsi und Cola.
Der Sitz ist so groß wie der Dosenboden, Polster draufgeklebt.
Die Stühle sind etwa hoch, wie eine Hand breit ist.
Schnörkel, Lehne, Armlehnen werden aus den Wandungen der Dosen geschnitten.
Anfangs verfertigte Frau Owoh die Dosen zum Zeitvertreib, später als Souvenirs.
Jeder wird von den Stühlen bezaubert, Danièle, Michael Chisolms sechsjährige Tochter, Michael selbst, Leslies ganzes Lokal, Eddi Alicea und Professor Joseph Bauke von Columbia University.
Die hundert Stühle von Frau Owoh.
Wer soll auf ihnen sitzen?
Sind es die Gäste von Eugène Ionesco oder die haitianischen Loa, denen die Priester Miniaturstühle in die heiligen Bäume hängen? (Schwarze Stadt, S. 98)

Danièle oder die afro-amerikanische Prinzessin

Bewahren alle Texte in dem Glossenband *Die Schwarze Stadt* jene Ambivalenz, die bereits zu Beginn der ersten lyrischen Reportage anklingt, so zeigen sich weitere Spuren einer Desillusionierung, wenn man die späteren Texte in ihrer Funktion als Kommentare der früheren mitliest. Hier ist es wiederum der Roman *Explosion*, der heranzuziehen ist. Denn im dritten Teil, der vor allem den Aufenthalt in São Luís do Maranhão zwischen August 1981 bis März 1982 erzählt, werden Irma und Jäcki von Michael und seiner Familie besucht. Die gemeinsame Zeit wird in einem ausführlichen Kapitel des Romans erzählt, der zugleich rückblicken-

de Passagen über die Aufenthalte in New York enthält. Darin verdeutlichen sich vor allem die Beziehungen zu den wichtigsten New Yorker Bezugspersonen – freilich in romanhafter Gestaltung: allen voran zu Michael Chisolm und dessen Tochter Danièle.
Danièle taucht, wie wir eben gesehen haben, bereits in der 1978 entstandenen Reportage *Auch ich bin ein Besucher von einem anderen Stern* auf. Auch sie ist, wie es dort heißt, von den Stühlen der Frau Owoh fasziniert, ja verzaubert. Fichte musste ihr daraufhin einen solchen Stuhl gekauft haben. Denn in den beiden Interviews mit Michael Chisolm aus dem Jahr 1980 fragt Fichte immer wieder nach Danièle, und Chisolm berichtet ihm, wie seine Tochter auf das Geschenk reagiert hat:
Danièle behandelt ihn [den Stuhl] *nicht wie ein Spielzeug.*
Sie schlägt nie auf ihn ein.
Er steht immer oben, über dem anderen Spielzeug, oder er ist ganz verborgen. Er steht nie mitten drin. Er wird nicht auf das Spielzeugauto geladen. (Schwarze Stadt, S. 296)

Einmal abgesehen davon, dass offensichtlich ›Einschlagen‹ Danièles natürlicher Umgang mit Spielzeug ist, scheint sie über ein intuitives Wissen um das magische Nachleben des Stuhls zu verfügen. Erlebnisse wie diese mögen dazu geführt haben, dass Fichte in ihr seine Utopie eines schwarzen New Yorks verkörpert sah.
Im Interview mit Gisela Lindemann über die Konzeption der *Geschichte der Empfindlichkeit* aus dem Jahr 1981 hat Hubert Fichte Danièle als eine wichtige Figur seines literarischen Großprojekts bezeichnet, die am Übergang zum dritten Jahrtausend steht – eine Art Schwellenhüterin, die, jünger als alle anderen Figuren, auf die Zukunft verweist.
Im Roman *Explosion* jedoch erscheint Danièle als eine Art Doppelgängerfigur, die sich in zwei ›Hälften‹ aufspaltet. Zum einen erscheint sie dort tatsächlich als eine überhöhte Figur, eine zarte Allegorie für die afro-amerikanische ›Empfindlichkeit‹. Sie tritt als eine *elfjährige Wunderprinzessin*, eine *afro-*

amerikanische Königin auf, sie ist *Prousts Zeitprinzessin und schimmert aus dem Urgrund der Zeit auf, und die mit ihrem Zauber noch im nächsten Jahrtausend funkeln würde.* (Explosion, S. 629/30, 650) In der Vorstellung des Erzählers wird sie zu einer neuen Initiantin der Casa das Minas – eine neue *Prinzessin der Tobossi*. Sie wird, wenn sie eingeweiht ist, die ältesten afrikanischen Riten, die sich in der Neuen Welt noch erhalten haben, in die *Schwarze Stadt* tragen und so jene Ströme und Driften zwischen den Kontinenten beleben. Mit ihr wird sich in New York das alte afrikanische Wissen und seine Grazie, befreit zum afro-amerikanischen Synkretismus, der merkantilen Kultur überlegen zeigen.

Auf der anderen Seite ist Danièle aber auch als eine junge New Yorkerin gezeichnet, Tochter eines intellektuellen Afro-Amerikaners, eine verwöhnte amerikanische Göre. Mit der afro-amerikanischen Realität in São Luís konfrontiert, reagiert Danièle abwehrend, verunsichert und sehnt sich nach New York zurück. Als Jäcki die Familie am Ende ihres Besuchs zum kulinarischen Höhepunkt ausführt, schmeckt es Danièle nicht so recht. Sie ziehe, gesteht sie, die *nouvelle cuisine* in New York, mit der sie ihr Vater gelegentlich verwöhnt, vor.

Im unmittelbaren Kontakt mit den alten Priesterinnen in der Casa das Minas überlagern sich schließlich die beiden ›Hälften‹ Danièles, und sie wird zu einem unentschieden schillernden Vexierbild:

Die herbe Danièle saß inmitten der dürren und der fetten Königinnen und bemühte ein Lächeln, das sie oft in den Modezeitschriften ihres Vaters und in den 13 oder 17 Kanälen des New Yorker Fernsehens beobachtet hatte.

Ihre Zurückhaltung, ihre wenigen Gesten, ihre gekonnte Mimik, in der auch noch viel von der kindlichen Furcht vor all den furchtbaren Schlachtfesten und Opfergiften der alten Hexen durchschimmerte, die sich ihr anbiederten nicht nur wie Giottos und Cimabues, sondern auch ein wenig wie die Schächer und Zauberer des Hieronymus Bosch, ließen Danièle wirklich aufschimmern wie eine Prinzessin des kleinen Herren, der die Ratten quälen ließ, aus dem Urgrund der Zeit, ein Schatten von Oriane, angehellt von Palamède, der gaga geworden war. (Explosion, S. 635)

Dass der Roman *Explosion* – wie auch *Die Schwarze Stadt* – beides festhält, das Imaginäre und das Reale, trägt zur Wahrhaftigkeit der Texte bei. Dennoch mag die sich abzeichnende Diskrepanz als weiteres Anzeichen gelten, warum Fichte sein ursprüngliches New Yorker Projekt aufgegeben hat.

Michael Chisolm oder
der lächelnde Augenblick der Entwicklungsgeschichte

Eng mit Danièle verbunden ist die Beziehung zu Michael Chisolm. Die Schilderung des Besuchs in Saõ Luís reflektiert vor allem die Beziehung Jäckis zu ihm, *eine der großen Lieben seines Lebens.* (Explosion, S. 633) Es beginnt in New York 1978.
Michael war Jäckis Traumtyp.
Und Michael hatte vorgegeben, Jäcki glaubte dem nicht ganz, daß er noch nie so in einen Mann verliebt gewesen sei, wie in Jäcki. (Explosion, S. 629)
Eine stürmische Begegnung, die droht, sich in Liebe zu verwandeln.
Jäcki wollte nicht.
Liebe, nie mehr, hatte er sich einmal, viele Male geschworen.
Nein mit diesem hier, mit dem intellektuellsten weißen Neger zweier Hemisphären, Arsch wie ein Fußball, dicken schwarzen Negerpimmel und Unterhaltung, und Metropolitan Museum, Oyster Bar, Geoffrey Beanes, Yves St. Laurent, Chaucer, Allende. (Explosion, S. 629)
Das muss Irma verletzen. Jäcki weiß das. Er schwankt, zögert, überlegt mögliche Schritte, ihre Konsequenzen. Doch weder kann noch will er sich zwischen Irma und Michael entscheiden:
Jäcki hätte wählen müssen.

Und er war gar nicht so sicher ob er den geilen, intellektuellen afroamerikanischen Traum gewählt hätte oder die Leipzig, sächs[ische], jüdisch-französische Irma mit dem weichen Bauch, dem Baumhexenlächeln, ihrer Bockigkeit und ihren sanften Schiefheiten im Gang und in den Fotokompositionen.
(Explosion, S. 631)

Unentschieden laufen die Dinge weiter, und für Jäcki verwirklicht sich so *für einen lächelnden Augenblick der Entwicklungsgeschichte* sein bisexuelles Ideal gemäß seines sanftes Gesetzes – nicht als platonische Idee, wie zu Beginn der *Glücklichen Liebe*, sondern ganz körperlich:
Und das war ja das tolle utopische, einmalige an New York, der lächelnde Augenblick der Entwicklungsgeschichte
Daß man bis nachmittags in Man's Country sich ficken lassen konnte und vor sich die schönsten Afroamerikaner duschen sehen, und sich abends mit Irma im schiefen, altmodischen Appartement an den Rand des Vergehens oymeln. (Explosion, S. 631)

In Saõ Luís nun – um einen Blick voraus auf das nächste Kapitel zu werfen – blitzt die alte Leidenschaft wieder auf: Für einen weiteren Augenblick scheint es, als könnte sich doch noch alles ändern. Die Männer vergewissern sich dieser Möglichkeit, spielen mit ihr, reizen sie aus, locken sich, verweigern sich. Aber es bleibt dieses Mal nur ein Spiel, ein kontrolliertes Wiederaufflammen, letzter Nachklang einer Zeit, in der sich aus dem, was zwischen ihnen war, ein anderes Leben hätte entwickeln können. Sie haben sich arrangiert, und sie wissen, dass sie es so wollen. Denn was wäre, *wenn die Personen jede vor einem zerstörten Vierteljahrhundert aufwachten?* (Explosion, S. 630)
So können sie auch alle in der letzten Nacht des Aufenthalts gemeinsam im Meer baden, Irma und Jäcki, Michael, Jane und Danièle.
Jeder wußte alles.
Keiner eiferte mehr

Und es war auch keine Gier mehr, die erfüllt zu werden brauchte, als Michael und Jäcki untereinander durchtauchten. Michaels Zunge schmeckte im Salzwasser ganz anders Und im Salzwasser nahmen sie ihre Schwänze in den Mund. Sie trockneten sich gemeinsam ab. (Explosion, S. 645)

Kapitel 9
São Luís do Maranhão – das Gedächtnis zerbricht

Das sich wandelnde Gefüge der Beziehungen zu Michael Chisolm und Danièle mochte ein Grund dafür gewesen sein, warum das afro-amerikanische New York innerhalb des Werks von Hubert Fichte nach 1980 aus dem Blickfeld geraten ist. Es war wohl nicht der einzige. Ein ganz anderer mochte an einem Zufall gelegen haben. Im Mai 1981 brachen Leonore Mau und Hubert Fichte – zehn Jahre nach ihrem Aufenthalt in Salvador da Bahia – zu ihrer dritten Reise nach Brasilien auf. Ihr Hauptziel war diesmal der Amazonas. Fichte wollte seine ethnobotanischen Studien weitertreiben und herausfinden, ob es zu einem Kontakt der kultischen Botanik der Indianer und der Afro-Amerikaner gekommen sei. Wurden das Wissen um die Wirkung der Pflanzen und ihr ritueller Gebrauch gegenseitig ausgetauscht? Als Antrieb dazu lässt sich die alte, von Pierre Verger inspirierte Vision erkennen, *das Bewußtsein zweier Erdteile als Entwicklung der Pflanzenwelt darzustellen*. (Explosion, S. 140) Der Amazonas – als Wasserweg und Handelsstrom – bot sich als Untersuchungsgebiet an, verbindet er doch die weiten Regenwälder im Landesinneren Brasiliens mit der Küste, wo sich die Kolonialherren und die Sklaven angesiedelt hatten.
Fichte konzentrierte seine Forschung zum einen auf den Santo-Daime-Kult, in dem aus einer Lianenart das halluzinogene Getränk *Ahuasca* gewonnen und innerhalb der Zeremonien an alle Beteiligten ausgeschenkt wird. Das Gegenstück dazu bot die Casa das Minas in São Luís do Maranhão, die als der älteste Candomblé-Tempel in ganz Brasilien gilt und vermutlich von der dahomeyischen Königsmutter Agotime gegründet worden ist, nachdem diese von ihrem Stiefsohn als Sklavin nach Brasilien verkauft worden war. Fichtes Ziel war es, den Gebrauch der für *Ahuasca* notwendigen Pflanzen in der Casa das Minas nachzuweisen. Wenn dies gelänge, dann

hielte er einen Beweis dafür in den Händen, dass es zu einem Transfer zwischen den Indianern des Regenwalds und der sich im Candomblé reorganisierenden afrikanischen Kulturen gekommen ist – eine Art Pakt im Zeichen der Pflanzen gegen die weißen Kolonialherren. Es wäre zugleich ein Beweis für seine Sichtweise, die Kulturen nicht als statische und geschlossene Gebilde erfasst, sondern als dynamische, und sie über ihre Wegenetze und Reiserouten verstehen will. Nach Fichte gehen Kulturen auf Reisen, manchmal unter Zwang und Gewalt, manchmal, indem sie Einzelne ausschicken, zumeist als Händler, die aber immer auch als Boten, Grenzgänger und Kulturvermittler fungieren. Diese Beweglichkeit bildet sich dann auch in den Riten ab und letztlich in der Psyche. Auch wenn Fichte für die dritte Reise nach Brasilien weiter seinem Konzept folgte, so bleibt dennoch festzustellen, dass sich dabei der Zeitpfeil umgedreht hat. Gegenüber den deutlich der Gegenwart zugewandten Projekten in Dakar und New York wandte sich Fichte am Amazonas der Vergangenheit zu.

Leonore Mau und Hubert Fichte reisten zunächst nach Manaus und Porto Velho, um den Santo-Daime-Kult zu erkunden. Daraufhin folgten sie dem Lauf des Amazonas und trafen schließlich, nach einem Zwischenstopp in Belém, in São Luís ein. Dort bekam Fichte innerhalb kurzer Zeit die Auskunft von den Priesterinnen der Casa das Minas, dass sie in früheren Zeiten ebenfalls *Ahuasca* verwendet hätten. Das Ziel der Forschung war damit bereits erreicht. Doch der Zufall wollte es, dass Fichte dort einem jungen Soziologen aus São Paulo mit Namen Sergio Ferretti begegnete, der an einer Dissertation über die Casa das Minas arbeitete. Seit vielen Jahren stand er bereits in Kontakt mit den Priesterinnen und hatte ihr Vertrauen gewonnen. Ferretti und Fichte erkannten wohl beide die Vorteile, die sich aus einer Zusammenarbeit ergäben: Ferretti eröffnete den Zugang zu den Priesterinnen und verkürzte für Fichte den mühseligen Prozess, den jeder Ethnologe durchmachen muss, bevor er in seinem Untersuchungsfeld anerkannt und akzeptiert ist; Fichte hingegen brachte seine

Weltläufigkeit und seine enormen Kenntnisse über die afroamerikanischen Kulturen ein, die er im Laufe von über zehn Jahren gewonnen hatte, wovon Ferretti für seine Dissertation profitierte. In einem Aufsatz über Hubert Fichte aus dem Jahr 1990 hat Sergio Ferretti im Rückblick über diese Zeit geschrieben: »Wir waren Freunde, haben während sieben Monaten im gleichen Haus gearbeitet. Wir hatten den Plan, ein Buch mit Fotos von Leonore Mau zu veröffentlichen, der sich leider nicht konkretisiert hat. Wir waren gewissermaßen Halbbrüder für eine bestimmte Zeit, die gemeinsam an denselben Ritualen teilnahmen.« (zit. nach Carp, S. 125)

Sieben Monate an einem Ort, an einem Tempel unter ethnographisch günstigen Bedingungen und mit der Erfahrung von zehn Jahren Forschung über die afro-amerikanische Kultur – ein auch nur annähernd vergleichbar intensives Projekt hat Hubert Fichte zu keinem anderen Zeitpunkt realisiert. Nicht zu Unrecht nennt Fichte es in *Explosion* die *Krönung eines Ethnologenlebens*. (Explosion, S. 556) Das Resultat ist die Studie *Das Haus der Mina in São Luiz de Maranhão. Materialien zum Studium des religiösen Verhaltens*, die unter den Paralipomena-Bänden der *Geschichte der Empfindlichkeit* veröffentlicht worden ist. Als Mitarbeiter nennt Fichte darin bereits im Untertitel Sergio Ferretti. Fertig gestellt wurde sie am 1. November 1982. Das narrative Pendant dazu stellt der dritte Teil des Romans *Explosion* dar, der den bezeichnenden Titel *Der Fluß und die Küste* trägt und eine vergleichbare Konstellation bildet wie der Brasilienteil aus *Xango* und der zweite Teil des Romans.

Es mochten also ein Zufall und die sich daraus ergebende Feldforschung gewesen sein, die Fichte und Mau davon abgehalten haben, das Projekt New York weiter zu verfolgen. Hält man sich jedoch, unabhängig von dieser Spekulation, an die Spuren, die in den Texten ausgelegt sind – und damit nicht an die Frage, wie es tatsächlich gewesen sein mag, sondern wie Hubert Fichte es in seinen Büchern dargestellt und literarisch gestaltet hat –, so zeichnet sich eine allmählich immer deutlicher werdende Entwicklung ab, die mit der lyrischen Reportage über Togo *Gott ist ein Mathematiker* in *Psyche* anhebt, sich in den Arbeiten über New York und Grenada fortsetzt und schließlich im dritten Teil von *Explosion* unverkennbare Züge annimmt: eine Entwicklung des Verlusts, des Verfalls und des Vergessens, die zu einem immer melancholischeren und düstereren Ton in den Texten von Hubert Fichte führt. Ein wichtiges Zwischenglied in dieser Text-Kette bildet *Forschungsbericht. Roman*.

Exkurs: Belize, 1980

Im Frühjahr 1980 – zwischen dem zweiten und dem dritten Aufenthalt in New York – reisten Leonore Mau und Hubert Fichte auf die Bermuda-Inseln, nach Panama, Nicaragua, Belize und Kolumbien. In Cartagena, Kolumbien, begann Fichte mit der Niederschrift des *Forschungsberichts*, der den kurzen Aufenthalt in Belize zum Gegenstand hat. Abgeschlossen hatte er den Roman im März 1981. Die Entstehung ist also eng mit dem New-York-Projekt verzahnt.
Schenkt man dem Roman Glauben, liegt seine ursprüngliche Motivation darin, für eine Vorlesung an der Universität Bremen – Fichte hatte dort von 1979 bis 1981 einen Lehrauftrag für afro-amerikanische Kulturen inne, und man versuchte ihn dort in dieser Zeit auch mit seinen Büchern *Xango* und *Petersilie* zu promovieren, was jedoch misslang – eine Ethnographie der Feldforschung vorzulegen: *Ich wollte einmal*, sagt Jäcki zu Irma in einem Gespräch, *für die Bremer Vorlesungen den ganzen Gang einer Forschung beschreiben. Alles. Vom Bestechungsgeld bis zum gefälschten Interview*. (Forschungsbericht, S. 141)

Eine solche selbstreflexive Wende setzt eine Störung des Gewohnten voraus. Sie besteht, so zeichnet es der Roman, in einer äußeren, weltpolitischen und einer inneren Krise Jäckis. Sie befänden sich, heißt es einmal, auf einer *Weltreise am Dritten Weltkrieg längs*. (Forschungsbericht, S. 34) Eine

Atmosphäre der Angst beherrscht von Beginn an den Roman: bellende Hunde, ein leeres Hotel, ein mysteriöser Manager, eine angekündigte Reisegruppe, die nicht eintrifft. Die äußere korreliert mit einer inneren Krise Jäckis. Er ist des Reisens überdrüssig: *Reisen ist das Auslöschen der Welt, dachte Jäcki: Überallsein – nirgends.* (Forschungsbericht, S. 12) Außerdem spürt er, dass ihm etwas abhanden gekommen ist, was zu einer geglückten Forschung dazugehört:
Jäcki fühlte, daß er seine Grazie verloren hatte.
– Was heißt das nun schon wieder? Gnade! Danke. Eleganz. Ein katholischer Begriff!
Sicherheit:
– Mir gelingt das Interview.
– Ich erkenne den verborgenen Ritus.
Er wollte das Interview nicht mehr führen.
Den Ritus nicht mehr erkennen. (Forschungsbericht, S. 20)

Grazie – um diesen, auf die Zeit im Schrobenhausener Waisenhaus zurückgehenden Begriff besser zu verstehen, hilft es, einen tagebuchartigen Eintrag Fichtes aus dem Textband *Psyche* heranzuziehen, der auf den 15. Januar 1985 datiert ist:
Der Zustand des Ethnographen ähnelt der Trance, die er beschreibt.
Dieser Zustand scheint Gnade und Grazie – zwei naturwissenschaftlich kaum zu reduzierende Begriffe – heraufzubeschwören. (Psyche, S. 327)
Die Grazie also ist Jäcki abhanden gekommen – jenes Maß an Intuition, das aus dem Zutrauen zu sich erwächst und dennoch als einem zufallend erlebt wird, und das zu aller Sorgfalt und Genauigkeit in der Vorbereitung und der Durchführung der Forschung hinzukommen muss. Als Gegenmittel dazu hat Jäcki begonnen, Altgriechisch zu lernen – und er reißt dabei Irma mit. Gemeinsam lesen sie Herodot im Original:
Jäckis Sprachbedürfnis, das vor der Realität bis auf einen Kümmerrest dem Verschweigen erlegen war, begann mit dem Ionischen, Karischen des Türken Herodot neu zu entstehen.

Jäcki glaubte zu erkennen, daß die Gier, mit der er diese Sprache trieb, die Gier war, sprechend zu überleben. [...] Am Griechischen wollte er sich beweisen, daß er nicht das Vermögen eingebüßt hatte, einen Bericht zu verfassen, daß ihm alle Wörter der Welt noch einmal wieder zur Verfügung stünden. (Forschungsbericht, S. 35)

Mit dem Erlernen des Altgriechischen setzt eine intensive Auseinandersetzung mit Herodot und seinem in neun Bücher eingeteilten Werk der *Historien* ein. Zunächst stellt es eine Flucht aus der Gegenwart und der in die Krise geratenen engagierten Zeitgenossenschaft dar – ein Rückgang in der Zeit in eine viel frühere Epoche. Mit Herodot erscheint dort zudem ein Gelehrter, der in seiner Zeit ein ähnliches Projekt verfolgte – ein Projekt, in dem Hubert Fichte sein eigenes wieder erkennen konnte. Damit verweist der Roman *Forschungsbericht* unmittelbar auf den wichtigen Essay *Mein Freund Herodot*, den Fichte kurze Zeit später, im November 1980, in New York geschrieben hat. Der Essay besitzt einen New Yorker Rahmen, der die im Roman beschriebene Krise aufnimmt und verdeutlicht.

Fichte beschreibt, wie er sich am Samstagabend des 9. November 1980 die Wochenendausgabe der *New York Times* kauft und anschließend mit der U-Bahn Richtung Times Square fährt. Wie die *Historien* Herodots besteht auch die Zeitung aus neun Teilen und besitzt einen Umfang von 630 Seiten. Doch während bei Herodot etwa 330 Wörter auf einer Seite Platz finden, sind es in der *New York Times* 3500 Wörter. Für Fichte ergibt sich daraus eine bedrohliche Ansammlung von Wörtern:

Die Ausgabe der New York Times vom Sonntag, den 9. November enthält zehnmal soviel Wörter wie das gesamte erhaltene Werk Herodots, das die Summe des Wissens über die Welt bedeutete, die Summe des Lebens und der Forschungen Herodots, die Summe der Kunstfertigkeit einer ganzen Epoche.

Die schriftlichen Aussagen, die jedes Wochenende von der New York Times und von anderen, zwei Kilo wiegenden Zeitungen, dem Estado de São Paulo, dem Miami Herold, in Millionen

Exemplaren, 52mal im Jahr, etwa 3000mal in der Lebenszeit Herodots vertrieben werden, diese Mauern von Gedrucktem, können von einem Menschen, der nicht allein darauf spezialisiert ist, von Woche zu Woche, unmöglich durchgelesen werden und auf Fehler überprüft. (Schwarze Stadt, S. 328)

Eine unüberschaubare und nicht zu bewältigende Menge an Wörtern deckt die Welt in ständig wachsenden Schichten zu. Das ist die Schreckensvision, die der im *Forschungsbericht* beschriebenen Krise zugrunde liegt und die Jäcki fast zum Verstummen bringt. Deshalb taucht Jäcki in das fünfte, vorchristliche Jahrhundert ein und in die Sprache Herodots. Zwar bewegte sich Herodot, wie Fichte in einem Anhang zu seinem Essay ausführt, bereits in einer Welt aus Wörtern. Denn *Weltverwörterung ist so alt wie der Ton, der Ton für den Adler und die Schlange, wie das Höhlenbild, die Hieroglyphe, das Alphabet, so alt wie Litanei, Warenliste, Gesetzestafel.* (Schwarze Stadt, S. 356) Doch diese Welt bestand, für uns heute kaum mehr vorstellbar, wie Fichte schreibt, aus zageren, einzelnen Wörtern. Herodot musste dieser noch in hohem Maß religiös und rituell geprägten Welt die Wörter erst abgewinnen, musste sie aus ihrem kultischen Gebrauch herausführen, um sie zu einer Summe des Wissens, zu einer ersten, auf Reisen gewonnenen Enzyklopädie zusammenzustellen. Deshalb bezeichnet Fichte Herodot als ersten modernen Schriftsteller. Indem er Jäcki im *Forschungsbericht* in diese Welt zurückkehren lässt, soll sich jener an der Frische des Beschriebenen erneuern und dahin kommen, *daß ihm alle Wörter der Welt noch einmal wieder zur Verfügung stehen.* Damit öffnet sich im *Forschungsbericht*, tiefer als bis zu diesem Zeitpunkt in irgendeinem anderen Buch geschehen, das vom Räumlichen geprägte Schreiben Fichtes auf die Dimension der Zeit.

Doch Jäckis Versuch, sich im Rückgang auf Herodot zu verjüngen, scheitert – zumindest bedingt. Die Forschungsideen, die Irma und Jäcki nach Belize gebracht haben, verlaufen im Sande. Nichts gelingt in dieser kurzen Zeit, und auch die

Grazie stellt sich nicht wieder ein. Die ethnographische Tätigkeit – aus alltäglichen Gesprächen, aus Andeutungen das zugrunde liegende Weltbild zu erschließen und mit den eigenen Beobachtungen zu vergleichen – misslingt bereits in den kleinsten Ansätzen. So, als Jäcki einen Arzt aufsucht, um ihn zu interviewen und über die Krankheiten des Landes zu befragen. Sie vereinbaren einen Termin für den nächsten Tag, den der Arzt demonstrativ von seiner Sekretärin in den Kalender eintragen lässt. Nach dem Besuch versucht Jäcki, diese Geste zu deuten, kommt aber zu keiner eindeutigen Interpretation:
Ich kann nicht einmal diesen einzigen Satz des Doktor Andersson analysieren, woher nehme ich die Kühnheit, aus dem Filz von Handlungen, Gesten, Vorstellungen, Wörtern, Betonungen, Eindrücken eine ganze Zeremonie zu beschreiben?
Die Schwarzen Kariben wuchsen für Jäcki an die Berge, bis zu den Wolken hoch. Er fühlte sich winzig vor ihnen, nüchtern und unbegeistert. (Forschungsbericht, S. 58)

Wie wenig lässt sich letztlich sicher und überprüfbar sagen über das Verhalten anderer, zudem aus einer fremden Kultur! Gemessen an den Ansprüchen und am Versprechen wissenschaftlichen Arbeitens überwiegen die Lücken, die Unsicherheiten, das Unverstandene. Genauigkeit, Vollständigkeit, Systematik sind nicht zu erreichen. Die Idee einer Enzyklopädie – eine pure Fiktion.
Doch der Schluss des Romans markiert einen Wendepunkt:
Jäcki näherte sich dem Ende einer langen Fahrt, die er, als schreibender landwirtschaftlicher Gehilfe, mit Irma gemeinsam begonnen hatte. [...]
Dies Ende fiel für ihn zusammen mit dem Ende des ganzen Forschungsgebietes. [...]
– Leer, dachte Jäcki.
– Ich bin gar nicht leer.
– Ich bin viel zu voll.
– Ein Forschungsbericht ist es nicht. [...] *Den Studenten werde ich es nicht vorlesen können. Aber Leben ist doch vergangen. Verhalten. Riten. Geschichte.* [...] *Viel. Vielzuviel.*

Jäcki ging in das Hotelzimmer zurück.
Er stellte den Propeller an.
Er suchte die Karteikarten zusammen und bündelte sie mit einem Bindfaden.
Er nahm Din-A-4-Papier aus dem Koffer und eine braune Pappe.
– Der Unterschied zwischen Wissenschaft und Literatur ist der zwischen Karteikarten und Din-A-4-Papier. Für Herodot gab es diesen Unterschied nicht. (Forschungsbericht, S. 137–139)

Zeitpunkt 1980. Aber Vorwegnahme *des Endes* – notierte Hubert Fichte auf einen der großflächigen Entwurfspläne der *Geschichte der Empfindlichkeit* im Jahr 1981. Damals hatte die Arbeit daran gerade erst begonnen und war noch von der ›Poetik des kleinen Romans‹ geprägt. Welchen Umfang der Roman *Explosion* später annehmen und welche Dynamik seine Niederschrift erfassen würde, war zu diesem Zeitpunkt noch nicht abzusehen. So gesehen beschreibt *Forschungsbericht. Roman* recht genau den Wendepunkt, der überhaupt erst zur intensiven Arbeit an der *Geschichte der Empfindlichkeit* geführt hat: das Zurücktreten der aus engagierter Zeitgenossenschaft heraus ethnographisch ausgerichteten Arbeiten und Projekte zugunsten eines an Herodot geschulten und orientierten literarischen Schreibens, in dem die Unterscheidung zwischen Wissenschaft und Literatur aufgehoben ist. Auch wenn Herodot allein schon wegen der medialen Bedingungen am Ende des 20. Jahrhunderts nicht mehr erreicht werden kann, so bleibt er doch für die letzten fünf Lebens- und Arbeitsjahre Hubert Fichtes das Leitbild seines Schreibens. Wenn es also innerhalb des afro-amerikanischen Pantheons einen Heiligen der Schriftsteller gäbe – für Hubert Fichte und die *Geschichte der Empfindlichkeit* müsste er Herodot heißen.

Die Casa das Minas

Es gehört zu den überraschenden Momenten im Werk von Hubert Fichte, dass er sich nach dem *Forschungsbericht* auf die intensive Feldforschung mit Sergio Ferretti in der Casa das Minas eingelassen hat. Nach dem im Roman dargestellten Ende der Ethnographie folgt die ›dichteste‹ ethnographische Beschreibung, die Fichte je verfasst hat. Mehr noch, in der Studie *Das Haus der Mina* entwickelt er die in *Xango* und *Petersilie* erprobte Collagetechnik weiter zu einer einzigartigen, experimentellen ethnographischen Darstellung.
Dennoch zeigen sich auch hier, wie bei allen Einschnitten und Wendungen im Werk von Hubert Fichte, verbindende Kontinuitätslinien. Denn auf das Feld der afro-brasilianischen Religionen und Kulte übertragen, bedeutet die Hinwendung zur Casa das Minas eine ähnliche Bewegung wie die zu Herodot auf dem Feld der Literatur – eine Hinwendung zu den Anfängen. Als Motto hat Fichte seiner Studie die folgenden Zeilen vorangestellt:
Ethnologie handelt Riten ab, die begangen werden.
Der folgende Text handelt Riten ab, die nicht mehr begangen werden.
Ein langwieriges Fixieren von Fragmenten und Sinterungen.
Es ist die Archäologie einer Religion und einer Mentalität;
Archäologie – das Sprechen von dem, was zu Anfang vielleicht einmal war. (Mina, o. S.)

Auch erscheint es aus der im *Forschungsbericht* beschriebenen Krise Jäckis, dem aufgrund der maßlosen Wörterschwemme die eigenen Wörter abhanden zu gehen drohen, geradezu folgerichtig, dass Fichte für seine Darstellung der Casa das Minas auf eigene Beschreibungen verzichtet und sich weitgehend auf die Aussagen der interviewten Priesterinnen stützt. Er begründet dies so:
Die konventionelle Abhandlung eines ethnologischen Feldes übersetzt den Diskurs der Informanten in den Diskurs des Universitätsbetriebes.

Ohne jegliche semantische oder poetische Stringenz.
Der zweite Diskurs wird als höherstehend und als erstrebenswert postuliert.
Er täuscht Komplettheit und Präzision von Theorie und Empirie vor, die fast nie der Fall sind. [...]
Als ich an die Ausarbeitung ging, beschloß ich, meine Karikaturen des Universitätsjargons einzuschränken und die Zitate von Dona Celeste und Dona Deni zu einer großen, von ihnen nachprüfbaren Collage zusammenzufügen. (Mina, S. 18/19)

Der Kult

Als Hubert Fichte von August 1981 bis März 1982 sich fast täglich in der Casa das Minas aufhielt, traf er auf einen Tempel, der nur noch eine Art Nachleben führte. Knapp zehn Priesterinnen gehörten zu dieser Zeit zum Tempel und lebten dort unter der Leitung von Dona Deni Prata Jardim zusammen – alle über 50 Jahre alt. Viele der reichen, sehr komplexen und deshalb zeitaufwendigen Riten wurden nicht mehr veranstaltet, darunter der zweite Teil der Einweihung – das Schiff der Tobossi –, der 1914 zum letzten Mal stattgefunden hatte. Eine große Treue zur eigenen Tradition verbot es den Priesterinnen, Kompromisse zu schließen und die Zeremonien den Möglichkeiten der jeweiligen Zeit anzupassen. Gerade diese Treue jedoch bestimmte auch den Ruf der Casa das Minas und weckte immer wieder das Interesse der Ethnologen. Fichtes Aufmerksamkeit galt zwar auch den Riten, die noch begangen werden, und er nahm zusammen mit Sergio Ferretti an einigen davon teil. Mehr jedoch war sie auf die Geschichte des Tempels gerichtet. So erforschte er, was von dieser Geschichte im Gedächtnis der Priesterinnen noch lebendig ist, wie sie selbst die Geschichte ihres Tempels rekonstruieren. Zudem zog er alle ethnologischen Studien über die Casa das Minas heran.
Ähnlich wie bei katholischen Nonnenorden prägen vielfältige Vorstellungen von Reinheit den Kult der Casa das Minas. Bä-

der und Reinigungszeremonien gehören zu den am häufigsten ausgeführten kulturellen Verrichtungen. Auch bringen sie eine gewisse Distanz zum Körperlichen und zur Sexualität mit sich – körperliche Ausscheidungen wie das Menstruationsblut gelten als unrein. Diese Vorstellungen kulminieren im Bild des jungfräulichen Mädchens kurz vor Eintritt in die Pubertät. Es ist das bevorzugte Einweihungsalter, das zugleich zu einem geistigen Ideal erhoben wird, sodass sich in der Geschichte des Tempels *eine vielschichtige Verjungferung des Kultes abbildet*. (Mina, S. 374)
Fichte charakterisiert den Kult der Casa das Minas in knappen Worten in dem folgenden Satz: *In einer Trancereligion, deren karnavaleske Züge eingedämmt worden sind, tritt das Spirituelle deutlicher hervor.* (Mina, S. 369) Auch in der Casa das Minas lässt sich der spezifische Synkretismus aus afrikanischen, katholischen und indianischen Elementen feststellen – nur eben stärker zurückgenommen, feiner. Auch werden die verschiedenen Linien strenger auseinander gehalten. So existieren die afrikanischen *orixás* und die katholischen Heiligen nebeneinander. Erstere werden zwar als älter, aber auch als schwächer angesehen, da sie darauf angewiesen sind, herabzusteigen und sich in den Menschen zu verkörpern – die katholischen Heiligen benötigen diesen Schritt nicht. Auch können die katholischen Heiligen den afrikanischen Göttern Befehle geben.
Neben den bereits erwähnten Einflüssen ist ein weiterer unverkennbar: der europäische Spiritismus aus der zweiten Hälfte des 19. Jahrhunderts. Es waren vor allem die Schriften des französischen Spiritisten Hyppolyte Rivail, die in Lateinamerika, besonders jedoch in Brasilien, große Resonanz fanden. Rivail hatte seit 1855 Botschaften eines Druiden namens Allan Kardec erhalten und sie unter dessen Namen veröffentlicht. Das erste Buch – *Das Buch der Geister* – gelangte bereits wenige Jahre später nach Brasilien und wurde, wie auch alle weiteren Bücher Allan Kardecs, sogleich übersetzt. Die Bücher erlangten eine so große Popularität, dass sie eine neue religiöse Bewegung ins Leben riefen, die den Namen

Kardecismo trug. In ihm verband sich – wie in Europa – der spiritistische Geisterglaube mit hinduistischen und buddhistischen Vorstellungen von Karma und Reinkarnation und der Ethik christlicher Caritas. Vor allem die brasilianische Mittel- und Oberschicht, die sich an einem europäischen Lebensstil orientierten, konnten sich mit dieser religiösen Lehre und ihrer Praxis identifizieren, ersetzte sie doch die vergleichsweise dramatische Trance afrikanischer Besessenheitskulte, wie sie im Candomblé vorherrscht, durch die gemäßigtere Trance des Mediums spiritistischer Séancen, das Botschaften aus dem Jenseits erhält. Fichte entdeckte in seinen Gesprächen mit den Priesterinnen immer wieder Spuren des *Kardecismo*. Dona Deni benutzte häufig Begriffe des Spiritismus, wie Medium – denn die Sehergabe, das zweite Gesicht, stellt eine Voraussetzung für die Einweihung dar – und Deinkarnation für Tod. Auch für die Homosexualität, die von den Priesterinnen als unrein abgelehnt wird, wurde Fichte eine vom Spiritismus geprägte Erklärung geboten, wie sie heute noch in der Anthroposophie gegeben wird: Homosexuelle Männer seien in ihrem vorigen Leben Frauen gewesen, und ihr Karma bestimme ihre aktuelle Existenz. Schließlich weist auch der Verhaltenskodex der Priesterinnen deutliche Anzeichen christlicher Nächstenliebe auf. Fichte beschreibt es in seiner Studie so:

Eleganz der Erscheinung, Understatement, Diskretion, Unkäuflichkeit, Hilfsbereitschaft prägen die Damen der Casa das Minas mehr als andere Gläubige der afrobrasilianischen Religionen. [...]
Das Gesetz der Casa das Minas verbietet im allgemeinen:
Mord.
Lüge.
Gefährliche Magie.
Gewalttätigen Streit.
Man muß Ruhe bewahren.
Ein Leben – heilig nicht, das ist schwer – aber ein normales Leben.
Beherrschung.
Die Fehler der Leute ausgleichen.

Sich selbst korrigieren.
Helfen. (Mina, S. 367)

Alles in allem zeichnet Fichte in seiner Studie ein ambivalentes Bild der Casa das Minas. Auf der einen Seite stehen all jene Aspekte, die Fichte an den afro-amerikanischen Religionen bewundert: ein ritueller Reichtum, ein ästhetisches Empfinden gepaart mit Phantasie, das aber eine unmittelbar körperliche Heilwirkung nicht ausschließt, Eleganz, Würde etc. Auf der anderen Seite erkennt er deutliche Zeichen der Zähmung, der Sublimierung. Das Karnevaleske der Riten ist stark zurückgenommen und damit der Spielraum des unmittelbaren Auslebens und Ausagierens – bis hin zum *heilenden Ausweg in die heilige Persönlichkeitsverdoppelung* in der Trance, der für Fichte immer auch einen rituellen Geschlechterwandel eingeschlossen hat. (Lazarus, S. 370) Damit einher geht eine Ausgrenzung des Männlichen und eine Ablehnung der Homosexualität – und damit hat die Casa das Minas eben die Entwicklung ergriffen, die auch die monotheistischen Religionen vollzogen haben. Dieser Prozess der Sublimierung äußert sich in Fichtes Sichtweise in immer wieder festzustellenden Neurosen, der verschiedene Priesterinnen in der Geschichte des Tempels erlegen sind. Sein Fazit: *Die Vodun, die Riten, die Trance werden so fein, daß sie die Krankheit nicht mehr wegschwemmen.* (Mina, S. 376) Letztlich erscheint die Casa das Minas – vor dem Hintergrund ihrer Geschichte – als ein Kult, der nicht durch den äußeren, zeitgenössischen Einfluss einer immer globaleren industriellen Zivilisation, sondern von innen heraus, aus einer immer weiter getriebenen Treue gegenüber der eigenen Tradition und immer feiner geschlagenen Riten sein eigenes Ende besiegelt.
Einen unmittelbaren Niederschlag hat diese Sichtweise in dem Roman *Die Geschichte der Nanã* gefunden – jenem Roman der Korrekturen am Bild der Mutter, den Fichte während des Aufenthalts in São Luís geschrieben hat. Der Roman eröffnet mit der Beschreibung einer Zeremonie der alten Priesterinnen für die Göttin Nanã. Das sonst bei Hubert Fichte häufig

genannte Zerbrechen des Bewusstseins im Zusammenhang mit der Einweihung ist hier abgewandelt. Ein Satz aus der Beschreibung lautet: *Das Gedächtnis zerbricht.* (Nanã, S. 9)

Die Studie

Um den gezähmten Tempel und seine Geschichte darzustellen, hat Hubert Fichte auch seine Collagetechnik entsprechend gebändigt. Herausgekommen ist dabei eine beachtliche Studie, die den Vergleich mit den experimentellen ethnographischen Darstellungen, wie sie ausgelöst durch die *writing-culture*-Debatte seit Mitte der 1980er Jahre innerhalb der wissenschaftlichen Disziplin der Ethnologie entstanden sind, nicht zu scheuen braucht. *Das Haus der Mina* besteht aus verschiedenen Teilen. Gerahmt wird es durch zwei kurze Texte, die *Annäherung* und *Folgerungen* überschrieben sind. Hierin fasst Fichte in eigenen Worten jene Aspekte zusammen, die ihm wichtig sind. Als zweiter Teil folgt ein langes, biographisches Interview mit Dona Deni Prata Jardim, der Leiterin der Casa das Minas. Ihr hat Fichte im Gegenzug zu ihrer Bereitschaft, Auskunft zu geben, Französischunterricht erteilt, da sie zu dieser Zeit vorhatte, einmal nach Benin zu den Wurzeln ihres Tempels zu reisen, und sich auf diese Weise darauf vorbereiten wollte. *Action Anthropology* hat man diese Form ethnographischer Forschung in jener Zeit genannt – der Versuch, das neokoloniale Ausbeutungsverhältnis, das jede ethnographische Feldforschung bedeutet, durch unterstützende Arbeiten für die Gesprächspartner auszugleichen. Dem Interview folgt ein vergleichender Blick auf verschiedene ethnologische Aufsätze und Abhandlungen zur Gründungslegende des Tempels durch die dahomeyische Königsmutter Agotime.

Danach setzt die große, nachprüfbare Collage von Notaten ein, die Fichte in vielen Gesprächen und innerhalb des Sprachunterrichts gesammelt hat – mit Dona Deni und mit seiner zweiten wichtigen Gesprächspartnerin Dona Maria Celeste Santos. Das Verfahren, das er zur Anordnung der Materialien benutzt, unterscheidet sich deutlich von jenem, das die Bücher *Xango* und *Petersilie* kennzeichnet. Sind es dort sehr heterogene Texte, die nach den Kriterien der Anziehung, der strukturellen Parallele und des Kontrastes montiert sind, so werden hier einzig und allein die Gesprächsnotate und damit die Äußerungen der Priesterinnen verwendet. Die Anordnung, die er dazu wählt, nennt Fichte selber *Strukturen-Schreiben* und erklärt es so:

Die Koordinaten sind:
Quer:
Zeitlich nebeneinander bestehende Kategorien, nach denen ich fragte – Image, Geheimnis, das Haus, die alten Damen, die Götter, der Rhythmus, das Gesetz, die Reinheit – synchron, Material;
längs:
wie in Schächten der sprachliche Ablauf, durch den die Kategorie sich abbildete – diachron, die Geschichte der Forschung.
Die einzelnen Punkte werden dynamisch aufgewiesen.
Kann ich Zeit als Material zerlegen?
Kann Geschichte wie Eis erstarren und zur Erforschung in Schichten zerschnitten werden?
Kann ich auch bei der Erforschung der Geschichte der Casa das Minas die Erforschungsgeschichte mit abbilden? (Mina, S. 19)

In Fragen kleidet Fichte hier die leitenden Prinzipien seines Vorhabens. Dazu ordnet er sein gesamtes Material – er nennt 4000 Karteikarten aus etwa 100 Gesprächen – nach bestimmten Themen. Das erste große Thema umfasst die Geschichte des Tempels – fast die Hälfte der Seiten –, daran schließen sich die im Zitat bereits genannten systematischen Themen zum religiösen Leben an, die im Tempel verehrten Götter, die verschiedenen Zeremonien, die verwendeten Pflanzen, die Lieder und die Musikinstrumente. Zu jedem der gewählten Themen folgen dann in der Chronologie der Forschung – versehen mit dem jeweiligen Datum des Gesprächs – alle erhaltenen Informationen der beiden Hauptinformantinnen sowie gelegentlich auch anderer Priesterinnen. Dabei treten die jeweils subjektiven Aussagen unvermittelt nebeneinander. Alle Äußerungen bleiben unkommentiert stehen. Fichte wertet nicht zwischen richtig und falsch.

Insgesamt entsteht eine polyperspektivische, kaleidoskopartige Darstellung, die nicht zu einem kohärenten Text amalgamiert wird, sondern die Widersprüche, Brüche und Lücken bestehen lässt. Dem Leser wird damit die Möglichkeit eröffnet, die im Verlauf der Forschung jeweils neu entstandenen Denk- und Erfahrungsräume nachzuvollziehen, die Aussagen kritisch zu überprüfen, kausale Verknüpfungen für sich zu finden und das netzartige, dynamische Gefüge, die Splitter, neu zu ordnen. Gegenüber *Xango* und *Petersilie* tritt in *Das Haus der Mina* allerdings noch ein weiterer wichtiger Aspekt hinzu. Da sehr viele der Äußerungen Erinnerungen darstellen, kann der Leser dem Gedächtnis gleichsam bei der Arbeit zusehen. Im Vergleich der erinnernden Äußerungen der beiden Priesterinnen Dona Celeste und Dona Deni eröffnet sich ihm der trügerische Charakter aller Erinnerung und der schwankende Boden des menschlichen Gedächtnisses. Die *eine* historische Wahrheit lässt sich nicht rekonstruieren – das *Vielleicht des Anfangs*, das im Motto benannt wird, ist im *Haus der Mina* zwischen den Zeilen stets gegenwärtig. In der Ausrichtung auf die Geschichte der Casa das Minas und durch die Darstellung des Gedächtnisses des Tempels rückt die Studie zudem in die Nähe der *Geschichte der Empfindlichkeit*, die in ähnlicher Weise um Erinnerung und Gedächtnis zentriert ist. Geleitet von Herodot verringert sich der Raum zwischen Wissenschaft und Literatur – bis er im dritten Teil des Romans *Explosion* tatsächlich zur Deckung kommt.

Exkurs: Grenada

Der einzige eigene Text, den Hubert Fichte in der Bibliographie seiner Studie *Das Haus der Mina* erwähnt, ist *Revolution und Magie*. Er findet sich mit dem Untertitel *Anmerkungen zum Shangokult auf Grenada* sowohl als abschließender Essay in dem Fotoband *Petersilie* als auch, mit einem Nachsatz aus dem Jahr 1984 versehen, in der Sammlung *Lazarus und die Waschmaschine* aus dem Jahr 1985. Zudem führte Fichte noch in dem Werkplan zur *Geschichte der Empfindlichkeit* im März 1985 als Band XIII ein Buch, das den Titel *Die vierte große Reise* tragen sollte und als Stichworte auf einer der großflächigen Entwurfsskizzen dazu: *Grenada 1974/1978/1979/1984*. Der Essay *Revolution und Magie* ist 1979 entstanden, nachdem sich Leonore Mau und Hubert Fichte knapp drei Monate von Mitte März bis Ende Mai auf der Insel aufgehalten und dabei unmittelbar den Sturz des Diktators Eric Gairy durch das sozialistische *New Jewel Movement* unter Maurice Bishop miterlebt hatten. Unterstützt wurde die Bewegung durch die Rastafaris. So untersucht Fichte in seinem Essay zunächst die vielfältigen Beziehungen zwischen der Politik und den afro-amerikanischen Religionen und greift hierfür auf viele Vergleiche zu anderen Ländern Süd- und Mittelamerikas zurück. Insofern stellt er eine wichtige, weil viel differenziertere Ergänzung zu seinen politischen Artikeln für den *Spiegel* am Beginn seiner Forschungen dar.

Der zweite Teil des Essays widmet sich dem Shangokult auf Grenada, der allerdings von verschiedenen evangelischen Freikirchen bedrängt wird bzw. mit diesen, allen voran die *Spiritual Baptist Church*, bereits vielfältige Verbindungen eingegangen ist. Fichte beobachtet dabei ähnliche Verflachungserscheinungen der Riten und Zeremonien, wie er sie dann auch in der Casa das Minas antreffen wird, und kommt deshalb in seinem Essay zu dem Schluss:

Die Trance und ihre Konditionierung in den Einweihungsriten hat dort nicht mehr die psychotherapeutische Dichte des Vaudou oder des Candomblé. […]

Die Würdenträger der Baptists kämpfen die Trance nieder, besprühen den schnatternden Gläubigen mit dem ernüchternden Weihwasser, fesseln ihn mit Tüchern, binden das Gesicht mit einem Tuch ganz zu. Die sinnlichen Götter werden durch das abstrakte Gewissen, durch den nicht mehr genau bezeichneten Spirit ersetzt. (Lazarus, S. 370)

An einer Stelle, an der er über die verschiedenen Zeremonien der fragmentierten Shango-Religion auf Grenada spricht, fügt Fichte eine Nebenbemerkung an. Sie ist deshalb beachtenswert, weil sie zugleich ein Schlaglicht auf die Arbeitsweise von Fichte selbst wirft und noch einmal – als Detail am Rande, in dem sich das Ganze spiegelt – die große Bedeutung des Gehens zum Ausdruck bringt:
Diese Zeremonie kann Teil eines One-Day-Work, eines Three-Day-Work oder eines siebentägigen Big Work sein.
Übrigens wird »walk« gesagt, die religiösen »Arbeiten« sind für die arme Bevölkerung, die sich oft weder Taxi noch Bus leisten kann, mit langen Fußmärschen verbunden. »Arbeit«, »work« ist gemeint, erhält aber durch die grenadische Aussprache einen Ear-Dizzling-Effekt, der bewirkt, daß, wie in einem Gedicht von Mallarmé, zwei Dinge zur selben Zeit ausgedrückt werden. (Lazarus, S. 364)

An das Ende des Essays setzt Fichte eine düstere Zukunftsvision, die allerdings im Zeichen der hoffnungsvollen Revolution auf Einspruch hofft. Die Riten des Shango-Kults, so prophezeit Fichte, werden weiter verflachen, an den Rand gedrängt, gebändigt. In ein oder zwei Generationen jedoch, nachdem sich die Modernisierung verheerend ausgewirkt haben wird, werden Versuche unternommen werden, die alten afro-amerikanischen Riten wieder zu beleben:
Dann werden die uralten psychosomatischen Rezepte durch Theoriebildung und okkulten Schund zerstört worden sein, wie das in Miami zum Beispiel bereits geschehen ist.
Ich hoffe, ich habe unrecht.
Ich hoffe, daß die sozialistische Revolution auf Grenada die alten Verfahren der afroamerikanischen Psychotherapien genau beobachtet und fruchtbar verarbeitet. (Lazarus, S. 371)

Damit endet der Essay, so wie er sich im Fotoband *Petersilie* findet, um dort am Ende des Zyklus über die afro-amerikanischen Religionen einen hoffnungsvollen Schlusspunkt zu setzen. Im Jahr 1984 wird diese Hoffnung bitter enttäuscht.

Obwohl die neue Regierung unter Maurice Bishop Religionsfreiheit versprochen hatte, kam es in den folgenden Jahren zu Versuchen, die Rastafaris in Umerziehungslager zu stecken. Die Verfolgungen gipfelten schließlich in einem Massaker, dem mehrere hundert Grenader zum Opfer gefallen sind. Die Armee ließ auf eine unbewaffnete Menschenmenge schießen. Für Fichte stellt dies, wie er in einem Nachsatz aus dem Jahr 1984 schreibt, einen Akt der Unmenschlichkeit dar, der einzigartig ist: *Nie haben Afroamerikaner unter Afroamerikanern ein solches Massaker angerichtet. Es ist ein Akt, der alles, was Afroamerikanische Kultur bedeutet, zunichte macht.* (Lazarus, S. 372)
Noch einmal dringt in diesen Sätzen, die in einer Sammlung ethnologischer Essays und Interviews stehen, der Journalist aus engagierter Zeitgenossenschaft durch – eine Rolle, die Fichte so deutlich vom klassischen Profil eines Ethnologen abhebt. Und noch einmal setzt er, aus humanistischer Empörung und vielleicht auch aus Verbitterung über das Geschehene, seine Vision der afro-amerikanischen Kultur dagegen, obwohl sich zu diesem Zeitpunkt bereits längst die Anzeichen des Verfalls und der Zerstörung vermehrt haben:
Afroamerikanische Kultur, wie sie in diesen Studien verstanden wird, ist nicht nur eine Sache des Glaubens, der Ideen, der Ästhetik etc. – Afroamerikanische Kultur ist Praxis, es ist eine Haltung im alltäglichen Leben; es ist vor allem jene graziöse, sinnliche Vermeidung von Aggression, die bis in die Riten, bis in die Psychiatrie der Afroamerikaner dringt. (Lazarus, S. 372)

Nächtliche Gänge

Was der zweite Teil des Romans *Explosion* für *Xango* leistet, erfüllt der dritte Teil für *Das Haus der Mina*. Wieder werden in erzählender Weise die persönlichen Begleitumstände der Forschung nachgetragen, werden die Beziehungen geschildert, die Jäcki mit Irma, mit den Priesterinnen und mit Sergio verbinden, werden Anziehung und Ablehnung, Konkurrenz

und Zuneigung, Macht und Unterwerfung, Ungeduld und Langeweile, Freundschaft, Liebe und Sex geschildert. Und wie auch im zweiten Teil des Romans gelingen Fichte hier immer wieder eindrückliche Sprachbilder, bestimmt ein lyrischer Ton die Diktion des Erzählens. So hat Fichte für den letzten Roman, den er geschrieben hat, umgesetzt, was ihm einst für das den gesamten Zyklus der *Geschichte der Empfindlichkeit* abschließende Buch über New York vorschwebte. Doch im Unterschied zu den ersten beiden Teilen erweist sich der dritte Teil als disparater. Neben den narrativen Passagen finden sich ethnologische Interviews, darunter das bereits in *Das Haus der Mina* aufgenommene mit Dona Deni, es finden sich collagierte Kapitel, die aus kurzen Notaten bestehen, es finden sich nur ganz leicht überarbeitete Funkfeatures, und es finden sich offensichtliche Übernahmen aus dem Tagebuch, die mit dem jeweiligen Datum wiedergegeben werden. Das vermehrte Zurückgreifen auf bereits vorliegende Texte mag dem enormen Zeitdruck geschuldet sein, unter dem der Roman geschrieben ist. Das Verfahren ist darüber hinaus aber auch sehr stringent. Denn eines der leitenden Prinzipien der *Geschichte der Empfindlichkeit* besteht ja in der Absicht, die Entwicklung Jäckis auch in der Form des Schreibens auszudrücken. So durchdringen sich im dritten Kapitel die Formen des eher wissenschaftlichen und des erzählenden Schreibens, die Formen der ethnographischen Dokumentation und der Erkundung des eigenen Selbst.
Der dritte Teil von *Explosion* enthält jedoch über das beschriebene Drumherum der Forschung in der Casa das Minas auch andere Stränge. Ein wichtiger liegt in der Schilderung der schwulen Lebenswelt von São Luís. Wie die Casa das Minas, so erkundet Jäcki auch diese, und der Roman hält seine Streifzüge fest. Vor allem bestimmte Kinos, ihre Gänge und Toiletten, erweisen sich als Treffpunkt und Ort einer flüchtigen schwulen Sexualität. Ein anderer Ort, an den Jäcki immer wiederkehrt, ist ein Palais in Praia Grande, ein Stundenhotel. Da hier zwei Transvestiten namens Celeste arbeiten, die sich bald als Zwillinge herausstellen, verwandelt sich für Jäcki

das Palais in eine Art Double der Casa das Minas, das wie ein Nachtbild das Tagbild verdoppelt. Die Schreibweise spiegelt dies wider. Denn auch wenn manchmal die sexuellen Erlebnisse Jäckis ganz direkt beschrieben werden, so fallen doch viele Passagen ähnlich ethnographisch aus wie jene über die Casa das Minas: prägnante und präzise Momentaufnahmen des Milieus und der Menschen, die dort leben. Ein Beispiel:
Auf der anderen Seite von Battistas Stundenverschlag wohnt eine Indianerin mit einem Nachtmeer aus Haaren.
Sie weiß das und alle paar Minuten schüttelt sie verführerisch ihren Schopf.
Ihr Schädel ist zu groß und ihre Lippen scheinen aus Holz.
Wie viele dürre Freudenmädchen hier sieht sie aus wie ein Transvestit. (Explosion, S. 565)

Zwei Kapitel sind ganz aus knappen, äußerst reduzierten, aber zugleich sehr dichten Notizen zusammengesetzt – schwule Spotlights. Ein Beispiel:
Emanuel. 18.
So jung, furchtbar.
Wie leidenschaftlich.
Ganz macho erst
Dann läßt er sich doch.
Ein herrlicher üppiger Arsch.
Und der Schwanz so steif, daß man ihn kaum vom Bauch abwinkeln kann
Das Gesicht eines Inkafürsten.
Etwas gemildert durch die wahnsinnige Sexualität. (Explosion, S. 591)

Ein weiterer Erzählstrang gilt der Beziehung mit Irma und damit verbunden auch immer Irmas Kunst, der Fotografie. Seit Beginn ihrer dritten Reise nach Brasilien werden Irma und Jäcki von dem Gespenst der Wiederholung verfolgt. Überall entdecken sie ihre eigenen Spuren. In einer Buchhandlung an der Copacabana in Rio de Janeiro, wo die Reise beginnt, findet Irma ein Exemplar ihres Fotobandes *Xango* – ganz ka-

puttgeblättert von den Brasilianern, die es ansehen wollten, die zu arm waren, um es zu erwerben. (Explosion, S. 437) Befinden sie sich *auf so einer kitschigen Reise in die Vergangenheit,* wie Jäcki kokett bemerkt? (Explosion, S. 455) Reisen sie tatsächlich ihren Fotografien und Sätzen nach?
In dieser Spannung beginnt Irma in der Ruhe von São Luís die Mauern der Stadt zu fotografieren:
Die tausend Mauern von São Luiz de Maranhão.
Die mit Wahlplakaten überklebten kolonialen Fliesen aus Portugal.
Die in immer neuen sanften Tönen übermalten und abbröckelnden afrikanischen Konstruktionen aus Lehm und Geäst
Die Schichtungen der Schimmel.
Angedörrt gegen Mittag, vom Fluß und vom Meerwind gegen Abend neu befeuchtet
In der Regenzeit aufblühend zu schwarzen Flechten (Explosion, S. 597)

Irma macht Aufnahmen, die sich ganz in den melancholischen Grundton des dritten Teils fügen. Der unmittelbar dokumentarische Anspruch ist aufgegeben. Es geht nicht mehr darum, die sozialen Verhältnisse oder einen bestimmten Ritus im Bild festzuhalten. *Nicht mehr,* wie es im Roman heißt, *das gehetzte:*
Das ist der Geheime Topf.
Das ist die nie dokumentierte Kirche
Der einmalige Einweihungsritus.
Fotos, wo dann oft ein ärgerlicher Rücken unscharf im Vordergrund die Komposition zerstörte.
Oder das ewige Kind mit den rührenden Augen und dem tödlichen Bauch verdarb alles.
Irma war nicht hart genug gewesen – wie der Papst Pierri das lutschende Kind einfach zur Seite zu schleudern. (Explosion, S. 596)

Stattdessen bestehen die Fotografien nur noch aus den Spuren des sozialen Geschehens und der Geschichte, wie sie sich

an den Mauern abzeichnen. Die Mauern selbst, von Sklaven errichtet, stehen für die afrikanische Kultur, die portugiesischen Kacheln indes zeugen von der einstigen kolonialen Macht, und das zerrissene Wahlplakat warnt, wie aus einer späteren Stelle hervorgeht, vor der Zerstörung Amazoniens – Schichten, die sich zu einem Palimpsest übereinander lagern. So gelingt es auch Irma, ihre Kunst auf die Tiefe der Zeit hin zu öffnen. Über die Zeugnisse der Kulturen und Zeiten lagert sich schließlich als weitere Schicht die Natur mit ihren zyklischen Rhythmen, die Schimmel und Flechten, vom Meerwind genährt, die beginnen, das von Menschen geschaffene Terrain zurückzuerobern. So entstehen fast abstrakte Fotografien, in denen Formen und Farben als Eigenwerte auftreten und aus denen sich das Bild der Welt fast ganz zurückgezogen hat.
Aber auch die Mauern von São Luís werden im Roman noch einmal mit einem schwulen Nachtbild verdoppelt:
Jäcki ging dieselben Mauern nachts ab.
Der Silberschein des Mondes verwandelte Farben und Grau.
Sie drängten sich mit den Hühnern, den himmlischen, den schwarzen Häuten, dem Widerschein der Bummslokale oder den gluckernden Reflexen der Anlegestelle, der Filme die aus dem Cine Passeio in die Nachtstraße reflektierten, in das Kino seines Kopfes und verwandelten sich dort noch einmal in Erinnerung [...]. (Explosion, S. 597)

Was Irma als melancholisches Motiv für ihre Fotografien dient, wird für Jäcki zu einer Reflexionsfläche seiner nächtlichen Gänge – ein Medium, in dem sich seine schwulen Erfahrungen in Erinnerungen verwandeln und im Gedächtnis niederlegen.
Auf einem der nächtlichen Gänge – Jäcki hatte im Kino gerade den Film *Shining* von Stanley Kubrick gesehen – streift er durch die Straßen auf der Suche nach einem Geliebten, der einen VW-Käfer besitzt. Den Geliebten hat Jäcki Heinrich den VIII. getauft und stellt ihn sich auf einem Pferd reitend vor. Plötzlich schießt die Frage hoch: *Was unterscheidet denn*

den brasilianischen Volkswagen von einem Pferd. (Explosion, S. 652) Den Weg zur Antwort ebnet der Gedanke, dass beide Verbrennungsmotoren darstellen, in körperlicher Kontinuität der eine, explosiv der andere. Dieser Gedanke wiederum löst eine plötzliche Erkenntnis aus, einen jener seltenen Augenblicke, in denen sich die großen Zusammenhänge in einem Nu eröffnen und die religiöse Erfahrungsform der Epiphanie auf das Diesseits wenden:
Und ruckartig begriff Jäcki in der aufgerissenen Rua Grande, [...]
Daß diese Stadt São Luiz de Maranhão und dieser Staat Maranhão nur durch Explosionen in Gang gehalten wurde.
Explosionen, hungernde Haufen, Überbevölkerung, Familien mit zehn Kindern, die in Straßen zwischen Geschäften und Arbeitsplatz loszischten, die Maschine des Staates zum Rollen brachten und abbrannten. Niedergeknüppelte, Verhungerte, verbrauchte Verbraucher, die nächstens kämen und mehr.
Das Bild dessen was hier geschah
war der Volkswagen
Das Bild was seit Kriegsende geschah.
Seit der Jahrhundertwende.
Seit der Erfindung des Verbrennungsmotors.
Explosion. (Explosion, S. 652/53)

Der Verbrennungsmotor, ein Produkt der Industrialisierung und Grundlage der mechanisierten Fortbewegung, wird hier für Jäcki zu einem Schlüssel des Verständnisses des 20. Jahrhunderts. Die Zeit und mithin die Entwicklung der Menschheit lassen sich nicht mehr als kontinuierliche Bewegung denken, die ihr Maß am menschlichen Körper fände. Sie können nur noch als unkontrollierbare und unberechenbare Schübe gedacht werden – als Einbruch des Chaos in jede formgebende, präzise und mithin schöne Ordnung. Wie sehr hingegen Fichte auf seinen Körper angewiesen ist, weil er ihn einsetzt, um die Welt zu sehen, und wie nah bei ihm Empfindlichkeit und Sexualität beieinander liegen, zeigt der Fortgang der nächtlichen Episode in São Luís:

Heinrich der VIII. hatte Jäcki nun endlich gestellt.
Jäcki und Heinrich fuhren an den Strand von Calhau
Heinrich der VIII. erzählte, daß vorgestern hier ein Liebespaar ermordet worden sei.
Er fickte Jäcki auf der Kühlerhaube seines Volkswagens. (Explosion, S. 653)

Da jedoch auch Fichtes Art der Welterkundung und sein Schreiben an den Körper gebunden sind, ist durch die nächtliche Erkenntnis über São Luís sein gesamtes Projekt in Frage gestellt. Vielleicht hat Fichte deshalb, einige Seiten später, in eine *Collage Casa das Minas* den folgenden dunklen Aphorismus eingefügt: *Schreiben für eine Welt, in der es keine Schrift mehr geben wird, keine Leser, wahrscheinlich keine Augen mehr.* (Explosion, S. 655)

Der Abschied

Ausführlich wird in *Explosion* der Abschied von der Casa das Minas erzählt. Sergio ist bereits nach Rio de Janeiro aufgebrochen, Jäcki besucht die Priesterinnen am Tag vor seiner Abreise ein letztes Mal. Die Forschung ist abgeschlossen, Jäcki will nicht mehr fragen, obwohl noch wichtige Fragen offen sind. Doch – wie so oft, wenn der Wille, ein bestimmtes Ziel zu erreichen, aufgegeben ist – fallen Jäcki die Antworten wie ein Geschenk zu. Das Rätsel um einen bestimmten Ritus löst sich, und Dona Celeste verrät ihm die pflanzliche Zusammensetzung des Einweihungsgetränks in der Casa das Minas. So bleibt nur noch die Frage, ob der Tempel tatsächlich von der königlichen Dahomeyerin Agotime gegründet worden ist. Aufschlüsse könnte ein Blick ins Allerheiligste der Casa das Minas eröffnen, in den Raum, in dem die Tieropfer stattfinden. Jäcki wendet dazu eine List an.
Als die Priesterinnen erfahren, dass Irma und Jäcki ihre Forschungen in Westafrika fortsetzen wollen, fragen sie ihn, ob er nicht als Botschafter des Tempels an den Königshof von

Abomey reisen könne. Den Priesterinnen ist daran gelegen, den Kontakt zu ihrem möglichen Ursprungsort wieder herzustellen. Einige Priesterinnen, darunter Dona Deni, wollen in den nächsten Jahren einmal selbst dorthin reisen, um die vergessenen Riten ihres Tempels zu erneuern. Jäcki willigt in die Bitte der Priesterinnen ein und erhält von ihnen, um sich vor dem König zu legitimieren, eine Kette, ein Schreiben der Priesterinnen und eine Kassette, auf der die heiligen Lieder der Casa das Minas aufgezeichnet sind. Nun, beim Abschied, fragt Jäcki Dona Celeste, ob er an der Schwelle zum Allerheiligsten um ein gutes Gelingen für seine Mission bitten dürfe.
Seine List ruft Skrupel und Zweifel bei Jäcki hervor:
Und schon bin ich auf der Spur des Verrats.
Des zwiefachen.
Ich glaube nicht an die Götter.
Wie kann ich sie um etwas bitten?
Indem ich es tu, verrat ich mich selbst und die hohen schwarzen Frauen, meine Freundinnen.
Aber ich möchte doch so gerne sehen, wie es im Allerheiligsten aussieht. (Explosion, S. 706)

Als Botschafter der Casa das Minas hat sich die Grenze, die Jäcki so mühsam aufrechtzuerhalten sucht, aufgelöst. Als Botschafter des Tempels kann er nicht mehr bloß Beobachter sein. Wieder – wie auf dem Zaubermarkt in Bé – drohen die getrennten Weltbilder durcheinander zu geraten und sich zu vermischen.
In diesem Augenblick gesteht sich Jäcki, dass es zu seinem Bemühen, die Grenze intakt zu halten, immer auch eine Gegenkraft gegeben hat:
Aber es geht noch um etwas andres.
Fünfzehn Jahre Arbeit.
Und das ganze Leben.
Alle meine Romane.
Und Features.
Preise.

Die Gesundheit.
In Rio fing es an. Bahia. Haiti. Trinidad. Santo Domingo. Kolumbien. Venezuela. Miami. New York. Grenada.
Alles habe ich an die schwarzen Wundergestalten gehängt, der Liebe halber, und wie oft wagte ich nicht mehr zu lieben, aus Angst, daß unter den Berührungen die Lieder verstummten.
Kommt etwas zurück?
Gibt es einen Austausch zwischen einer schwarzen Priesterin und einem weißen Dichter? [...]
Kann man die Farben überwinden?
Ist es vorbei: Bin ich kein Halbjude mehr? Ist Agotime frei?
(Explosion, S. 706/07)

Gibt es im harten Aufeinanderprall der Weltbilder vielleicht doch eine Zone dazwischen – eine Zone des Austauschs, des Dialogs, der Gleichberechtigung; eine Zone des Dritten, die es wirklich verdiente, interkulturell genannt zu werden; eine Zone der Erlösung auch, in der sich die Außenseiter, Verfolgten und Unterdrückten über alle kulturellen Brüche hinweg in einer befreienden Zärtlichkeit begegneten?
Folgt man dem Roman, so eröffnet sich eine solche Zone für Jäcki am nächsten Morgen, als er die Erlaubnis erhält, an der Schwelle des Opferraums eine kurze Andacht zu verrichten und dabei einen Blick ins Allerheiligste zu werfen. Durch zwei Aspekte ist die Konfrontation der Weltbilder in diesem Augenblick gemildert. In den Augen der Priesterinnen ist Jäcki ein Sohn des Tempels, nicht mehr der westliche Forscher und Schriftsteller. Außerdem, so stellt sich heraus, wird zurzeit das Dach des Opferraums ausgebessert, sodass die Priesterinnen wichtige rituelle Gegenstände in Kisten verstaut haben. Für Jäcki ist es dennoch ein erhabener Moment. Das Eintauchen in jene Zone geht wiederum durch den Körper Jäckis und wird zu einem körperlichen, fast artistischen Balanceakt:
Noch ein Vorhang zur Seite.
Ich darf hineinsehen.
Auch Deni hat zugestimmt.
Das Allerheiligste ist leer.

Die Steine befinden sich unter der Betonschwelle, hinten, an der Wand.
Darauf ein paar Krüge, ein paar Schüsseln.
Verschnürte heilige Würste an einem Haken.
Ich bin so aufgeregt, daß ich kaum etwas wahrnehmen kann.
Rechts wird mein Blick vom Türflügel begrenzt.
Nicht hineintreten.
Ich stütze mich mit den Händen auf den heiligen Boden.
Wie angetrocknetes Blut.
Oder wie in einem Hühnerstall.
Worfelig.
Ich sehe um die Tür herum.
Keine Inschrift. Keine königlichen Sandalen. Keine Speere. (Explosion, S. 709/10)

Wieder einmal – wie schon im katholischen Schrobenhausen oder in der Festungsanlage in Ouidah in Benin – ist der heilige Opferraum eindrucksvoll enttäuschend und besteht das Geheimnisvolle aus Leere. Während dieser Erfahrung beim Abschied von der Casa das Minas muss Jäcki noch einmal an Pierre Verger denken, an ihre Gespräche über die Pflanzen vor zehn Jahren und an seine damalige Enttäuschung, dass Verger das künstlerische Potenzial seines Stoffes verkenne. Ein versöhnlicher Ton stellt sich ein, worin sich jedoch auch der Anspruch formuliert, zu vollenden, was Verger vorbereitet und auf seine Weise verarbeitet hat:
Das Allerheiligste ist leer
Hatte das auch Pierri erlebt der Papst.
Und wollte die Leere füllen mit seinen Blätterzetteln, Akzenten und seinen zappeligen Tänzen?
Und jetzt
Jäcki erlebte die Leere wenigstens als Romanschriftsteller (Explosion, S. 711)

Kapitel 10
Hamburg, Hauptbahnhof – das letzte Lebensjahr im Zeichen von AIDS

Hält man sich das letzte Lebensjahr Hubert Fichtes vor Augen, reißt die für diesen Autor charakteristische Kombination von Lesen, Reisen und Schreiben nicht ab. Bis Februar hielten sich Leonore Mau und Hubert Fichte in Afrika auf. Sie erfüllten die Mission der alten Priesterinnen der Casa das Minas, fuhren an den Königshof in Abomey in Benin und tauschten dort die aus Brasilien mitgebrachten Gaben aus. Außerdem führte Fichte letzte Gespräche über die psychiatrische Klinik in Fann. Aufzeichnungen dieser Reise finden sich in dem Textband *Psyche*. Nachdem sie nach Hamburg zurückgekehrt waren und Fichte seinen Homer-Essay *Patroklos und Achilleus* geschrieben sowie einen kurzen Abstecher nach Berlin unternommen hatte, brachen sie Mitte März nach Paris auf, um dort gemeinsam Fichtes 50. Geburtstag zu begehen. Im Anschluss reiste Fichte alleine nach Marokko weiter, nach Agadir und Marrakesch, wo er den Roman *Der Platz der Gehenkten* vollendete. Die Sommermonate verbrachte Fichte erneut in Hamburg und stellte in dieser Zeit unter anderem die Essays über *Die Geschichte der Empfindungen des Grafen August von Platen-Hallermünde* und sein letztes Hörspiel *Ich bin ein Löwe* fertig. Am 7. und 10. September führte er zudem ein Interview mit dem seit 25 Jahren auf St. Pauli tätigen Arzt für Urologie, Dr. Fischer. Ab dem 12. September zog sich Fichte dann mit Leonore Mau nach Portugal zurück, um dort den Roman *Explosion* zu verfassen. Am 22. November musste er jedoch, bereits von heftigen Schmerzen geplagt, nach Hamburg zurückkehren. In den noch verbleibenden Monaten war er die meiste Zeit an das Hamburger Hafenkrankenhaus gebunden und schottete sich, nur Leonore Mau um sich duldend, mehr und mehr ab.
Trotzdem gelang es ihm, den Roman *Explosion* in einer ersten, vorläufigen Form fertig zu stellen. Außerdem arbeitete

er im Dezember 1985 noch an dem letzten, die *Geschichte der Empfindlichkeit* abschließenden Band *Hamburg Hauptbahnhof*, dem er, um die Position des Bandes hervorzuheben, die Gattungsbezeichnung *Register* zuordnete. Zwischen den literarischen Arbeiten fand er im Januar 1986 noch einmal die Kraft, nach Wien zu reisen, um dort im Rahmen der neu eingerichteten *Wiener Vorlesungen zur Literatur* über den Barockdichter Daniel Caspar von Lohenstein zu sprechen.
Am 20. Februar 1986 schließlich setzte er im Hamburger Hafenkrankhaus die letzte Verfügung zur *Geschichte der Empfindlichkeit* auf, die den Überarbeitungen des zurückliegenden halben Jahres, den Abstrichen und Streichungen, dem Sortieren und Zusammenstellen Rechnung trug. Dabei verzichtete Fichte auf eine durchgängige Nummerierung der Bände, bis dahin ein Zeichen der Einheitlichkeit des Großprojekts, und teilte die vorliegenden Manuskripte in drei verschiedene Blöcke: (1) Bände, die nach wie vor mit einer Ziffer versehen sind, (2) Bände ohne Ziffer sowie (3) ergänzende Paralipomena-Bände. Die Einheitlichkeit ist zerbrochen zugunsten einer offeneren Gestaltung, die nicht allein die unterschiedlichen Gattungen berücksichtigt, sondern auch den je unterschiedlichen Stand der Bearbeitung. Der letzte Ordnungsplan für die *Geschichte der Empfindlichkeit* ist am Ende dieses Buches abgedruckt. Zumindest bis zu diesem 20. Februar 1986 hat Hubert Fichte an der *Geschichte der Empfindlichkeit* gearbeitet. Am 8. März 1986 ist er gestorben.
Es wurde viel über die Ursache des frühen und plötzlichen Todes von Hubert Fichte spekuliert, auch öffentlich. Auf einer Diskussionsveranstaltung zu Hubert Fichtes Gedenken anlässlich seines 65. Geburtstags am 18. April 2000 in Berlin sprach Herbert Jäger, ein alter Freund aus dem Kreis um Hans Henny Jahnn, aus, was viele im Stillen gedacht haben: »Die einzige diagnostische Aussage, die ich von Leonore Mau erhielt, war, daß es ein Lymphom, also ein Lymphdrüsenkrebs war. Und wir alle wissen, daß HIV-positiv keine Krankheit ist, sondern nur eine Immunschwäche, die andere Krankheiten fördert. Insofern ist es meine Vermutung,

daß er HIV-positiv gewesen ist.« (Forum Homosexualität und Literatur Nr. 37, S. 75) Hubert Fichte selbst hat – ähnlich wie der Schriftsteller Bruce Chatwin, dessen Werk in vielem dem von Fichte vergleichbar ist – nie öffentlich dazu Stellung bezogen oder sich gar dazu bekannt. Das gilt es zu respektieren. Allerdings – und dies fällt viel schwerer ins Gewicht – drängt sich das Thema AIDS in alle Texte, die in diesem letzten Lebensjahr 1985 entstanden sind, und prägen die in ihnen gestaltete Weltwahrnehmung. AIDS und die in den Medien entfachte Hysterie stellen das alles dominierende Thema des Jahres 1985 dar. In welchem Maß Hubert Fichte darauf mit all seiner ›Empfindlichkeit‹ reagiert hat, macht sein Tagebuch aus diesem Jahr deutlich, das in Auszügen unter dem Titel *Materialien für Afrika, Aids, Sahel, Der erste Mensch* in der Literaturzeitschrift *Der Rabe* im Herbst 1992 veröffentlicht worden ist.

Das Tagebuch 1985

Sehr unmittelbar registriert Hubert Fichte in seinem Tagebuch, wie sich AIDS auf die Szene der Schwulen und Stricher auswirkt. Die Einträge gelten Beobachtungen und Erfahrungen in Berlin, Paris, Marokko, Lissabon – die häufigsten jedoch beziehen sich auf Hamburg und mithin auf jene Szene in St. Pauli und um den Hamburger Hauptbahnhof herum, die Hubert Fichte seit langem vertraut ist. Die für die Publikation getroffene Auswahl des Tagebuchs setzt mit Berlin, 12. bis 16. März, ein:
Am Bahnhof Zoo verängstigte, verhuschte Freier und kriminelle Stricher.
Klar.
Wer hier noch losgeht hat entweder einen positiven Befund und ein schlechtes Gewissen oder er will viel Geld abstauben. [...]

Die Schwulen mit positiver Lymphreaktion geben ein Fest.
Der Kurde Ahmed.

– Warum sind alle in Deutschland so mürrisch, so traurig?
– Ist Krieg oder was?
Hussein der blonde Libanese.
Familienvater.
Mit jenem unaussprechlichen Mehr an Rundung am Arsch.
Wie er stöhnt und sich ficken läßt, oder fickt.
Was für ein Jammer. (Rabe, S. 63)

Die Szene, das wird sogleich deutlich, hat sich radikal verändert. Die, die sich in ihr bewegen, sind existenziell verängstigt. Bars und Saunen schließen, die Klappen bleiben leer, und die Gewalt gegen Schwule nimmt zu. Sogar der *Spartacus Guide*, der Reiseführer an die schwulen Orte der Welt, geht ein – was Fichte zu dem Eintrag veranlasst: *Die Welt als Buch bricht zusammen.* (Rabe, S. 68) Aber Fichte beobachtet auch Gegenbewegungen:
Sehr heftige Szene in den Büschen an der Alster
Der eine will mich ohne Präser ficken.
Der zweite leckt dem ersten am Arsch.
Viel mehr Innigkeit,
Die Schnöde und Häme der Hamburger Schwulen scheint gebrochen.
Man kann sich auch nicht jede Sekunde mit dem potentiellen Tod befassen.
Es geht um unsere Freiheit.
Um unsere Würde. (Rabe, S. 72)

Oder er erfährt es von anderen, so in dem knappen Eintrag:
R. sagt:
Beim letzten Lederfestival verteilten die Jungen Präservative.
Das ist das erste Aidsgedicht.
Die Ledermänner verteilen Gummis. (Rabe, S. 71)

Fichte registriert jedoch auch sehr genau, dass all diese Reaktionen nicht nur einer inneren Dynamik der Szene entspringen, sondern maßgeblich von außen durch die Medien

geschürt werden. AIDS ist 1985 zu einem öffentlichen und viel diskutierten Thema geworden. Unter dem Datum vom 14.8.85 notiert Fichte: *Aidstitel auf Time und Newsweek in der vorigen Woche, diese Woche Spiegel und stern.* (Rabe, S. 75) Andere Blätter, wie *Bild*, setzen eher auf Prominente: *Rock Hudson hat Aids (25.7.85); Ronald Reagan schickt Rock Hudson ein Telegramm: Ich bete für Dich (26.7.85).* (Rabe, S. 71) Eine Woche später meldet dieselbe Zeitung, Burt Reynolds sei an AIDS erkrankt:
Gestern Rock Hudson
Heute Reynolds.
Morgen Marlon Brando? Tony Curtis? Mick Jagger?
Wir können also miterleben, wie eine Welthysterie sich ausbreitet.
Syphilisfurcht und Peststimmung in eins.
Boccaccios Kraft im Angesicht dessen ein heiteres Buch zu schreiben
Und wir können das Judenpogrom noch einmal erfahren.
Aber sanft, wissenschaftlich, mitleidig. (Rabe, S. 74)

Fichte geht mithin so weit, die über die Medien verbreitete Antistimmung gegen die Schwulen und anderer so genannter ›Risikogruppen‹ mit der Verfolgung der Juden in der Nazizeit zu vergleichen, die er als Kind selbst erlitten hat. Was sich hinter AIDS verbirgt, welche Ursachen und Auswirkungen es hat, vor allem jedoch die Frage, wie man sich mit dem HIV-Virus infizieren kann und wie es weitergegeben wird, waren im Jahr 1985 noch zu wenig geklärt. Diese Offenheit bedingte, dass immer mehr Berichte erschienen, in denen über all das spekuliert wurde: *Nach der Aids Woche mit 4 Aidstiteln Spiegel, Stern, Quick, Zeit in der F.R.: Mückenstiche übertragen Aids.* (Rabe, S. 71)
Deshalb versucht Fichte, selber zu verlässlichen Daten zu kommen. Am 24.8.85 notiert er:
H. ganz außer sich vor Angst, wegen des Artikels im Abendblatt. […]
H. ruft nochmal an:

Jörg, der Medizinstudent und Mitarbeiter eines Aids beratenden Arztes bestätigt:
22 Kranke, 9 Tote, 35 % aller Untersuchten, 70 % aller Homosexuellen Untersuchten positiv, davon erkranken 7 %. (Rabe, S. 76)

Das Vakuum des Wissens führt auch im Freundes- und Bekanntenkreis Fichtes zu den unterschiedlichsten Reaktionen. Das Tagebuch hält die ganze Breite des möglichen Umgangs mit dem Thema AIDS fest. Verdrängen und trotziges Verleugnen finden sich in den Einträgen ebenso wie Unlust, Enthaltsamkeit oder Vorsicht: *Heinz macht nur noch was mit Präsern. Mike nimmt sogar zwei Präser.* (Rabe, S. 70) Manche überlassen sich Verschwörungstheorien, wie Uta:
Sie hat furchtbare Angst vor Aids und macht in letzter Zeit sehr viel weniger rum.
Sie glaubt, es sei eine gezielte Aktion, um Homosexuelle, Rauschgiftabhängige, Außenseiter überhaupt auszurotten. (Rabe, S. 72)
Oder:
Der schöne Mann Frank am Hauptbahnhof.
Das ist biologische Kriegsführung.
Die haben ja alle solche Waffen. (Rabe, S. 76)

In der Breite der Aspekte und im knappen, aber genauen Registrieren stellt dieses Tagebuch eine Dokumentation der Stimmung dar, wie sie 1985 im Hinblick auf AIDS wahrnehmbar war. Es bietet, was der Untertitel verspricht: Materialien. Denn Fichte kommentiert und wertet nicht – schon gar nicht den individuellen Umgang mit AIDS in seinem Freundes- und Bekanntenkreis. An manchen Stellen klingt allerdings deutlich die Bedrohung an, die AIDS für die *Geschichte der Empfindlichkeit* darstellen musste; beispielsweise in dem knappen Eintrag in Paris, kurz bevor Fichte von dort nach Marokko abreist:
Geilheit des Aufbruchs damals
Traurigkeit heute.
Aidsgefahr.
Krebsgefahr. (Rabe, S. 66)

Exkurs: Agadir und Marrakesch 1985

Im veröffentlichten Tagebuch schließt daran ein Eintrag an, der auf Marokko, Anfang Mai 85, datiert ist:
Durch die sexuelle Befreiung kommen sie [die Marokkaner] *leicht an Mädchen ran.*
(Auch das ist gegen den Koran.)
Homosexualität als Ventil ist nicht mehr notwendig – aber sie schwärt im Unbewußten.
Der Koran lastet seit der sexuellen Befreiung wieder heftiger.
Durch Aids wird der Fluch des Koran verschärft.
Das Verdrängte ist nicht nur schlecht, es ist auch gefährlich, schädlich, mit Krankheit behaftet, die Strafe für den gewünschten und begangenen Akt folgt sofort.
Das vermischt mit Elend, Tourismus, Marxismus lybischer Prägung, schafft die Situation in Agadir. (Rabe, S. 67)

Diese Bestandsaufnahme wird zum Ausgangspunkt für den Roman *Der Platz der Gehenkten*. Von Paris aus reiste Hubert Fichte nach Marokko weiter, um noch einmal jenen Ort in Augenschein zu nehmen, den er im Frühjahr 1970 zum ersten Mal bereist und dem er damals ein ausführliches Funkfeature gewidmet hatte: die Djemma el Fna in Marrakesch – ein Platz der Händler, Gaukler und Geschichtenerzähler. Im Namen ist die Geschichte des Platzes bewahrt, denn *faná* heißt im Arabischen Vernichtung und verweist auf die Zeit der Almohaden im 7. Jahrhundert, als der Platz zur Hinrichtung diente und die abgeschlagenen Köpfe der Hingerichteten an den umgebenden Mauern zur Schau gestellt wurden. So hat der Name des Platzes dem Roman seinen Titel gegeben. Zugleich jedoch bezeugen bereits die ältesten Reisebeschreibungen dem Platz eine außerordentlich lebendige, orale Kultur. Aktuell ist sie vor allem von dem spanischen Schriftsteller Juan Goytisolo in mehreren seiner Bücher eindrücklich beschrieben worden. Im Jahr 2001 schließlich hat die UNESCO die Djemma el Fna in die *Liste der Meisterwerke des mündlichen und immateriellen Erbes der Menschheit* aufgenommen.

Als Fichte im Frühjahr 1970 die Djemma el Fna kennen lernte, gab es darüber hinaus noch eine weitere Motivation. Ein Freund, der Maler Peter Hinrik Boll, hatte lange in Marrakesch gelebt und ihm die Stadt als ein ›Mekka der Schwulen‹ geschildert. Im Funkfeature hat Fichte diesen Aspekt vollkommen ausgeblendet; im Roman kommt er indes umso deutlicher zur Sprache – allerdings mit umgekehrten Vorzeichen.

Im Hinblick auf die temporale Ordnung lässt der Roman seine Leser im Ungewissen. Zwar gibt es einige wenige Angaben, die auf das Jahr 1970 verweisen. Andererseits wird auch die zweite Reise von 1985 fragmentarisch erzählt und schiebt sich immer wieder zwischen die Beschreibung des Platzes. Vor allem aber wird der Prozess des Schreibens thematisiert und reflektiert, sodass der Roman ständig zwischen der Beschreibung der Djemma el Fna – dem Erlebnis von 1970 – und dem Akt des Schreibens – im Jahr 1985 – changiert. Genau in der Mitte des Romans heißt es:

Der Schriftsteller geht an die Beschreibung des Platzes der Gehenkten unter Bedingungen, die er dem Erlebnis der Djemma el Fna nachinszeniert hat. […]
Jäcki hat Irma wieder verlassen.
Wieder fürchtet er einen Unfall oder eine Krankheit. […]
Es entsteht beim Schreiben eine doppelte Verdoppelung.
Wie in einem Zirkeltraum. (Platz, S. 109)

Eine doppelte Verdoppelung der Zeit. Sie verdoppelt sich nicht nur durch das Auseinanderfallen von Erleben und Schreiben, sondern verdoppelt sich noch einmal durch die inszenierte Nachreise im Abstand von 15 Jahren, auf der sich das Auseinanderfallen von Erleben und Schreiben nochmals wiederholt. Wie in vielen anderen Romanen stellt die spätere Zeitebene vor allem eine Deutungsfolie bereit, von der aus die früheren Erlebnisse – und hier auch der frühere Text in Form des Radiofeatures – neu interpretiert und gestaltet werden. Doch anders als beispielsweise in *Versuch über die Pubertät*, in dem die afro-amerikanischen Religionen die

Deutungsfolie für die Prozesse der Pubertät darstellen und sich mithin durch die Kombination zweier ganz unterschiedlicher Elemente ein verfremdender Effekt einstellt, wird in *Der Platz der Gehenkten* der Unterschied allein durch den zeitlichen Abstand von 15 Jahren hergestellt. Man könnte von einem Programm des ›zweiten Blicks‹ sprechen, der zu einem anderen Zeitpunkt auf denselben Gegenstand geworfen wird und diesen damit in ein relationales Gefüge zur Zeit bringt. Eines der beiden Grundprinzipien der *Geschichte der Empfindlichkeit*, frühere Arbeiten aufzunehmen und sie zu kommentieren, um damit das Vergehen der Zeit und die Entwicklung des Protagonisten Jäcki zu beschreiben, hat damit eine neue Form gefunden.

Im *Platz der Gehenkten* ist die zweite, spätere Zeitebene durch das Aufkommen von AIDS bestimmt – und auch dies in doppelter Weise. Einmal in der Angst um Irma. 1970 ist es der Absturz des Flugzeuges, das Irma zurück nach Europa bringen sollte, während Jäcki noch in Marokko bleibt; 1985: *Wieder fürchtet er einen Unfall oder eine Krankheit.* (Platz, S. 109) Hat Jäcki Angst, dass Irma in einen Unfall verwickelt, von einer Krankheit befallen wird? Oder hat er Angst, es würde ihn auf der nachinszenierten Reise treffen? Ist es die Furcht vor AIDS oder gar die Sorge, er könnte Irma angesteckt haben? Die Formulierung ist offen genug, dass alle Lesarten möglich sind.

Deutlicher fällt die Prägung der späteren Zeitebene durch AIDS im Hinblick auf die Vision von einst aus, in der Marrakesch zum Fluchtpunkt der Schwulen avancierte. Im Roman *Detlevs Imitationen »Grünspan«* aus dem Jahr 1971 hat sie, möglicherweise von der Erfahrung der Djemma el Fna im Jahr 1970 beflügelt, ihren Niederschlag gefunden, indem Jäcki gegenüber der Blume von Saaron bekennt: *Ich kann mir die Freiheit, wenn ich ehrlich bin, nur als eine gigantische, weltweite Verschwulung vorstellen […].* (Grünspan, S. 221) 1985 ist sie verflogen, nun heißt es:
Die chthonischen Tage sind vorbei. […]
Immunschwache und Fundamentalisten bevölkern den Strand von Agadir.

Ägypten verbietet 1001 Nacht.
Wann wird in Inezgane den Dieben Arm und Fuß amputiert?
Wann werden die schmalen Finger zur Strafe zerquetscht?
Das Verbot übertreten heißt, sich der Todkrankheit überantworten.
Gottes Wort. (Platz, S. 217)

Die chthonischen Tage – die alten, die uralten, die der Erde gehörenden Tage – erinnern an jene Urlandschaft, in die Hubert Fichte im Roman *Eine Glückliche Liebe* die Umgebung von Sesimbra verwandelt hat, in der Jäckis Lust, penetriert zu werden, erwachte. *Einmal Nutte in Cezimbra sein!* (Liebe, S. 11) Nun sind die chthonischen Tage vorbei. Das Aufkommen von AIDS und die Fundamentalisierung des Islam laufen parallel und arbeiten einander zu. Wer das Verbot des Korans übertritt und der homosexuellen Versuchung nachgibt, wird unmittelbar von Gott durch die Ansteckung mit AIDS bestraft.

Im Angesicht dessen schreibt Fichte nicht wie der in seinem Tagebuch erwähnte Boccaccio mit dem *Decamerone* ein heiteres Buch, sondern ein trotzig-selbstbewusstes. Denn *Der Platz der Gehenkten* stellt nichts Geringeres dar als ein Gegenbuch zum Koran. Vier Suren aus dem Koran sind in den Roman eingefügt. Fichte hat sie selber aus einer französischen Übersetzung des Korans ins Deutsche übertragen:
Ich übersetzte aus der Pléiade-Ausgabe.
Im Kopf eine Art Luther-Deutsch.
Koran auf Bibelpapier ist unpraktisch.
Die Tinte schlägt durch. (Platz, S. 13)

Die Suren, die Fichte für den Roman ausgewählt und übersetzt hat, verdeutlichen die Ablehnung und Verurteilung der Homosexualität. In Sure 7 beispielsweise wird an eine Stelle aus dem Alten Testament erinnert, an den Propheten Lot, der die Bewohner von Sodom und Gomorra mit den Worten ermahnte:
Ihr nähert Euch den Männern

Lieber als den Frauen,
Um Eure Leidenschaften zu stillen.
Ihr seid ein perverses Volk. (Platz, S. 46)

In einer anderen Sure, aus der Fichte Ausschnitte in den Roman aufgenommen hat, trifft neben den Homosexuellen auch die Dichter der Bannstrahl des Propheten Mohammed. Damit sind die mündlichen Erzähler gemeint, die für Mohammed eine Konkurrenz darstellten, da Viele ihre Erzählungen den seinen vorzogen. In vorislamischer Zeit galten die Dichter – ähnlich wie im antiken Griechenland – von göttlichen Mächten ergriffen. Mohammed hingegen bringt die Dichter mit der seit dem Christentum negativ besetzten Besessenheit durch Satan oder den Teufel in Verbindung. Deshalb heißt es in Sure 26: *Den Dichtern folgen die Irrenden.* (Platz, S. 174) Mohammed sagt damit, die anderen Erzähler verbreiteten Irrlehren und brächten jene, die ihnen folgen, vom rechten Weg ab.

Auch in der letzten, von Fichte in den Roman montierten Sure taucht dieser Aspekt noch einmal auf. Mohammed beteuert darin, dass er kein Besessener sei und der Koran eine Ermahnung an die Welt. Doch bis zu dieser Stelle der Sure kommt Fichte gar nicht, da er bereits früher abbricht. In diesem Abbruch kulminiert die Auseinandersetzung mit dem Koran. Die erste Hälfte der Sure 81 ist nach dem Muster apokalyptischer Rede gestaltet und beschwört – in immer wieder neuen Anläufen – den Augenblick des Jüngsten Gerichts herauf:

Wenn die Sonne zusammengerollt wird
Und wenn die Sterne erstarren
Und wenn die Berge reisen [...]
Und wenn die Seiten der Bücher zu flattern beginnen
Und wenn das Firmament seinen Ort wechselt
Und wenn die Feueröfen brennen
Und das Paradies kommt
Dann
Nein! (Platz, S. 207)

»Dann wird jede Seele wissen, was sie getan hat« – so lautet der Vers 15 in der Sure –, und das finale Strafgericht wird das letzte Wort haben. Dagegen setzt der Roman ein Nein. Er unterbricht damit den Fluss der apokalyptischen Rede, bricht Gottes Wort ab und bringt es im leeren Weiß der Seite zum Schweigen. Worauf in der nächsten Zeile ein stolzes Nein gesetzt wird. Ein ungeheuerlicher, ein ketzerischer Akt! Und zugleich ein Akt der Solidarität mit den im Koran verdammten Homosexuellen und Dichtern. Der Einspruch gegen die zum göttlichen Gesetz erhobene Norm der Heterosexualität und gegen die Diffamierung der freien Dichterrede – zu denken ist hier nur an das aktuelle Beispiel von Salman Rushdie und seine *Satanischen Verse* – bildet die Quintessenz des Romans.

Auch dem gesamten Inhalt und – eng darin verwoben – dem Aufbau nach schreibt *Der Platz der Gehenkten* gegen den Koran an. *Gott ist der, der hört und der vollkommen sieht* – so heißt es am Anfang der Sure 17, die am Beginn des Romans steht. (Platz, S. 14) Auf der gegenüberliegenden Seite steht einzig: *A.* – der Rest der Seite ist leer. (Platz, S. 15) Und auf den folgenden beiden Seiten stehen: *Aliph.* (Platz, S. 16) und *Djemma el Fna.* – der Rest der Seiten ist wiederum leer. (Platz, S. 17) Gegen Allah, der alles sieht und hört, dem die Welt vollkommen transparent ist, hebt der Roman mit den elementaren Bauformen der Sprache an – mit dem Buchstaben A und dessen hebräischem Namen Aliph bis zum Namen des Platzes.

Langsam füllen sich danach die Seiten, je mehr das wahrnehmende Ich – nur an wenigen Stellen des Romans ist das Ich durch die Figur Jäcki gebrochen – auf seinen Erkundungsgängen über die Djemma el Fna sieht und hört. Es handelt sich dabei um zunächst sehr knappe und dann immer ausfüllendere Momentaufnahmen des Lebens auf dem Platz und der Menschen, die ihn bevölkern. Damit stellt die Anordnung des Romans auch formal ein Gegenprogramm zum Koran dar, das ebenfalls zu Beginn klar ausgesprochen wird:
Die Texte des Koran werden kürzer von Sure zu Sure.

Die Texte des Platzes der Gehenkten werden länger.
Ich möchte das Gesetz der schrumpfenden Glieder durch das
Gesetz der wachsenden Glieder ausgleichen. (Platz, S. 13)

Entsprechend den hineinmontierten Suren beleuchtet der Roman – neben den Einheimischen und Touristen, den Händlern und Hippies – vor allem das schwule Leben am Platz. Des Öfteren kommt beispielsweise ein Kreis effeminierter Schwuler zu Wort, darunter ein Richter aus München, die sich regelmäßig in einem Café treffen und Ricard trinken, weshalb sie im Roman unter dem Namen *Ricardtanten* firmieren. Einmal erzählt der Richter aus der Zeit des Zweiten Weltkriegs:
– *Ich hatte mich nach »Wärme« auf den Kriegsschiffen erkundigt und wurde deswegen sechs Wochen lang von der Gestapo verhört – wehrunwürdig!*
– *Mein Geliebter verschwand im KZ.*
– *In München verlustierten sich die Hundertfünfundsiebziger während des Fliegeralarms auf den Bedürfnisanstalten.*
– *Ich suchte mir da einen Partner, und wir gingen in die Splittergräben.*
– *Auf die Bedürfnisanstalt fiel eine Tellermine, und alle Hundertfünfundsiebziger waren tot.*
– *Hab ich gelacht und meinem Herrn gedankt.* (Platz, S. 124)

Wiederholt taucht auch die Figur Gaouty auf, der schöne Gigolo, der Liebhaber. In einer Passage verwandelt sich die Beschreibung in eine Reflexion über das Schreiben – und damit verschwimmen auch die Zeitebenen:
Mit Gaouty finde ich die Wildheit, von der ich träumte, als ich vierzehn war. [...]
Ich denke, als es vorüber ist, nicht an Selbstmord, wie mit vierzehn, ich bin mit ihm glücklich, wie mit Irma.
Kann man Küssen beschreiben?
Tasten, Riechen, Schmecken, Hören, Sehen abbilden mit Kringeln auf Papier? [...]
Habe ich geschrieben, wie er plötzlich die Augen schließt und

den Paravent der Lider zwischen seinem Körper aufstellt und meinem?
Oder wenn er dreimal beweisen will, daß er mich begehrt, und er kann es das dritte Mal nicht beweisen, weil er zu hastig war?
Die Freude, wenn er über meinen Samen in seiner Hand nicht erschrickt? (Platz, S. 181/82)

Es ist nicht die sichere Rede Allahs; es ist die unsichere eines empfindlichen Ichs, das seine Wahrnehmungen und Eindrücke aufschreibt – mit allen Fragen und Zweifeln. Damit situiert sich dieses Ich zwischen zwei Berufsgruppen, die auf dem Platz ihrer Tätigkeit nachgehen: den mündlichen Geschichtenerzählern und den Skriben. Beide nehmen im Roman breiten Raum ein. Die orale Erzählkunst ist vor allem durch einen *Negerjungen* vertreten, der Abend für Abend seine Geschichten fortspinnt und dabei seinen Körper zum Medium des Erzählens macht:
Vorn hocken Kinder, junge Männer, dahinter Alte, Gut-Angezogene.
Leute aus den Bergen in orangenfarbenen Djellabahs. [...]
Die Zuhörer lachen, wenn der Negerjunge etwas Komisches erzählt.
Sie schneiden verächtliche Gesichter, wenn etwas Heldenhaftes geschieht. [...]
Der Negerjunge verwandelt sich in den König, die Mutter, den Däumling, den Guul, in den Vogel Strauß.
Die Hände, die mageren, überlängten Finger bilden die Geschichte ein zweites Mal ab. (Platz, S. 175)

Demgegenüber stehen die Skriben, die ihre Schreibfähigkeit anbieten. Sehr genau wird ihre Tätigkeit, der noch ein deutlicher handwerklicher Zug eignet, beschrieben:
Die Skriben schaben an schwarzen, roßapfelgroßen Klößen.
Sie lösen das Abgeschabte in lauwarmem Wasser auf.
Es ergibt eine bräunliche Tinte, die mich an die Sepiazeichnungen von Claude Lorrain erinnert.

Die Skriben verbrennen Wolle.
Die Asche lösen sie in lauwarmem Wasser auf.
Die Skriben zeichnen Gitter aus gelber Tusche aufs Papier.
Dahinein schreiben sie.
Keile und Gekröse für Litaneien. (Platz, S. 76)

Irgendwo dazwischen befindet sich das wahrnehmende und schreibende Ich. Mit den Skriben teilt es das Aufschreiben, Aufzeichnen, meidet jedoch, anders als diese, die Nähe zur Religion. Seine Litaneien sind Diesseitslitaneien und besitzen, bei aller kalkulierten Anordnung, noch einen Rest Körperlichkeit, wie es dem mündlichen Erzählen zu Eigen ist. An einer Stelle gehen Welt und Schreiben ineinander auf, und so wird aus dem *Platz der Gehenkten* ein Roman über das Schreiben und über das Erscheinen der Welt als Buch:
Ich.
Jäcki.
Verwandelt sich in Lettern.
Gebrannte Wolle.
Geschabte Tintenpaste.
Die Djemma el Fna geht durch mich hindurch.
Wie die Tinte das Bibelpapier des Koran durchdringt. (Platz, S. 85)

Hamburg, Hauptbahnhof

So marginal die Arbeit an dem Band *Hamburg Hauptbahnhof* innerhalb des letzten Lebensjahres von Hubert Fichte mit seiner schier unerschöpflichen Produktivität auch zu veranschlagen ist, für die Konzeption der *Geschichte der Empfindlichkeit* ist er nicht hoch genug einzuschätzen. Denn nimmt man *Hotel Garni* als eine Ouvertüre, in der sich die beiden Protagonisten Irma und Jäcki jeweils mit einem langen Monolog einführen, dann ergibt sich mit den beiden Bänden *Der Kleine Hauptbahnhof oder Lob des Strichs* als Band II und *Hamburg Hauptbahnhof* als abschließendem

Band eine Klammer, die das literarische Großprojekt zusammenhält und ringförmig umschließt. Die in diesen Romanen erzählten Jahre 1961 bis 1963 und 1982 bis 1985 bilden die Eckdaten der Kern- oder Basiszeit der *Geschichte der Empfindlichkeit*, von der aus in den verschiedenen Bänden Rückblenden unternommen werden – beispielsweise durch das Interview mit Lil Picard in *Lil's Book* oder die Lebensgeschichte der Mutter in *Die Geschichte der Nanā*, die beide aus einem jeweils ungewöhnlichen Blickwinkel die Geschichte des 20. Jahrhunderts aufleuchten lassen, oder aber durch Erinnerungen Jäckis an früher liegende Erlebnisse, die in fast allen Bänden der *Geschichte der Empfindlichkeit* auftauchen und mithin ein dichtes Beziehungsgefüge zu den älteren Romanen errichten. In der Figur der Danièle ist zudem – wenigstens für jenen *lächelnden Augenblick der Entwicklungsgeschichte* in New York Ende der 1970er Jahre – ein zarter, utopisch grundierter, vexatorischer Vorschein ins 21. Jahrhundert gestaltet.

Mit dem Hauptbahnhof in Hamburg hat Hubert Fichte für seine Klammer einen Ort gewählt, der innerhalb des Werks in vielen Facetten aufscheint. Zunächst gibt er allen im Werk beschriebenen und literarisch umgesetzten Reisebewegungen einen zentrierenden Mittelpunkt, der auf Hamburg als Ausgangs- und Zielort aller Reisen verweist. Neben den Aufbrüchen und Aufenthalten in fremden Ländern und anderen Sprachen gibt es immer auch ein Zurückkommen. Nach dem Werkplan vom März 1985 sollte der VIII. Band der *Geschichte der Empfindlichkeit* – spiegelbildlich zum Roman *Explosion* – dreimal das Zurückkommen von Brasilien schildern. Als Titel des Bandes war *Rückkehren* vorgesehen. In die beiden Romane, die den Hamburger Hauptbahnhof im Titel führen, hat Fichte etwas von dieser Idee gerettet.

In *Der Kleine Hauptbahnhof* kehrt Jäcki von den drei die 1950er Jahre prägenden Aufenthalten in Frankreich nach Hamburg zurück. Ein frischer Blick fällt auf die Stadt, deren Bombardierung er als Kind erlebt hat. Er unternimmt erste Schritte, um sich als Schriftsteller zu professionalisieren. Vor allem jedoch erhält er Zugang zu einem neuen, ihm bis dahin verborgenen Hamburg – das Hamburg der schwulen Subkultur. Dabei erfährt er, dass der Hamburger Hauptbahnhof nicht nur ein transitorischer Ort der Abreise und des Ankommens ist, sondern dass innerhalb dieses großen, offiziellen Hauptbahnhofs noch ein kleiner, inoffizieller existiert. Aber dieser liegt unterhalb der Aufmerksamkeitsstruktur jener, die nicht in die geheimen Erkennungszeichen eingeweiht sind. Im Roman gibt es dazu eine prägnante Stelle, die den Zugang zu dieser Welt einmal mehr an das Gehen bindet:

Jäcki lernte einen geheimen Hauptbahnhof begehen.
Den kleinen Hauptbahnhof der Stricher mit seinen Kursen, Weichen, Signalen, Umsteigehaltestellen, Depots.
Der Blumenladen zum Beispiel.
Historisches Bauwerk.
Das unwiderstehlich grüngekachelte Mal des Übergangs vom Kaiserreich zum Tausendjährigen Reich.
Jugendstil wird Art-Deko.
Der Platz vor der S-Bahntreppe.
Das Klo unten.
Die gefährliche Herrentoilette in der Wandelhalle.
Der Scheideweg durch den Wartesaal Erster Klasse.
Zum Senatorenstübchen hoch, wo es Hans Henny Jahnn so ausnehmend gut behagt hatte, zwei Art-Deko-PP's – runter durch den Wartesaal Zweiter Klasse, wo die Hamburger Ölschinken an den hohen Wänden glänzen.
Sezession.
20er Jahre.
Eine Welt zwischen Kirchenallee und Glockengießerwall.
Das erregende Bali.
Jäcki weigerte sich, die Spitzel und die Zivilbeamten zu erkennen. [...]
Alte Gänge.
Das salzgurkenförmige Pavillönchen wieder.
Züge.
Jäger.
Kain.

Cap Horn.
Der kleine Hauptbahnhof.
Im Floß über die Südsee. (Der Kleine Hauptbahnhof, S. 105/06)

Bis hinein in das Spiel mit der Doppeldeutigkeit der Worte gestaltet Fichte hier die doppelte Existenz einer offiziellen und einer verborgenen bzw. in jener Zeit noch in die Verborgenheit gezwungenen Welt. Wieder fällt dabei, am Ende, wenn der Text in einer assoziativen Reihe ausläuft, die Archaisierung als Ausdruck einer schwulen Weltwahrnehmung auf. *Alte Gänge* – ein Gehen und Kreisen um phallische Orte, ein Gehen, in dem noch Reste des nomadisierenden Jagens enthalten sind, einschließlich Gefahr und Gewalt, bis hin zu den frühen, archaischen Reisen über die Meere, die Fichte am Beispiel der rituellen Pflanzen untersucht hat.
Durch den eingestreuten Hinweis auf Hans Henny Jahnn wird zudem daran erinnert, dass es in einem Restaurant im Hamburger Hauptbahnhof war, wo das initiale Erlebnis stattfand, das Fichte in die Welt des kleinen Hauptbahnhofs geführt hat. Denn dorthin lud im Jahr 1949 Hans Henny Jahnn Dora und Hubert Fichte nach dem Besuch der *Schmutzigen Hände* im Hamburger Schauspielhaus, das direkt gegenüber dem Hauptbahnhof liegt, ein, um ihnen seine Hormonexperimente zu erklären.
In *Hamburg Hauptbahnhof* indes kehrt Jäcki von der dritten Reise nach Brasilien zurück und sieht sich einem in Veränderung begriffenen Hamburg gegenüber. Das auffälligste Zeichen dafür ist für ihn der Umbau des Hamburger Hauptbahnhofs. Die alte Wandelhalle zwischen Glockengießerwall und Kirchenallee wird renoviert und soll in eine postmoderne Passage nach dem Muster einer *Shopping Mall* verwandelt werden. Eine Brücke aus Holz führt außen am Bahnhof vorbei über die Gleise. Für Jäcki bricht damit ein *Gegenstand, der aus Träumen bestand*, zusammen – und der ›Register-Band‹ bietet dazu eine korrespondierende Passage zu jener aus dem *Kleinen Hauptbahnhof* an:

Jäcki hatte es ein ganzes Lebensalter ausgeschritten, rauf und runter, zwischendurch mal in die Klappe mit den Schwingtüren rein, daneben der Stand, die internationale Presse.
Jäcki hatte die Schritte nie gezählt.
Die alte Wandelhalle war stillgelegt worden.
Die Eingänge zugemauert.
Wegweiser.
Die alte Wandelhalle war vom Behelfssteg aus einsehbar.
Unbeleuchtet, grau, braun und etwas violett.
Ohne einen Passanten.
Auch keine Türken, die auf Besenpanzern thronten.
Kein einziger Stricher mehr an den Schließfächern.
Die alte Wandelhalle sah aus wie eine Filmdekoration in den Ateliers von Bendestorf, die abgedreht worden war.
Eine Epoche aus Latten, Lettern, abgehängten Wandbildern der Hamburger Sezession, Leitern, museumsreife grüne Kacheln. (Hamburg Hauptbahnhof, S. 23)

Kann der große Hauptbahnhof noch behelfsmäßig seine Funktion erfüllen, ist der kleine Hauptbahnhof stillgelegt. Die Zugänge sind vermauert, die Wandelhalle ist ausgestorben, das schwule Leben eingefroren. Kein Ort mehr für *alte Gänge* – für die Riten der Randzonen.
Doch so einfach liegen die Dinge nicht. Nicht nur der Hamburger Hauptbahnhof hat sich verändert, auch Jäcki. Er altert. Seine Körperfunktionen lassen nach, seine Bauchmuskulatur erschlafft. Jäcki registriert – an sich wie an anderen seiner Generation – den langsamen Verfall:
Blicke und Gerüche begannen zu sterben.
Augäpfel in Plastikzellen.
Das Nachlassen der Sehschärfe – die Verengung des Blickwinkels, wie Irma genauer beobachtete.
Die Unlust, immer wieder genau hinzusehen. (Hamburg Hauptbahnhof, S. 11)
Selbst die Erinnerungsfähigkeit schwindet:
Namen und Daten fingen an, mit Jäcki Versteck zu spielen.
Die Verstecke vertieften sich.

Vokabeln waren zwei Tage da und dann für immer und ewig versackt.
Er lernte mit Irma genau so viel Griechisch neu, wie er altes vergaß.
Früher wurde das aufgewogen durch einen Vorgang, den Jäcki das unbewußte Erinnern nannte. (Hamburg Hauptbahnhof, S. 11)
›Unterm Strich‹ bleibt für Jäcki:
Viel zuviel gesehen haben.
Viel zuviel empfunden.
Viel zuviel zitieren können.
Und nun auch noch die Disketten.
Das Gedächtnis von Babylon aus der Tiefkühltruhe.
Jäcki fürchtete, die Erinnerung zu verlieren.
Sich nicht mehr äußern zu können. (Hamburg Hauptbahnhof, S. 11/12)

Hier handelt es sich nicht mehr um eine Schreibkrise, wie sie im Roman *Forschungsbericht* erzählt worden ist, der Jäcki mit dem Erlernen des Altgriechischen begegnen kann. Hier handelt es sich um eine Annäherung an das eigene Ende – an den Tod, der durch den Verfall der körperlichen und intellektuellen Vermögen und mithin all dessen, was Empfindlichkeit ermöglicht, droht. Zudem hat die Computertechnologie inzwischen Einzug ins Alltagsleben gehalten, wodurch Jäcki sein auf dem Körper und den Sinnen ruhendes Erzählen gefährdet sieht.
Der einleitende Text des Bandes *Hamburg Hauptbahnhof* ist als ein Zwiegespräch Jäckis mit sich selbst gestaltet, das im Angesicht des im Umbau befindlichen Hamburger Hauptbahnhofs eine aktuelle Bestandsaufnahme der Weltlage und der persönlichen Situation unternimmt. Dabei wechseln die Seiten ständig – bis die Grenze zwischen Empfindlichkeit und Welt verschwimmt. Zunächst lässt Jäcki in knappen Stichworten sein Leben Revue passieren – zwei Textseiten, die in einem ganz wörtlichen Sinn die Aufgabe eines Registers erfüllen. Einige Ausschnitte aus der Liste:

*Jäcki war jung gewesen in einer Welt, die ihm jung erschien –
wenn man von dem katastrophalen Anfang absieht:
Uneheliches Kind einer Stenotypistin, die zur Entbindung auf
einen biologisch-dynamischen Hoffloh. [...]
Bombenteppiche wurden gelegt.
Die Welt war das Ende der Welt.
In den zehn zwölf Jahren des Tausendjährigen Reiches verlang-
samte sich die Zeit für Jäcki, verharrte, fing an zu galoppieren
und kollabierte.
Dann kam die Neue Zeit.
Das Klirren der Panzer der Alliierten. [...]
Die Gräfin Dönhoff gründete die Zeit. [...]
Die Zeit fing an zu dauern. [...]
Mit 25 war Jäcki fast 25.
Er schlief mit einer Frau.
Mit 30 war die Zeit 30 geworden.
Jäcki ließ sich zum ersten Mal. [...]
Das Politische Bewußtsein.
Die Wiener Phantasten.
Le Nouveau Roman.
Höllereranthologien. [...]
Mit 40 war Jäcki 40.
Die Zeit nahm ab.
Die Annoncen in der Zeit nahmen zu. [...]
Herodot erscheint nicht in den 100 Büchern der Zeit. [...]
Poetische Anthropologie.
Jäcki veränderte die Wissenschaften vom Menschen.
Die Verschwulung der Welt.
Aids.
Sieh da!
Die Wende.
Das Ende.
Jäckis – ein ganz normaler Nachkriegslebenslauf.* (Hamburg
Hauptbahnhof, S. 14–16)

Über das finale Resümee lässt sich sicherlich streiten. Zu beachten jedoch ist der Genitiv in der letzten Zeile: die Wende

oder das Ende Jäckis? Ebendiese Frage erörtert Jäcki sodann in einem Selbstgespräch:
Das ist nicht das Ende.
Das ist die immer gleiche Wende.
Die Welt ist unverständlich geworden?
Du verstehst die Welt nicht mehr.
Die Welt ist häßlich geworden?
Du brauchst eine neue Brille.
Die Nordsee kippt um?
Du kippst um.
Die Bäume sterben aus?
Du stirbst. (Hamburg Hauptbahnhof, S. 17/18)

Der einleitende Text des Bandes *Hamburg Hauptbahnhof* verweigert letztlich eine eindeutige Antwort. Vielmehr inszeniert er bewusst eine Unentscheidbarkeit – und gerade darin liegt der Zusammenbruch. Denn damit fällt das Urmuster in sich zusammen, das der *Geschichte der Empfindlichkeit* zugrunde liegt: ein empfindliches Subjekt, das auf die Welt reagiert, sie wahrnimmt, notiert und letztlich literarisch gestaltet. Folgerichtig für einen Schriftsteller gipfelt die Unentscheidbarkeit in einer Wahl zweier möglicher Satzkonstruktionen, die gleich zu Beginn des Textes nebeneinander gestellt und diskutiert werden:
Das Pech war, daß Jäcki in die Wechseljahre kam, als der Hauptbahnhof umgebaut wurde.
Und überlegte, ob das so richtig sei.
Dem Gesetz der wachsenden Glieder nach, stimmte es.
Doch folgte Jäcki sein Leben lang dem Gesetz sich verkürzender Glieder.
Das Pech war, daß der Hauptbahnhof umgebaut wurde, als Jäcki in die Wechseljahre kam. [...]
Entzündete sich der Witz, wenn die Idee von Wechseljahren eines Mannes im Laufe des Satzes in die Welt geweitet wurde – Wende, Veränderung von Gleisen, Enzymen, Kursbuch?
Oder ergab sich die Diskrepanz nur, wenn Jäcki einen im

Umbau begriffenen Kosmos vorstellte und die Perspektive einschrumpeln ließ ins Private, Abwegige, Hormonale?
Je öfter Jäcki über beide Möglichkeiten nachdachte, desto undeutlicher funktionierten sie. [...]
Jäcki verlor alle Kriterien und Parameter – wie der Sinn von Wörtern entrinnt, spricht der Erzähler sie hundert Mal schnell und laut vor sich hin. (Hamburg Hauptbahnhof, S. 7/8)

Zunächst entscheidet sich Jäcki für die erste Version – also für das Gesetz der wachsenden Glieder – ganz so, wie es im *Platz der Gehenkten* umgesetzt ist. Doch einige Zeit später findet er doch noch eine andere Variante, die dem Gesetz sich verkürzender Glieder gehorcht:
Der Hauptbahnhof wurde umgebaut.
Jäcki kam in die Wechseljahre. (Hamburg Hauptbahnhof, S. 22)

Das Resultat ist der Band *Hamburg Hauptbahnhof. Register*. Denn hier setzt Hubert Fichte seine Technik der Sprachverknappung derart radikal ein, dass sich die narrativen Teile, die von Jäcki erzählen, tatsächlich wie ein Register lesen. Jedoch stellt dieser Band nicht wie *Der Kleine Hauptbahnhof* einen durchgängig erzählten Roman dar. Vielmehr versammelt er noch einmal eine Reihe heterogener Texte, die nur lose narrativ miteinander verknüpft sind. So ist der Band ›zwischen‹ einer Collage und einem Roman situiert. Kurze Texte, die von Jäcki erzählen, stehen neben langen Interviews – das längste mit Wolli Köhler und seiner Lebensgefährtin Linda, das instruktivste mit dem 70-jährigen Urologen Dr. Fischer –, ein Abgesang auf den *Spartacus Guide*, der sein Erscheinen einstellen musste, neben Fragmenten, die den Stand der Dinge im Verhältnis zur Mutter beschreiben.
Durch fast alle der zehn Teile des Buches ziehen sich die Themen, die im einleitenden Text äußerst kunstvoll gesetzt werden. Sie drehen sich um den Prozess des Alterns und um die Veränderungen der schwulen Szene – und zwar in derselben Schwebe zwischen Ich und Welt, wie sie der erste Text

vollzieht. Wie so oft wird auch in diesem Band die Innenperspektive Jäckis durch drei in den Band aufgenommene Interviews nach außen gewendet und in den Ansichten anderer gebrochen. Der Ort weitet sich dabei über den Hamburger Hauptbahnhof hinaus nach St. Pauli aus. Damit schließt der Band *Hamburg Hauptbahnhof* vor allem an den Interviewband *Wolli Indienfahrer* an, der 1978 erschienen ist und u. a. drei Interviews mit Wolli Köhler aus den Jahren 1968, 1969 und 1976 enthält – und ruft noch einmal in Erinnerung, dass das Werk von Hubert Fichte nicht nur auf der Außenbahn der Erkundung der afro-amerikanischen und afrikanischen Welt verläuft, sondern parallel dazu auf einer Innenbahn, die aus Forschungsreisen ins fremde Landesinnere nach St. Pauli und ins Palais d'Amour besteht und damit in das Milieu der Prostituierten, Stricher und Bordellbesitzer.

Das vierte Interview mit Wolli Köhler, das auf den 12. Dezember 1982 datiert ist, fand offensichtlich auf dessen Drängen statt und wurde am Vorabend seiner Abreise nach Costa Rica geführt. Jäcki, so heißt es in dem narrativen Rahmen des Gesprächs, gab dem Drängen nur mit Widerstand nach. War die Feldforschung in der Casa das Minas bereits eine ›Ethnologie wider Willen‹, so ist es diesmal ein Interview wider Willen. Am Abend des Gesprächs ist Wolli auch noch *vollgepängt* – mit Koks und Alkohol, weshalb Jäcki sofort abbrechen will. Aber Wolli bettelt Jäcki das Interview ab, indem er verspricht: *Ich zieh die Hose ganz runter.* (Hamburger Hauptbahnhof, S. 52) Entsprechend heftig und mit einer gerade gegenüber Linda verletzenden, schroffen Offenheit fallen dann auch so manche Äußerungen aus, andere dagegen geraten eher wehleidig und voller Selbstmitleid. Aber ganz scheint Wolli die Kontrolle nicht verloren zu haben, denn an einer Stelle sagt er:

Das ist aber ein Schweine-Interview.
Ohne jede Konzeption. Das ist nur ein Psychogramm von dem Wolli. Wir machen ein Psychogramm von St. Pauli. Und das kriegen wir nicht hin. (Hamburger Hauptbahnhof, S. 132)

In der Tat kreist die erste Hälfte des Interviews mehr um Wolli. Es geht um den Prozess des Älterwerdens, um die Konsequenzen für seine Arbeit als Zuhälter – 50 Jahre und damit höchste Zeit, vom Kiez abzutreten und den Alterswohnsitz in Costa Rica aufzuschlagen – und für seine Sexualität. In der zweiten Hälfte geht es dann, nach der Intervention Wollis, mehr um St. Pauli. Es geht um die Veränderungen, die stattgefunden haben, die neuen Machtverhältnisse auf dem Kiez – wer ist der neue König von St. Pauli? – und die Frage, ob es dort organisiertes Verbrechen gebe, wie in der Presse immer wieder verlautet. Wolli verstrickt sich in seinem Versuch, die Vorgänge herunterzuspielen, derart in Widersprüche, dass Fichte an einer Stelle die Geduld verliert und seine Frage umdreht: *Sag mir mal, was ist eigentlich kein Organisiertes Internationales Verbrechen auf St. Pauli?* (Hamburg Hauptbahnhof, S. 130) Es geht schließlich auch um die verschärften und härteren Bedingungen, unter denen die Prostituierten arbeiten müssen, und um den Stil, in dem heutzutage ein Puff wie das Palais d'Amour geführt wird.

Sehr viel stringenter verläuft das Gespräch mit Dr. Johannes Fischer, das gut zweieinhalb Jahre später, im September 1985 stattgefunden hat. Es handelt sich um Fichtes letztes Interview. In dem 70-jährigen Arzt, der zunächst viele Jahre als Chirurg in einem Krankenhaus praktiziert und sich erst spät der Urologie zugewandt hat, inzwischen jedoch über eine 25-jährige Berufserfahrung auf St. Pauli verfügte, hat Hubert Fichte einen erfahrenen und selbstkritischen Gesprächspartner gefunden. Auch mit ihm spricht Fichte über die Veränderungen auf St. Pauli. Darüber hinaus nimmt das Thema der Geschlechtsumwandlung und der Transsexualität breiten Raum ein. Für Fichte ist es der *alte Traum von der Bisexualität und der Androgynie – der Doppelgeschlechtlichkeit und der Verwandlung des Geschlechts*, der damit angesprochen ist, und er fragt, inwieweit das, was für ihn in den bikontinentalen, afro-amerikanischen Riten ausgelebt werden kann, inzwischen in Deutschland medizinisch realisierbar ist. (Hamburg Hauptbahnhof, S. 246) So fragt er auch, ob sein

Gesprächspartner bei Transvestiten und Transsexuellen Spuren magischen oder rituellen Verhaltens sehe – was dieser verhalten bejaht.
Schließlich kommt Fichte auf das Thema AIDS zu sprechen, das im Interview mit Wolli Köhler noch keine Rolle gespielt hat. Alle Aspekte, die auch im Tagebuch notiert sind, tauchen in dem Gespräch auf – und einige mehr: die Herkunft des HIV-Virus, die Arten der Übertragung, die Auswirkungen auf Körper und Psyche sowie die Reaktionen, die Dr. Fischer bei seinen Patienten beobachtet – darüber hinaus die Möglichkeit der Impfung und die Interessen der pharmazeutischen Industrie, schließlich auch die Hysterie, die durch die Medienberichterstattung erzeugt wird und die als tiefe Verunsicherung vor allem auf die stigmatisierten Risikogruppen zurückschlägt. Gerade diesen letzten Punkt spitzt Fichte gegen Ende des Gesprächs auf die Frage zu, ob es sich bei AIDS letztlich um eine *Krankheit im Kopf*, um eine *Geisteskrankheit* handelt? (Hamburg Hauptbahnhof, S. 278) Damit leugnet Fichte AIDS nicht, schon gar nicht die körperlichen Folgen, die eintreten können. Vor dem Hintergrund seiner Forschungen zur kultischen Botanik erscheint die Frage vielmehr als eine logische Konsequenz daraus. Denn früh schon war Fichte, wie wir gesehen haben, auf die Frage gestoßen, ob die Pflanzen aufgrund ihrer pharmazeutischen Qualitäten wirken oder magisch aufgrund der Beschwörungsformeln und ihrer Einbettung in die Riten. Entsprechend lautet die Frage im Hinblick auf AIDS: Ist es tatsächlich ein Virus – über das man zudem wenig weiß –, das zur Immunschwäche führt, oder übt vielleicht die Presse mit ihrer Hetze eine Art negativer Wort-Magie aus, die sich auf die Psyche der Verunsicherten auswirkt? Die Wirksamkeit von Wörtern – und damit verbunden eine schriftstellerische Ethik – ist für Hubert Fichte immer eine essenzielle und existenzielle Frage gewesen.
Wie ein Widerhall auf das Interview mit Dr. Fischer liest sich der anschließende kurze Text, der vorletzte in dem Band *Hamburg Hauptbahnhof* mit dem Titel *Todesarten*. Von der

Erzählchronologie der verschiedenen Texte des Bandes her handelt es sich um den spätesten Text. Denn das Fragment, das den Band beendet und das mit *Schluß der Entstehung eines Gespenstes* überschrieben ist, bezieht sich zeitlich gesehen auf die Reise nach Marokko im Mai 1985 – also deutlich vor dem Interview mit Dr. Fischer. Dem editorischen Nachwort zufolge handelt es sich bei dieser Anordnung auch um eine Entscheidung des Herausgebers Ronald Kay. Denn Hubert Fichte konnte nicht mehr für alle Texte des Bandes einen verbindlichen Platz bestimmen. Der Herausgeber beruft sich dabei auf eine Notiz von Hubert Fichte – *Enden mit dem komplizierten Frühling* (Hamburg Hauptbahnhof, S. 287). Da es in dem Fragment um das Verhältnis Jäckis zu seiner Mutter geht und darin die Zeit im katholischen Waisenhaus in Schrobenhausen noch einmal zur Sprache kommt, ergibt sich dadurch ein bestechender Bezug: *Die Geschichte der Empfindlichkeit* wird so an ihrem Ende in einem großen Bogen auf den ersten veröffentlichten Roman von Hubert Fichte *Das Waisenhaus* zurückbezogen.

Ich selbst ziehe es allerdings vor, den Text *Todesarten* als ›letzten Text‹ der *Geschichte der Empfindlichkeit* zu lesen. Ich sehe darin die äußerste Annäherung von Hubert Fichte an seinen eigenen Tod. Der Tod anderer Schriftsteller, die Jäcki überlebt hat – Thomas Mann, Hans Henny Jahnn, Johannes Bobrowski, Nikolaus Born, um nur einige wenige im Text erwähnte zu nennen –, dient nur als Ausgangspunkt, um sich von dort an den eigenen Tod heranzutasten: die letzte Grenze der Darstellbarkeit, die sich unerreichbar dem Schreiben entzieht. Entstanden ist dabei ein Text, der noch einmal die Sprache und das Erzählen radikal verknappt und dabei doch, trotz seiner Schwere, zu einem gelassenen Ton findet. Deshalb stelle ich diesen Text – eine Litanei – in geraffter Form an das Ende der Reise durch das Werk von Hubert Fichte:

Auch kurz leben, heißt, viele überleben.
Nicht nur Goethe mit 82 hatte viele überlebt – auch August Graf von Platen-Hallermünde mit 39.
Jäcki lag jetzt dazwischen.

Auch Jäcki hatte viele Kollegen sterben sehen. […]
Jäcki fürchtete den Tod nicht.
Jäcki fürchtete zu sterben. […]
Jäcki gewöhnte sich an, Irma bei jedem Husten, bei jedem Stich in der Wade zu sagen:
– Typisch – Lungenkrebs, Syphilis, Gelenktripper, Aids.
Jäcki wußte, an einer dieser Todesarten würde er sterben. […]
– Dichter sterben im Bett an Herzversagen!
Jäcki wollte nicht im Bett an Herzversagen sterben.
Auf der gebohnerten Diele.
Auch nicht im Krankenhaus Dritter Klasse Altona.
Hinterher wechselt man die Matratze. […]
Als Vagabund vielleicht.
Verschellen.
Am Straßenrand, am Amazonas. […]
Aber es gab keinen Straßenrand mehr und keinen Amazonas.
Allein.
Nicht auch noch dabei gestört werden.
Beim Ficken wäre es natürlich am angenehmsten.
Aber man fickt nicht allein.
Und der Türke oder Irma, die plötzlich merkten, daß Jäcki steif bliebe und erkaltete. […]
Jäcki hörte den Knochenmann trabsen. […]
Dieser Litanei konnte Jäcki nicht mehr entkommen.
Das Gesicht seines Todes war dabei, wie in den Kästen der Fahndungsbehörde das Phantomfoto.
Lider.
Nasen.
Ohren.
Fingerglieder.
– Außerdem: Man kann es sich nicht aussuchen. (Hamburg Hauptbahnhof, S. 279–282)

Weiterführende Literatur

Einleitung – Welt sichten

Die Zeitschrift *Sprache im technischen Zeitalter* hat in ihrer Nummer 104 zum Beginn der posthumen Edition der *Geschichte der Empfindlichkeit* im Jahr 1987 einige kurze Texte, die Hubert Fichtes Selbstverständnis als Schriftsteller thematisieren, einige Fotografien von Leonore Mau und ein informatives Interview mit Gisela Lindemann aus dem Jahr 1981 abgedruckt, das den Titel *In Grazie das Mörderische verwandeln* trägt. Im Jahr 1981 ist ein weiteres interessantes Interview mit Rüdiger Wischenbart entstanden; es findet sich in *Text und Kritik*, Bd. 72, der Hubert Fichte gewidmet ist. Die Reaktionen des Feuilletons auf Hubert Fichtes Veröffentlichungen versammelt der von Thomas Beckermann herausgegebene Band *Hubert Fichte. Materialien zu Leben und Werk*, der im Fischer Taschenbuch Verlag 1985 zu Fichtes 50. Geburtstag erschienen ist. Eine vergleichbare Publikation zur Rezeption der *Geschichte der Empfindlichkeit* steht noch aus. Das ›Credo‹ Walter Höllerers ist seiner wieder aufgelegten Habilitationsschrift *Zwischen Klassik und Moderne. Lachen und Weinen in der Dichtung einer Übergangszeit*, Köln 2005, entnommen.

Kapitel 1 – Schrobenhausen (Scheyern) – in der Welt der Katholiken

Besprochene Literatur von Hubert Fichte: *Das Waisenhaus.*

Für die Aufmerksamkeit gegenüber der Darstellung des Katholizismus habe ich wichtige Anregungen von dem Aufsatz des Ethnologen Thomas Hauschild bekommen, der den Titel *Kat-holos. Hubert Fichtes Ethnologie und die allumfassende*

Religion trägt. Er findet sich unter vielen weiteren Aufsätzen zu Hubert Fichte in dem Sammelband *Ethno/Graphie. Reiseformen des Wissens*, den ich zusammen mit Manfred Weinberg herausgegeben habe, erschienen in Tübingen 2002. Ferner liegen von Hartmut Böhme in seiner Studie zu Hubert Fichte *Riten des Autors und Leben der Literatur*, Stuttgart 1992, eine psychoanalytisch inspirierte, von Manfred Weinberg in seinem Buch *Akut. Geschichte. Struktur. Hubert Fichtes Suche nach der verlorenen Sprache einer poetischen Welterfahrung*, Bielefeld 1993, eine von Heideggers Philosophie angeleitete, und von Tanja Hetzer in ihrem Buch *Kinderblick auf die Shoah. Formen der Erinnerung bei Ilse Aichinger, Hubert Fichte und Danilo Kiš*, Würzburg 1999, eine historisch-kontextualisierende Interpretation des Romans vor. Interessante Äußerungen von Hubert Fichte zu seinem Roman finden sich in dem bereits erwähnten Interview mit Rüdiger Wischenbart. Zudem hat Jan-Frederik Bandel hilfreiche *Schrobenhausener Recherchen* durchgeführt, in denen er dem biographischen Fundament des Romans nachgegangen ist und all das zusammengetragen hat, was historisch anhand der Akten und Briefe über den Fall Dora Fichte, ihres Sohnes und des leiblichen Vaters, des Kaufmanns Erwin Oberschützki, rekonstruiert werden kann. Die Recherchen finden sich in dem Band *Hubert Fichte. Hotel Garni, Doppelzimmer*, Aachen 2004.

Kapitel 2 – Hamburg, Lokstedt – der Garten des Großvaters

Besprochene Literatur von Hubert Fichte:
Die Erzählungen *Der Garten* und *Der dreiundzwanzigste Juli* aus *Der Aufbruch nach Turku*, ferner die Romane *Das Waisenhaus*, *Detlevs Imitationen »Grünspan«* und *Die Geschichte der Nanā*.

Zur imaginativen Besetzung des Raums verweise ich auf die Studie von Gaston Bachelard *Poetik des Raumes*, 2001 bei Fischer in der sechsten Auflage erschienen. Darin untersucht

Bachelard an einer Vielzahl von literarischen Texten »Bilder des glücklichen Raumes« und schreibt: »Der von der Einbildungskraft erfaßte Raum kann nicht der indifferente Raum bleiben, der den Messungen und Überlegungen des Geometers unterworfen ist. Er wird erlebt. Und er wird nicht nur in seinem realen Dasein erlebt, sondern mit allen Parteinahmen der Einbildungskraft.« (S. 25) Den Quellen über die Bombardierung Hamburgs, die Hubert Fichte für *Detlevs Imitationen* »*Grünspan*« herangezogen hat, ist Hartmut Böhme in seinem bereits zitierten Buch nachgegangen. In seinem Kapitel über den Roman finden sich Hinweise darauf, wie Fichte mit diesen Materialien umgegangen ist.

Kapitel 3 – Die Provence – Fluchtrouten, Sehnsuchtsorte

Besprochene Literatur von Hubert Fichte:
Autostop und romanische Kirchen – Skizzen einer Frankreichreise, erschienen in der Zeitschrift *Antares, Französische Hefte für Kunst, Literatur und Wissenschaft* in den Ausgaben Nr. 7/1953, S. 93–96, und Nr. 8/1953, S. 79–82; *Aufzeichnungen aus dem Hirtenleben in der Provence*, erschienen in *Antares*, Ausgabe Nr. 8/1954, S. 95–105; ferner die Romane *Versuch über die Pubertät* und *Hotel Garni*.

Eingehend hat sich Johann Nikolaus Tiling mit dem Frühwerk von Hubert Fichte auseinander gesetzt und war auf dessen Spuren in der Provence unterwegs. Von seinem Buch *Hauchbilder der Erinnerung. Biographische Spuren und die Entwicklung literarischer Motive im Werk Hubert Fichtes*, veröffentlicht im Berliner Verlag Rosa Winkel 1996, habe ich viele Anregungen erhalten. Zum Verhältnis von Hans Henny Jahnn und Hubert Fichte sei auf die umfangreiche Biographie Jahnns von Thomas Freeman verwiesen, herausgekommen bei Hoffmann und Campe in Hamburg 1986, darin vor allem die Kapitel 25 sowie 35–40. Der für Hubert Fichtes Schreibweise erhellende Aufsatz von Walter Höllerer über die Epiphanie bei James Joyce findet sich in zwei Teilen in *Akzente*, Jahrgang 8 (1961), S. 125–136 und S. 275–285. Die beiden Zitate stammen von der Seite 127. Eine gute Einführung in die Arbeiten von Victor Turner gibt sein Buch *Vom Ritual zum Theater. Der Ernst des menschlichen Spiels*. Es ist 1989 im Campus-Verlag, Frankfurt/M., erschienen. Das Zitat findet sich dort auf S. 69. Jan-Frederik Bandel wiederum hat biographische Spuren aus Hubert Fichtes Zeit in Montjustin bei Serge Fiorio zusammengetragen und weiß auch über die frühen Theaterstücke, die sich erhalten haben, einiges zu berichten. Nachzulesen unter *Der schreibende Hirte* im bereits erwähnten Band *Hubert Fichte. Hotel Garni, Doppelzimmer*.

Schließlich noch ein ergänzender Hinweis: Wer sich über die Ungewissheiten und Untiefen der frühen Veröffentlichungen Fichtes informieren möchte, den verweise ich auf einen Aufsatz von Robert Gillett, der sich seit einigen Jahren bemüht, Licht ins bibliographische Dunkel zu bringen. Der Aufsatz unter dem Titel *Hubert Fichte. Auf der Suche nach den frühen Veröffentlichungen* ist in der Zeitschrift *Forum Homosexualität und Literatur* Nr. 37/2000 zu finden.

Kapitel 4 – Berlin – Prosaschreiben und die Kunst des Interviews

Besprochene Literatur von Hubert Fichte: *Der Tiefstall*, Kap. V aus dem Gemeinschaftsroman *Das Gästehaus*, Berlin, Edition des LCB 1965, und *Die Zweite Schuld*.

Einen guten Überblick über das Literarische Colloquium Berlin mit vielen Texten und Fotografien sowie einer genauen Chronologie der Veranstaltungen gibt der von Walter Höllerer herausgegebene Band *Autoren im Haus. Zwanzig Jahre Literarisches Colloquium Berlin*, Galerie Wannsee Verlag 1982. Dasselbe leistet für die Gruppe 47 der von Toni Richter edierte Band *Die Gruppe 47 in Bildern und Texten,* erschienen bei

Kiepenheuer und Witsch, Köln 1997. Dort findet sich auch der am Ende des Kapitels erwähnte Beitrag von Walter Höllerer *Die Gruppe 47, gesehen im Jahr 88*. Die Dokumentation *Prosaschreiben*, herausgegeben von Walter Hasenclever, ist 1964 in der Edition des LCB herausgekommen. Die Interviews mit Hans Christoph Buch und Hermann Peter Piwitt, beide 2004 geführt, finden sich in Jan-Frederik Bandel, *Fast glaubwürdige Geschichten. Über Hubert Fichte*, erschienen im Rimbaud Verlag in Aachen, 2005. Die Formulierung von Amos Oz entstammt seinem Roman *Eine Geschichte von Liebe und Finsternis*, 2004 bei Suhrkamp erschienen. Die *St. Pauli Interviews* von Hubert Fichte sind, zusammengestellt und eingerichtet von Klaus Sander, als Audio-CD in einer Länge von 77 Minuten im supposé Verlag herausgekommen. Ulrike Janssen und Norbert Wehr haben zudem im Dezember 2004 für den Deutschlandfunk eine Radiozeremonie eingerichtet: *Hubert Fichte spricht – spricht nicht*, die Ausschnitte aus Interviews von Fichte mit Kommentaren über sie verknüpft. Ein lesenswerter Aufsatz von Kathrin Röggla mit dem Titel *das häßliche gespräch – anmerkungen zu einer ästhetik des literarischen gesprächs* findet sich in *Akzente* 3/2005.

Kapitel 5 – Sesimbra – am Rand von Europa

Besprochene Arbeiten von Hubert Fichte – und Leonore Mau: *Die Palette*, erstmals 1968 im Rowohlt Verlag erschienen, *Eine Glückliche Liebe*, *Der Fischmarkt und die Fische*, Fotofilm, 12 min., schwarzweiß, NDR 1968.

In der längst eingestellten Reihe *Autorenbücher*, verlegt vom C. H. Beck Verlag, ist 1980, geschrieben von Wolfgang von Wangenheim, ein Buch über Hubert Fichte erschienen. An das Kapitel über die Palette ist ein zehnseitiges Glossar zu den dort benutzten Wörtern und Namen angefügt – das mit dem zeitlichen Abstand immer hilfreicher wird. In einem Sonderband der Zeitschrift *Text und Kritik* aus dem Jahr 2003 zur Pop-Literatur findet sich der kundige Aufsatz von Andreas Erb und Bernd Künzig »*Ein Hymnus des Materials*« *Pop und Pop-Art der Armen in Hubert Fichtes Roman* Die Palette. Jüngst haben Jan-Frederik Bandel, Lasse Ole Hempel und Theo Janßen einen Dokumentationsband mit dem Titel *Palette revisited. Eine Kneipe und ein Roman* im Nautilus Verlag, Hamburg 2005, herausgegeben.

Kapitel 6 – Salvador da Bahia – auf der Suche nach einer Ethnologie der Empfindlichkeit

Besprochene Arbeiten von Hubert Fichte – und Leonore Mau:
Ketzerische Bemerkungen für eine neue Wissenschaft vom Menschen. Erstmals abgedruckt in *Ethnomedizin* IV, 1/2 (1976/77), S. 171–182. Der Text findet sich auch im Textband *Petersilie*, S. 359–365. Die Reportage von Hubert Fichte ist unter dem Titel *Ein Geschwür bedeckt dieses Land. Furcht und Elend der brasilianischen Republik* in zwei Teilen im *Spiegel* 5/1972, S. 72–80, und 6/1972, S. 88–99, abgedruckt worden; *Die Bluttaufe* hingegen findet sich im *Zeit-Magazin* Nr. 23/1972, S. 12–17. Bild- und Textband *Xango* sind als Band I und II des Zyklus *Die afroamerikanischen Religionen* erschienen. Der wichtige ethnologische Aufsatz *Abó. Anmerkungen zu den rituellen Pflanzen der afro-brasilianischen Religionsgruppe* ist zum ersten Mal in *Ethnomedizin* II 3/4 (1973), S. 361–403 publiziert und später in *Xango*, S. 321–350 und noch einmal in *Lazarus und die Waschmaschine*, S. 144–181 wieder abgedruckt worden. *Explosion. Roman der Ethnologie* ist als Band XII der *Geschichte der Empfindlichkeit* 1993 herausgekommen. Schließlich findet sich das Fragment *Poetik des kleinen Romans* in der Zeitschrift *Sprache im technischen Zeitalter* 104/1987, S. 303–305.

Der jüngst erschienene materialreiche Band von Wilfried F. Schoeller *Hubert Fichte und Leonore Mau. Der Schriftsteller*

und die Fotografin, 2005 im S. Fischer Verlag, bietet einen langen »Reisefahrplan«. Die Daten sind aufgrund der Einträge in den Pässen von Hubert Fichte, soweit sie sich entziffern lassen, erstellt. Aber auch diese sind nicht vollständig; so fehlt beispielsweise der Aufenthalt in Miami im Jahr 1977. Zudem hat Fichte in seine Funkfeatures und Reisecollagen immer auch Zeitungsausschnitte mit dem jeweiligen Datum eingebaut. Auf Grundlage dieser beiden Quellen lassen sich die Reisen zumindest annäherungsweise rekonstruieren.
Wer sich einen Einblick in das weite Feld der afro-amerikanischen Religionen verschaffen möchte, den verweise ich auf die ausgezeichnete Einführung von Astrid Reuter, *Voodoo und andere afroamerikanische Religionen,* erschienen im Beck Verlag 2003. Meine Ausführungen zum Candomblé in diesem Kapitel stützen sich vor allem auf dieses Buch. Wer sich hingegen eingehender mit dieser Religion beschäftigen will, der sei auf den gut lesbaren ethnographischen Bericht von Inger Sjørslev aufmerksam gemacht, der auf Deutsch unter dem Titel *Glaube und Besessenheit* im Merlin Verlag 1999 herausgekommen ist. Einen weiteren Einblick in diese Welt und zugleich in das Werk von Pierre Verger eröffnet der von Manfred Metzner und Michael M. Thoss herausgegebene Band *Schwarze Götter im Exil. Fotografien von Pierre Verger* – ein sorgfältiger Ausstellungskatalog, der auch zwei Interviews und einige kleinere Abhandlungen enthält – u. a. auch einen Aufsatz mit dem Titel *Enemy mine – Geliebter Feind?* zum Verhältnis von Pierre Verger und Hubert Fichte. Erschienen ist er im Verlag Wunderhorn 2004. Zu *Explosion. Roman der Ethnologie* liegen bisher zwei ausführlichere Untersuchungen vor. Zum einen die Studie *Rio Bahia Amazonas* von Ulrich Carp, Würzburg 2002, und zum anderen *»Ein Bild aus tausend widersprüchlichen Fitzeln«* von Miriam Seifert-Waibel, Bielefeld 2005. Der Kommentartext des in hohem Maß selbstreflexiven Films *Reassemblage*, in dem Trinh Minh-ha eine Reise durch den Senegal unternimmt, ist abgedruckt in ihrem Buch *Framer framed*, Routledge 1992, S. 96–101.

Kapitel 7 – Dakar – Annäherung an die Geisteskranken in Afrika

Besprochene Arbeiten von Hubert Fichte – und Leonore Mau:
Psyche. Glossen und *Psyche. Annäherung an die Geisteskranken in Afrika.*

Wer sich näher für das Zusammenspiel von Fotografie und Literatur im Werk von Leonore Mau und Hubert Fichte und ihre betrachtende Lektüre – in Theorie und Praxis – interessiert, den verweise ich auf meine Studie *Die doppelte Dokumentation*, Stuttgart 1997.

Kapitel 8 – New York – in der Schwarzen Stadt

Besprochene Arbeiten von Hubert Fichte – und Leonore Mau:
Die Reportage *Hubert Fichte: Schaut auf diese Stadt!* einschließlich des *Black Guide New York* findet sich in der Testnummer der Zeitschrift *Twen*, Herbst 1980 – ohne Seitenangabe. Ferner *Die Schwarze Stadt* und *Lil's Book.*

Das *Schreibheft* Nr. 50, zusammengestellt von Christoph Derschau und Norbert Wehr, erschienen im Frühjahr 1985, ist Hubert Fichte zu seinem 50. Geburtstag gewidmet. Fichte selbst hat den zweiten Teil aus *Hotel Garni* – also jenen, in dem Irma ihre Lebensgeschichte erzählt – dazu beigetragen. Unterbrochen wird der Text durch Schwarzweiß-Fotografien von Leonore Mau, Porträts der alten Priesterinnen der Casa das Minas. Die Reihe wird durch ein Porträt von Danièle abgeschlossen – ein weiterer Hinweis auf die besondere Bedeutung, die der Tochter Michael Chisolms zukommt. In der Katalogreihe der Kunsthalle Basel bietet die Nummer 54, 2002 erschienen, Fotografien von Leonore Mau unter dem Titel *Das Zerbrechen des Bewusstseins.* Das letzte Foto in dem

Band zeigt einen der aus Cola-Dosen modellierten Stühle von Frau Owoh.

Kapitel 9 – São Luís – das Gedächtnis zerbricht

Besprochene Arbeiten von Hubert Fichte:
Forschungsbericht, Roman, Das Haus der Mina in São Luiz de Maranhão. Materialien zum Studium des religiösen Verhaltens, Explosion.

In diesem Zusammenhang sei noch einmal auf die bereits in Kapitel 6 erwähnten Studien von Ulrich Carp und Miriam Seifert-Waibel hingewiesen.

Kapitel 10 – Hamburg, Hauptbahnhof – das letzte Lebensjahr im Zeichen von AIDS

Besprochene Arbeiten von Hubert Fichte:
Der Platz der Gehenkten, Der Kleine Hauptbahnhof oder Lob des Strichs, Hamburg Hauptbahnhof. Register. Die Auszüge aus Fichtes Tagebuch 1985 sind publiziert in: *Der Rabe. Magazin für jede Art von Literatur* Nr. 34/1992. Schwerpunkt Tagebuch, hrsg. von Joachim Kersten, S. 63–79.

Die Diskussionsveranstaltung zu Hubert Fichte am 18. April 2000 in Berlin findet sich protokolliert unter dem Titel »*Verwörterung der Welt*«. *Hubert Fichte zum 65. Geburtstag* in der Zeitschrift *Forum Homosexualität und Literatur* Nr. 37, S. 55–79. Neben Herbert Jäger nahmen daran Hermann Peter Piwitt und Josef Winkler teil. Juan Goytisolo hat über die Djemma el Fna in seiner Sammlung von Reportagen *Kibla – Reisen in die Welt des Islam* (2000) und in seinem Roman *Engel und Paria* (1995) berichtet, beide bei Suhrkamp erschienen. In Brigitte Weingarts Buch *Ansteckende Wörter. Repräsentationen von AIDS*, Suhrkamp 2002, findet sich ein aufschlussreiches

Kapitel über die Thematisierung von AIDS in den Texten von Hubert Fichte.

Auf die erste Wiener Vorlesung zur Literatur, die Hubert Fichte über Caspar Daniel von Lohenstein gehalten hat, geht Josef Haslinger in seinem Essay *Hausdurchsuchung im Elfenbeinturm* ein, der 1996 im Fischer Verlag herausgekommen ist. Darin findet sich ein sehr persönlicher Einschub, aus dem eine punktuelle Nähe und spontane Vertrautheit aufblitzt, die sich zwischen dem damaligen Moderator und Betreuer Josef Haslinger und seinem Gast Hubert Fichte in jenen Tagen eingestellt haben muss. Sie wirft noch einmal ein bezeichnendes Licht auf die Persönlichkeit von Hubert Fichte, sein Selbstverständnis als Schriftsteller und seine Gemütslage während der letzten Lebensmonate: »Er [Hubert Fichte] hatte von Hamburg aus ein zweistündiges Telefongespräch mit mir geführt, in dem er meine Novelle *Der Tod des Kleinhäuslers Ignaz Hajek* Seite für Seite kommentiert hatte. Noch nie war von irgendeinem Menschen mein Schreiben so ernst genommen worden. Auch hatte ich die meisten seiner damals erhältlichen Werke gelesen und stand unter dem Banne der Offenheit, mit der er damals zu mir unter anderem über seine Krankheit sprach. Wenn ich schon dabei bin, diesen persönlichen Einschub zu machen, für den in diesem Rahmen der richtige Tonfall allerdings nicht zu finden sein wird, sollte ich wenigstens auf eine Bemerkung von Hubert Fichte zu sprechen kommen, die seither wie eine Warnlampe in mir aufblinkt. Er sagte, als wir über sein möglicherweise baldiges Ende sprachen, das er sah und doch verleugnen wollte: *Mittlerweile habe ich schreiben gelernt. Aber die Stoffe, die es aufzuschreiben lohnte, habe ich alle schon verbraucht.*« Das Zitat findet sich in dem Essay auf den Seiten 27/28.

Die Geschichte der Empfindlichkeit:
Editionsplan letzter Hand

I. Hotel Garni. Roman.
II. Lob des Striches. Roman.
III. Die Zweite Schuld (erst 30 Jahre nach meinem Tod zu veröffentlichen) Glossen.
IV. Eine Glückliche Liebe. Roman.
V. Alte Welt. Glossen.
VI. Der Platz der Gehenkten. Roman.
VII. Explosion. Roman der Ethnologie. /

Der blutige Mann. Glossen	[...] Zaubermarkt.
Die Schwarze Stadt. Glossen	Nyerere kommentiert
Psyche. Glossen	Senegal. Senghor Inter
Forschungsbericht. Roman	Togo
Die Geschichte der Nanã. Roman	Senegal
Hamburg Hauptbahnhof. Register	Dahomey
	Ende Senegal
	Dahomey
	Burkina
	Interview Winkler
	Théophile

Paraleipomena I.
Paraleipomena II.
Paraleipomena III.

> Das Copyright liegt bei
> Leonore Mau, auch was
> die Funkrechte anlangen.
>
> St. Pauli, 20. 2. 1986

Chronologisches Verzeichnis der Werke in Einzelausgaben

Der Aufbruch nach Turku. Erzählungen (1963)
Das Waisenhaus. Roman (1965)
Im Tiefstall. Erzählung (1965)
Die Palette. Roman (1968)
Detlevs Imitationen »Grünspan«. Roman (1971)
Interviews aus dem Palais d'Amour (1972)
Versuch über die Pubertät. Roman (1974)
Xango. Die afroamerikanischen Religionen I. Mit Fotografien von Leonore Mau (1976)
Xango. Die afroamerikanischen Religionen II (1976)
Hans Eppendorfer. Der Ledermann spricht mit Hubert Fichte (1977)
Wolli Indienfahrer (1978)
Petersilie. Die afroamerikanischen Religionen III. Mit Fotografien von Leonore Mau (1980)
Petersilie. Die afroamerikanischen Religionen IV (1980)
Lazarus und die Waschmaschine. Kleine Einführung in die Afroamerikanische Kultur (1985)
Psyche. Annäherung an die Geisteskranken in Afrika. Mit Fotografien von Leonore Mau (2005)

Die Edition der *Geschichte der Empfindlichkeit*

Herausgegeben von Ronald Kay, Gisela Lindemann,
Torsten Teichert und Wolfgang von Wangenheim
in Zusammenarbeit mit Leonore Mau

Hotel Garni. Roman (1987)
Der Kleine Hauptbahnhof oder Lob des Strichs. Roman (1988)
Die Zweite Schuld. Glossen (2006)
Eine Glückliche Liebe. Roman (1988)
Alte Welt. Glossen (1992)
Der Platz der Gehenkten. Roman (1989)

Explosion. Roman der Ethnologie (1993)
Die Schwarze Stadt. Glossen (1990)
Psyche. Glossen (1990)
Forschungsbericht. Roman (1989)
Die Geschichte der Nanã. Roman (1990)
Hamburg Hauptbahnhof. Register (1993)
Praraleipomena. Lil's Book (1991)
Das Haus der Mina in São Luiz de Maranhão (1989)
Homosexualität und Literatur 1. Polemiken (1987)
Homosexualität und Literatur 2. Polemiken (1988)
Schulfunk. Hörspiele (1988)

Danksagung

Ein Buch ist sehr viel mehr ein kollektives Produkt, als es der einzelne Autorname nahe zu legen scheint. Viele haben diese Reise durch das Werk von Hubert Fichte und Leonore Mau ermöglicht und mich dabei begleitet. Ihnen allen möchte ich danken und einige namentlich nennen. Gerd Schäfer nahm in langen Telefongesprächen und mit wertvollen Hinweisen am Entstehen teil. Manfred Weinberg, mit dem mich seit vielen Jahren die Begeisterung für das Werk von Hubert Fichte verbindet, trug viel im Vorfeld zu diesem Buch bei – durch eine akademische Tagung, die wir gemeinsam organisiert haben, und eine daran sich anschließende Publikation. Hermann Kinder hat mich in vielen Gesprächen und in gemeinsamen Lehrveranstaltungen an seinem reichen Wissen über die deutschsprachige Literatur der 1960er Jahre teilnehmen lassen und mich mit ihrer ›zweiten Moderne‹ vertraut gemacht. Ferner bin ich den Teilnehmern meines Seminars zu Hubert Fichte im Wintersemester 2004/2005 an der Universität Konstanz zu Dank verpflichtet, die nicht nur als Versuchspersonen zu einem ersten Durchlauf dieses Buches herhalten mussten, sondern die weitere Arbeit mit vielen engagierten Beiträgen unterstützt haben. Danken möchte ich auch dem Lektor dieses Buches, Roland Spahr, der das Projekt von Anfang an beherzt mitgetragen hat. Schließlich gilt mein besonderer Dank meiner Frau, Caroline Rosenthal, mit der ich mich auf langen Spaziergängen über die Insel Reichenau austauschen konnte, auf denen sich mancher Knoten gelöst hat. Auch stammt manche fachliche Anregung von ihr. Schließlich hat sie immer wieder Teile des Manuskripts gelesen und hilfreich kommentiert.

Konstanz, den 24. Juli 2005